跨境电商运营管理系列教材

U1013571

跨境电商物流实务教程

羊 英 许肇然 董 雁/主编

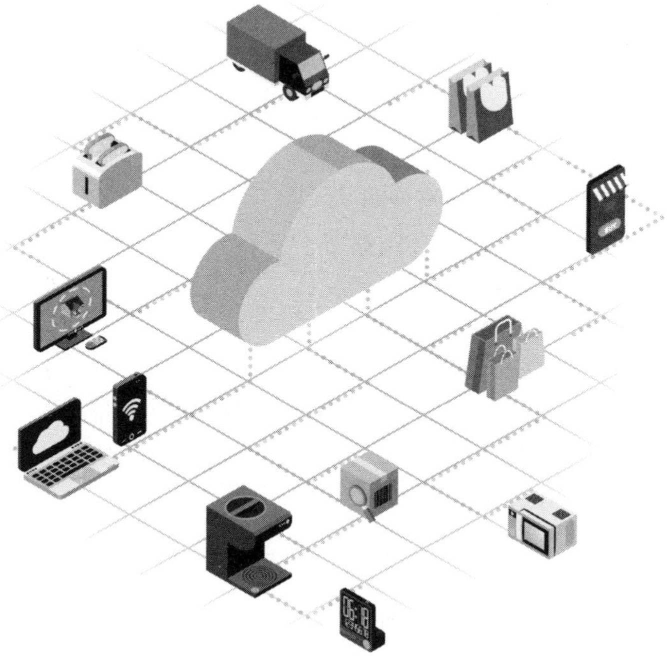

中国海关出版社有限公司

·北京·

图书在版编目（CIP）数据

跨境电商物流实务教程/羊英，许肇然，董雁主编．—北京：中国海关出版社有限公司，2023.9

ISBN 978-7-5175-0710-9

Ⅰ.①跨… Ⅱ.①羊… ②许… ③董… Ⅲ.①电子商务—物流管理—教材 Ⅳ.①F713.365.1

中国国家版本馆 CIP 数据核字（2023）第 169422 号

跨境电商物流实务教程

KUAJING DIANSHANG WULIU SHIWU JIAOCHENG

主　　编：羊　英　许肇然　董　雁
责任编辑：文珍妮
出版发行：中国海关出版社有限公司
社　　址：北京市朝阳区东四环南路甲 1 号　　邮政编码：100023
编 辑 部：01065194242-7533（电话）
发 行 部：01065194221/38/46/27（电话）
社办书店：01065195616（电话）
http://weidian.com/? userid=319526934（网址）
印　　刷：北京新华印刷有限公司　　经　　销：新华书店
开　　本：710mm×1000mm　1/16
印　　张：15.5　　字　　数：280 千字
版　　次：2023 年 9 月第 1 版
印　　次：2023 年 9 月第 1 次印刷
书　　号：ISBN 978-7-5175-0710-9
定　　价：58.00 元

前　言

随着跨境电商业务量的不断增长，对跨境物流服务的要求也不断提高。相应的，该行业对人才的需求也逐渐增加。

本书是一本以跨境电子商务、跨境物流服务、移动电子商务为基础的教材，内容覆盖了跨境电商物流中各方面的问题及解决方法等，并整合了应用案例、实际操作案例、习题等资料。本书在编排上有以下特征。

1. 突出实际应用。每章在理论介绍的基础上，均安排一节介绍相应领域的实际操作案例，将理论介绍与实践案例相结合。

2. 突出案例时效性。所选案例为近段时期且具有代表性的实例。

3. 突出对知识的掌握。对读者的知识掌握程度进行考核，每章后面均配有习题，便于读者阅读本书后进行检测。

本书由上海第二工业大学羊英、许肇然、董雁担任主编。其中，羊英编写了本书的第一、二、三、四、八章，许肇然编写了本书的第五、六、七章和第九章的理论部分，董雁编写了本书的案例。

本书的编写得到了上海第二工业大学经济与管理学院电子商务系老师潘海兰、台德艺的帮助，在此表示感谢！此外，在编写本书的过程中编者参考了国内外相关图书、报纸、期刊文献及网站上的资料等，在此一并表示感谢。

最后，感谢各位读者选择使用本书。欢迎您对本书提出批评与修改建议。

编者

2023 年 6 月

目　录

第一章　跨境电商物流导论

【学习目标】

本章旨在让学习者了解跨境电商物流的基础知识。通过本章的学习，能够：

1. 掌握跨境电商物流的基本概念和相关术语；
2. 掌握跨境电商物流发展历程和发展趋势；
3. 掌握跨境电商物流基本职能。

【本章重点】

本章将着重介绍跨境电商物流的相关概念、跨境物流基本术语，阐述跨境电商物流发展历程和发展趋势，并分析跨境电商物流基本职能。

【基本概念】

跨境电商，跨境电商物流，跨境电商物流常用术语

【建议学习时间】

2~3 课时

第一节 跨境电商物流基本概念与术语

跨境电商即跨境贸易电子商务（Cross-border E-Commerce），指分属于不同关境的交易主体借助互联网达成交易、进行支付结算，并采用快件、包裹等方式，借助国际物流将商品送达消费者手中的交易过程。

跨境电商这种新型的贸易方式正在快速发展，与此同时，跨境电商物流的瓶颈却越来越突显。尽管中国邮政、顺丰、菜鸟等物流公司为应对跨境电商贸易的增长已做出了相应的改变，但依旧难以满足当前跨境电商贸易的要求。若想进一步推动跨境电商的发展，就必须正视跨境电商物流所面临的问题。

一、跨境电商的流程

跨境电商是国际贸易的一个组成部分。跨境消费者中也包含一部分进行小额买卖的B类商家，而B类商家和C类个人消费者很难区分。从海关角度看，跨境电商等同于网上进行的小额买卖，主要针对个人消费者。跨境电商将传统贸易流程数字化、网络化、碎片化，特点是小批量、多批次、单笔交易金额小，交易对象包括产品和相关服务，即“产品+服务”，可按进出口方向、交易模式、平台运营方、服务类型等进行分类。跨境电商流程如图1-1所示。

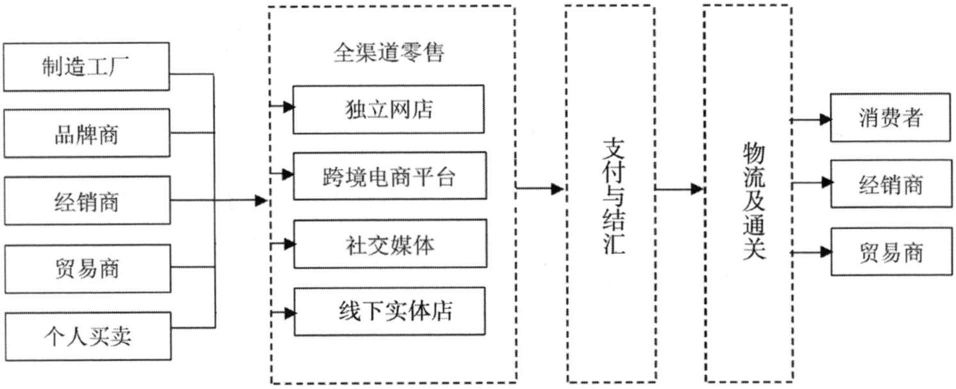

图1-1 跨境电商流程示意图

全渠道零售即整合实体店和线上多种购物渠道，为顾客提供无差别的购物体验，常见的渠道包括独立网店、跨境电商平台、社交媒体和线下实体店等。

处于不同关境内的买卖双方通过全渠道零售媒介达成交易后，支付过程中牵涉结汇问题，交货过程中牵涉跨境物流及海关通关等环节。所以，跨境电商与境内电商的主要差别在结汇和物流两个方面，而影响交易时间和客户满意度的则主要是物流过程。

二、跨境电商物流的概念与特征

（一）跨境电商物流概念

跨境电商物流就是为了帮助在不同关境内的交易主体通过电子商务平台完成交易，进行货物采购、包装、报关、清关、跨境运输、海外仓储等物流活动。在跨境电商交易中，物流是非常重要的一个环节。跨境电商物流有三种模式，分别是国际小包、海外仓储及聚集后规模化运输。

（二）跨境电商物流的主要特征

1. 运输线路分布广

近年来，随着网上购物在全球的普及，电商企业不断开拓更多的市场，这也带动了跨境电商物流的全球化，运输路线分布在世界各地。

2. 运输包裹的规模小

个人消费者与少量购买的单个企业是跨境电商物流的主要服务对象，由此可见，大多数跨境电商物流的包裹规模较小。

3. 运输次数多

因为跨境电商是在网上直接交易且随时可以进行交易，所以消费者可以不定时间、不定次数地下单，交易频率的提高自然导致跨境电商物流运输次数的增多。

三、跨境电商物流的过程与术语

跨境电商的一般物流过程如下：卖家收到平台订单后将货品打包发出，包裹通过各种不同的物流渠道从发件国（地区）海关以海、陆、空运（国际小包以空运为主）各种方式到达收件国（地区）海关，最后通过收件国（地区）目的地派送渠道送到买家手上。跨境电商物流主要环节及相关术语如表1-1所示。

表 1-1　跨境电商物流主要环节及相关术语

序号	主要环节	相关术语
1	发件国（地区）物流渠道	实重/净重；体积重；跟踪号；转单号；排仓；爆仓；偏远费；上网时效；起飞时效；未上网；申报
2	发件国（地区）海关	出口总包护封开拆；出口总包直封分发；出口总包护封分发
3	运输途中	交航；转运/中转
4	收件国（地区）海关	清关；税号；检验检疫；关税；扣关；清关时效
5	收件国（地区）物流渠道	丢弃/退件；代收；丢件
6	收件人签收、妥投	—

四、跨境电商物流的常用术语解释

（一）发件国（地区）物流渠道

1. 实重/净重（Net Weight）：包裹放在磅秤上显示的实际重量。

2. 体积重（Dimension Weight）：如果货物体积较大，邮政或快递公司在收费时，除了包裹实重外，还会计算包裹体积重，择其较大者作为收费依据。按照体积重收费的货品称为“抛货”，体积重收费又称为“计抛”。体积重的计算公式为：长（厘米）×宽（厘米）×高（厘米）÷5000 = ××（千克）（EMS 以 8000 作为分母）。

3. 跟踪号（Tracking Number）：当包裹被物流渠道服务商揽收后，物流渠道服务商会提供一组英文字母加数字或者纯数字组合的物流信息跟踪号，买家可以通过这组跟踪号追查包裹的最新状况。根据万国邮联①规定，跟踪号一般由字母及数字共 13 位组成。前面 2 位为字母，代表邮寄方式和包裹大小，例如 A#代表平邮小包（不超过 2 千克），R#代表挂号小包（不超过 2 千克），V#代表挂号小包（保险）（不超过 2 千克），C#代表邮政大包（2 千克以上），L#代表邮政特快专递（不超过 2 千克），E#代表邮政特快专递（2 千克以上）；中间是 9 位数字；后面 2 个是字母，是根据 ISO 3166-1 国家和所属地区标准名称简码定义的发件国（地区）代码，部分国家（地区）可能存在自己定义

① 即万国邮政联盟（Universal Postal Union，UPU），是商定国际邮政事务的政府间国际组织，其前身是 1874 年 10 月 9 日成立的“邮政总联盟”，1878 年改为现名。

的特殊单号。

4. 转单号（Transfer Number）：某些航空包裹无法由发件国（地区）直达收件国（地区），在途中经过第三方国家（地区）因而产生的另外一组跟踪号；或是抵达收件国（地区）后，当地派送公司另外给出的跟踪号；也有可能是遇到异常情况给出的转单号。

5. 排仓（Row Positions）：已经被海关放行的货物由航空公司根据货物尺寸、轻重编排装载表，然后交给货站进行货物装箱或装配。如果因航班仓位不足而需要等待，货物可能被收取排仓费。

6. 爆仓（Blasting Warehouse）：一般指物流旺季时快递或者邮政渠道包裹太多而超出承受能力，来不及分拣，甚至没办法再收件，大量快件滞留在始发站或中转站。爆仓发生的原因可能是恶劣天气（大雪、洪水、台风等），网购高峰期（大多是节日前后，如圣诞、元旦、春节、情人节等），举办国际赛事（如奥运会）等。

7. 偏远费（Remote Area Fee）：主要针对商业快递发货的包裹，部分地区邮路不发达，因此快递公司会收取一些额外的服务费用。邮政渠道（包括EMS）发货无偏远费。

8. 上网时效（Information Received）：邮局收货并查货后把单号数据上传到官网的速度。如果是直封分发，通常在拿到单号之后的1~3个工作日就可以查看到物流信息开始更新；通过线上发货的包裹，在仓库收到包裹（工作日）后的隔天，基本可以查看到物流信息更新；通过线下发货的包裹，3~5天后仍查看不到物流信息更新，卖家需认真考虑货代处理货物的时效性。平台促销或是购物旺季来临时，因为各个快递公司的处理能力有限，爆仓时货物堆积如山，物流信息更新很有可能严重滞后。

9. 起飞时效（Dispatched to Overseas）：邮局把货物送到海关检查，放行后在机场等待航班。一般来说往返欧美的航班多、速度更快，如果是往返不发达国家（地区）可能需要等待更长时间。

10. 未上网（Information Failed）：单号数据在官网上还未更新或暂时查询不到包裹的任何信息。

11. 申报（Claim）：发件人对包裹内容进行陈述，将物品详情、数量、金额三大要素体现在形式发票（一般指快递）或报关单（一般是小包）上，供收件国（地区）当地海关进行货物检查。

（二）发件国（地区）海关

1. 出口总包护封开拆（Arrival at Transit Office of Exchange）：在出口贸易中，寄出的包裹一般会根据不同的目的地封装在不同的袋子中，这被称为总包。邮局会把总包交给海关，海关会把总包拆开，过机扫描，有时会抽查，看物品是否和申报的一致。

2. 出口总包直封分发（Departure from Outward Office of Exchange）：出口总包护封开拆以后，系统一般会显示“出口总包直封分发”，这表示包裹已经顺利通过海关检查，重新打包好，交给航空公司，航空包裹由发件国（地区）直达收件国（地区），途中不经过第三方国家（地区）。

3. 出口总包护封分发（Distribution form Outward Office of Exchange）：需要中转的包裹，根据不同地址分拣后会被再次封装成为总包，发往目的地投递站点。

（三）运输途中

1. 交航（Delivery to Airlines）：发件国（地区）服务商已经把货品交给机场，包裹已经在机场或者已经交给发货的航空公司。一般来说，显示交航就是已经上了去往收件国（地区）的航班，下一条更新信息就是货品已经抵达收件国（地区）了。

2. 转运/中转（Transport/Transit）：航空包裹无法由发件国（地区）直达收件国（地区），途中经过第三方国家（地区）。多次转运可能导致货物的信息更新非常慢。

（四）收件国（地区）海关

1. 清关（Customs Clearance）：又称结关，进口货物、出口货物和转运货物进出海关关境或国境必须向海关申报，办理海关规定的各项手续，履行各项法规规定的义务。

2. 税号（Tax Number）：纳税人识别号的简称，即税号登记证上的号。税号由税务部门编制，唯一且终身不变。在某些国家，如巴西、澳大利亚，除了企业税号，还有个人税号。个人税号与企业税号的区别在于清关能力，申报金额较高的物品，极有可能无法使用个人税号去报税清关。

3. 检验检疫（Quarantine Inspection）：卫生检疫、动植物检疫、商品检验的总称。电子类产品主要是要求各种认证和查“仿牌”。

4. 关税（Custom Duty/Tax）：海关对出入关境的货物和物品征收的一种税，不同国家（地区）有不同的申报关税的起征点。当货品申报的价值超过收件国（地区）进口货物最高免税金额时，就必须缴纳关税。各国（地区）税率及起征点可在中华人民共和国商务部网站的外贸实务查询服务页面进行查询。

5. 扣关（Detained by Customs）：包裹在收件国（地区）海关因某些原因而被查扣。常见原因有：申报价值与估价不一致、品名和产品不符、装箱清单不详、收货人条件不允许（没有进出口权等）、包裹价值超过收件国（地区）免税金额（需补缴关税）、违禁产品。

6. 清关时效（Arrived at Overseas）：货物在海关完成正常手续并放行的时间。

（五）收件国（地区）物流渠道

1. 丢弃/退件（Abandon/Return）：包裹到达收件国（地区）之后，因为任何原因无法顺利妥投，可能会做丢弃或退件处理。在某些国家（地区），包裹即使丢弃，也会被收取处理费。如选择退件，万国邮联明确规定了小包退回发件国（地区）是免费的。商业快递如果需要退件，退件费用是寄件费用的3~5倍。

2. 代收（Waiting Collection）：当包裹在收件国（地区）无法顺利妥投时，通常会被暂存在当地的物流服务中心1~3周，具体时间因不同的国家（地区）而有所不同，物流服务中心会通知收件人在暂存时间结束之前自行前往领取，时间结束之前若无人领取，包裹可能会被丢弃或做退件处理。

3. 丢件（Lost）：在网上已无信息更新，邮局或快递公司并未回复追踪结果并且客户未签收的货物。包裹确认丢失后，邮局或快递公司会提供限额赔偿。

第二节 跨境电商物流发展历程及发展趋势

随着网络技术进步、物流水平提升，较传统国际贸易形式流通环节少、成本可控的跨境电商近年来快速发展。

一、我国跨境电商发展历程与现状

跨境电商是信息化时代背景下的产物，是存在于不同关境的交易主体之间的交易模式，这是推动现阶段商贸流通的一种新型模式。2023年5月4日，网经社电子商务研究中心发布《2022年度中国电子商务市场数据报告》，该报告显示，2022年中国跨境电商市场规模达15.7万亿元，较2021年的14.2万亿元增长10.56%。模式结构方面，2022年中国跨境电商的交易模式中，跨境电商B2B（企业对企业）交易占比达75.6%，跨境电商B2C（企业对个人）交易占比24.4%。近年来，跨境电商零售模式发展迅猛，其在跨境电商中的模式占比逐步提升。我国跨境电商交易总额呈现稳步上升趋势，在国际贸易中的占比也在逐年增长，跨境电商交易已经成为我国对外贸易的重要组成部分。

（一）我国跨境电商发展历程

从1998年到现在的20多年间，我国跨境电商总共经历了4个主要发展阶段。

第一阶段从1998年到2007年，主要经历了从B2B到B2C的发展过程，催生了海淘代购模式。其具体过程如图1-2所示。

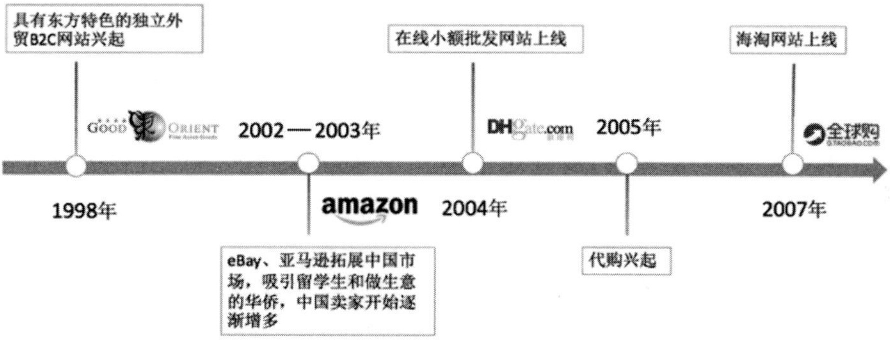

图1-2　我国跨境电商发展的第一阶段

1998年，具有东方特色的独立外贸B2C网站兴起。代表产品：Good Orient，销售旗袍、中国功夫套装和鞋、玉器等。

2002—2003年，eBay、亚马逊拓展中国市场，吸引留学生和做生意的华侨，中国卖家开始逐渐增多。

2004年左右，在线小额批发网站上线。代表产品：敦煌网。

2005年，代购兴起。

2007年，海淘网站上线，C2C模式兴起。代表产品：海淘全球购。

第二阶段从2007年到2013年，跨境电商朝垂直方向发展。其具体过程如图1-3所示。

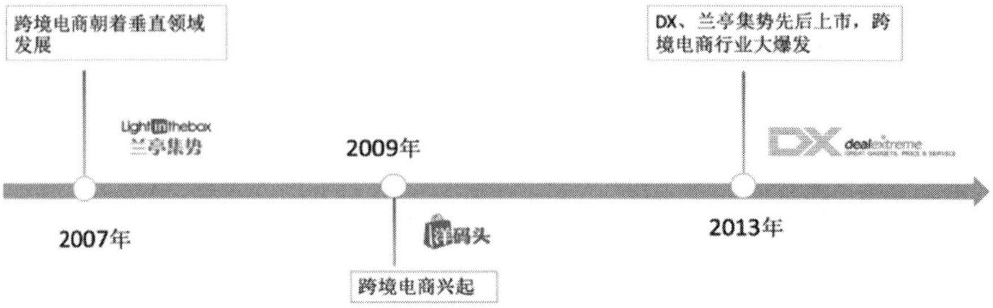

图 1-3　我国跨境电商发展的第二阶段

2007 年，跨境电商朝着垂直领域发展。代表产品：兰亭集势，运用博客和 Facebook 营销。

2009 年，跨境电商兴起，M2C（生产厂家对消费者）模式兴起。代表产品：洋码头，打造跨境物流体系——贝海国际速递。

2013 年，DX、兰亭集势先后上市，跨境电商行业大爆发。

第三阶段从 2013 年到 2017 年，跨境电商朝多元化方向转型。其具体过程如图 1-4 所示。

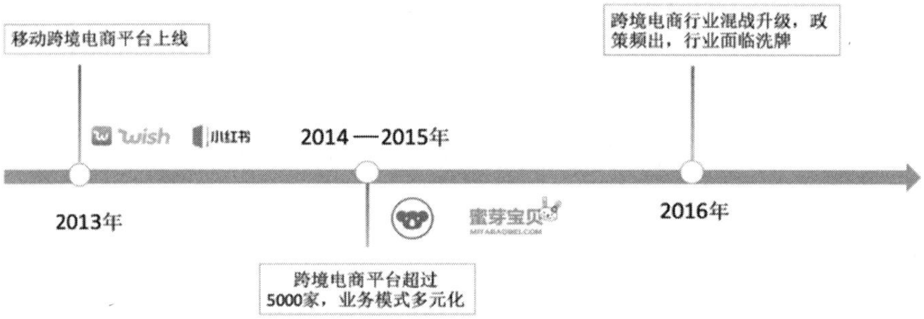

图 1-4　我国跨境电商发展的第三阶段

2013 年，移动跨境电商平台上线。代表产品：Wish。

2014—2015 年，跨境电商平台超过 5000 家，业务模式多元化。代表产品：网易考拉、唯品会、蜜芽宝贝、小红书。

2016 年，跨境电商行业混战升级，政策频出，行业面临洗牌。

《2017 年度中国出口跨境电商发展报告》显示，在“一带一路”和“网上丝绸之路”的带动下，2017 年中国跨境电商出口交易规模为 6.3 万亿元，同比增长 14.5%。中国已经成为世界上最重要的商品线上出口国。

第四阶段从 2018 年至今，跨境电商的发展进入成熟期。

2018年以来，跨境电商逐步进入多种模式融合发展时期。2018年，《中华人民共和国电子商务法》正式出台，对跨境电商等电商平台进行法律监督和指导，完善了监管流程和制度，促进行业走向标准化、规范化。

2020年突如其来的新冠疫情对世界贸易造成了重大影响，跨境电商凭借无接触性、供应链全球布局、模式多样化，以及“跨境电商+海外仓本土化运营”等优势，实现逆势上扬，交易规模大幅增长。

根据海关数据统计，2020年我国跨境电商进出口总额达1.69万亿元，同比增长31.1%，占当年GDP的1.5%。我国跨境电商以出口为主，2020年海外市场受疫情影响，防疫物资、居家办公用品、宠物用品等需求激增，进一步刺激了跨境电商出口，跨境电商出口额达到1.12万亿元，同比增长40.1%，出口额在跨境电商进出口总额中的占比接近70%。

2021年，我国跨境电商进出口总额达1.98万亿元，同比增长15%，其中出口1.44万亿元，同比增长24.5%。2022年，我国跨境电商进出口总额达2.11万亿元，同比增长9.8%，其中出口1.55万亿元，同比增长11.7%；进口0.56万亿元，同比增长4.9%。

为了促进跨境电商的发展，政府也在加快跨境电商综合试验区建设。截至2023年3月底，全国共建165个跨境电商综合试验区，覆盖31个省（自治区、直辖市）。

（二）我国跨境电商发展现状

近年来，为了积极参与全球物流领域数字治理，支撑全球贸易和跨境电商发展，我国陆续发布了许多政策。例如，2023年4月国务院办公厅发布《关于推动外贸稳规模优结构的意见》，提出支持外贸企业通过跨境电商等新业态新模式拓展销售渠道、培育自主品牌；鼓励各地方结合产业和禀赋优势，创新建设跨境电商综合试验区，积极发展“跨境电商+产业带”模式，带动跨境电商企业对企业出口；加快出台跨境电商知识产权保护指南，引导跨境电商企业防范知识产权风险；建设跨境电商综合试验区线上综合服务平台并发挥好其作用，指导企业用好跨境电商零售出口相关税收政策措施；持续完善跨境电商综合试验区考核评估机制，做好评估结果应用，充分发挥优秀试点示范引领作用。

除了国家政策支持，《区域全面经济伙伴关系协定》（RCEP）落地所带来的政策红利、新兴市场崛起、新业态新模式助推，也使得行业迎来了前所未有的发展机遇。但是，全球经济增速放缓、通货膨胀、汇率波动、供应链断裂等因素，也给行业带来了压力。

海关总署发布的数据显示，2022年我国货物贸易进出口总值为42.07万亿元，首次突破 40 万亿元关口，比 2021 年增长 7. 7%，连续 6 年保持世界第一货物贸易国地位。2023 年 1—5 月，我国服务贸易总体保持增长态势，进出口总额为 26055. 4 亿元，同比增长 10. 2%，其中出口 10982. 2 亿元，同比下降 4. 7%；进口 15073. 2 亿元，同比增长 24. 2%。2023 年一季度，我国跨境电商进出口总额为 4345 亿元，同比增长 0. 5%，其中出口总额 3104 亿元，同比增长 2. 6%；进口总额 1241 亿元，同比下降 4. 2%。

二、国际物流概述

国际物流是不同国家（地区）之间的物流，是国际贸易的必然组成部分，各国（地区）之间的贸易最终通过国际物流实现。国际物流作为现代物流系统中一种新的物流形态，近十几年来有很大的发展。

广义的国际物流，其研究范围包括国际贸易物流、国际非贸易物流、国际物流投资、国际物流合作、国际物流交流等领域。其中，国际贸易物流主要是指组织货物在国家（地区）之间合理流动；国际非贸易物流是指国际展览与展品物流、国际邮政物流等；国际物流投资是指不同国家（地区）的物流企业共同投资建设国际物流企业；国际物流合作是指不同国家（地区）的企业共同完成重大的国际经济技术项目的国际物流；国际物流交流是指物流科学、技术、教育、培训和管理方面的国际交流。

狭义的国际物流，主要是指当生产和消费分别在两个或在两个以上的国家（地区）独立进行时，为了克服生产和消费之间的空间间隔和时间距离，对货物（商品）进行物理性移动的一项国际商品交易或交流活动，从而达到完成国际商品交易的最终目的，即实现卖方交付单证、货物和收取货款。

国际物流与国内物流相比，在物流环境、物流系统、信息系统及标准化要求这 4 个方面存在不同。国际物流的一个非常重要的特点是物流环境的差异，这里的物流环境主要指物流的软环境。不同国家（地区）的法律法规、技术水平、行业标准等不同，这使国际物流的复杂性增强。

国际物流流程如图 1-5 所示。

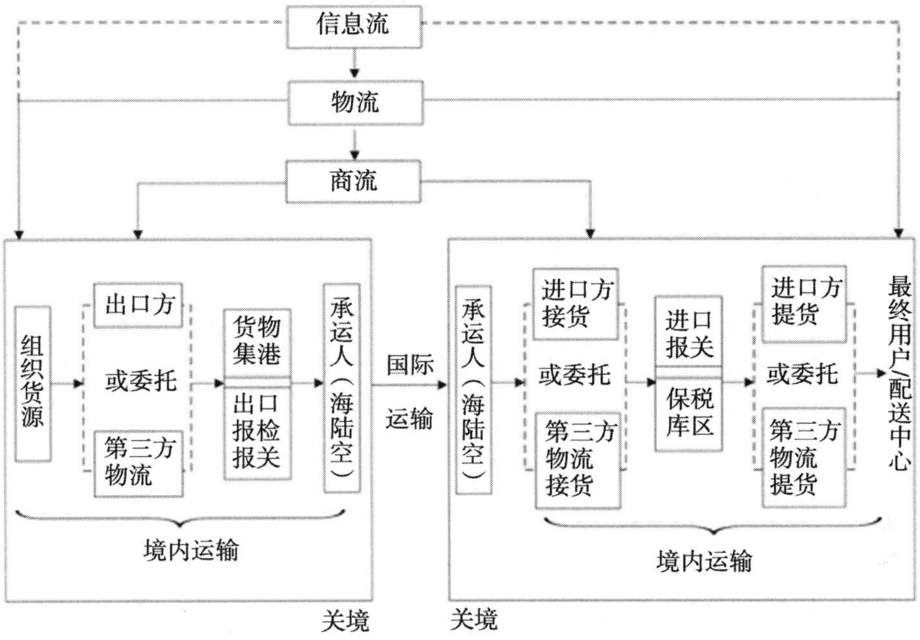

图 1-5　国际物流流程

三、跨境电商与国际物流的关系

跨境电商与国际物流相互影响、紧密联系，跨境电商为国际物流的发展提供市场机遇，而国际物流的完善则是跨境电商发展的必要条件之一。

跨境电商企业为国际物流的发展带来市场。传统商务模式越来越不能满足人们的需求，新时代下消费者更加重视商品质量及商品种类的丰富程度，此外，消费者会更加看重购物体验，而跨境电商的出现则在很大程度上提升了购物便捷性、满足了消费者需求、优化了消费者购物体验。同时，跨境电商还在改善企业服务质量、提高供应链有效性、提高企业经营效益、促进国际贸易成交等方面发挥作用。因此，很多传统企业纷纷引入跨境电商经营模式，而巨大的跨境电商市场则为国际物流的发展提供了市场机遇。

但因为在跨境电商交易过程中，影响消费者体验的因素是物流的效率及成本，所以跨境电商也为国际物流的发展带来了挑战。跨境电商的发展也催生了一些新的国际物流模式。

四、我国跨境电商物流现状

（一）我国跨境电商物流的主要模式

我国跨境电商物流的主要模式包括邮政、商业快递、专线物流、海外仓库和国内快递。

邮政基本覆盖全球，而且价格便宜，但是邮政快递不便于海关统计，超重物件的运费较高、速度较慢，丢包率也比较高，因此不适合跨境电商。

商业快递主要有 UPS、DHL、FedEx、TNT。商业快递的速度相对较快、服务较好、丢包率不高，但是商业快递的价格很贵、价格变化较大，退换费用需由客户自己承担。

专线物流是由航空公司将货物运输到境外，再由合作公司将物品运送到目的地。跨境专线物流速度快、规模大、价钱适中，但是跨境专线物流主要分布在发达地区，覆盖范围较小。

海外仓库为货物存储、分拣、包装、交付等提供一站式控制和管理服务。卖家先将货物存放在当地仓库，客户下单后，卖家第一时间从仓库调货、分拣、包装及派送，节省时间，节约成本。

我国开展跨国业务的国内快递公司以 EMS 和顺丰为主，速度快、费用较低、清关能力较强，但还有待发展。

在我国居民可支配收入增加的背景下，跨境电商交易将可能实现超预期增长。从物流结构上来说，约 70%的出口跨境电商包裹通过邮政系统投递，其余的通过国际物流巨头或者海外仓库模式配送。国内快递公司在 B2C 领域有较大的发展前景，且在时效和稳定性上优于邮政、在经济性上优于国际物流企业和海外仓库。

（二）我国跨境电商物流的现存问题

1. 物流成本相对较高

我国跨境电商物流的成本远远高于其他国家（地区）甚至国际标准。跨境电商物流需要考虑的问题多而复杂，涉及境内物流、境内海关、国际运输、境外海关、境外物流众多环节，在实际操作中风险很大，这在一定程度上增加了跨境电商物流成本。

2. 跨境物流周期长

跨境物流的环节包括境内物流、国际物流和海关运输，中间环节太多导致物流周期较长，消费者不能及时收货，因而对跨境电商物流存在消极的主观印象，这影响消费行为的发生。

3. 物流信息难以实现全程追踪

在我国国内物品的物流运输中，对包裹从下单到收货的全程追踪已成为常态。但在跨境电商物流中，很难做到物流上的全程追踪，这是因为境内的跨境电商物流企业没有与其他国家（地区）的物流企业构建起物流信息共享网络。

（三）跨境电商物流改进建议

1. 有效整合资源

物流联盟是整合行业资源的有效措施。物流企业可以通过合作对行业资源进行整合，减少竞争，共同从跨境物流中获得利润。通过这样的方式，不仅可以扩大物流规模，拓宽物流网点的覆盖范围，还可使单个企业跨境物流的成本大大降低。

2. 发展海外仓

建立海外仓对解决跨境电商物流所面临的各种困难是十分有效的。海外仓可以为跨境电商提供仓储、分拣、包装、配送等全方位服务。海外仓可以缩短物品的运送时间，改善消费者的体验。另外，海外仓使得退货和换货服务得以实现，同时也解决了二次跨境通关和商检、二次长途运输等问题以及无法追踪包裹位置的问题。这样不仅方便了消费者，让退换货成为可能，也可减少完成订单的时间，减少成本的投入，使跨境电商物流企业从中获取更多的利润。

3. 构建物流信息系统

物流信息系统的建立主要在两个层面。一是对系统中的多个基本模块进行设计，在实际运送过程中，提高订单的生成效率，通过系统实现订单的生成、传递和接收。二是对系统支持模块进行设计，对地图及仓库进行设计，使其有效分布与结合，由此组成物流信息系统的基本架构。系统基本模块设计与系统支持模块设计相互支持，使得物流信息系统与移动互联网结合，提高物流信息系统处理订单的速度，使其更稳定地运转。

五、跨境电商物流发展趋势

（一）跨境物流和跨境电商协同发展

跨境电商要想实现快速发展，就需要推动跨境物流和跨境电商的协同发展，从而实现资源共享。通常情况下，推动跨境物流和跨境电商的协同发展需要从以下几个方面进行。

首先，相关部门需要加强跨境电商的供应链整合工作，对货物的储存、包装、运输等进行优化，保证货物可以在最短的时间内被运送到消费者手中，减少不必要的成本浪费。

其次，相关部门需要在跨境电商中加强对移动信息技术的使用，让跨境物流和跨境电商之间形成完美配合。

最后，跨境物流在发展过程中需要以配合跨境电商发展为目标，并对相关配套服务进行整合，购入相关硬性资源，与境外物流公司展开合作，从而促进跨境电商快速发展。

（二）跨境物流网络之间协同发展

促进跨境物流网络之间的协同发展，具体可以从以下几个方面展开。

首先，相关部门需要对跨境物流单号、收货、储存等进行整合，然后对相关货物进行有效的编码工作，再对编码信息进行整理。

其次，相关部门需要完善货物退货流程，跨境货物在运输过程中经常会受到不同国家（地区）物流的影响，在此种情况下，需要加强各个国家（地区）物流企业之间的配合，针对不同的货物制定不同的货物退货流程，从而保证消费者的合法权益。

（三）多种物流模式之间协调发展，实现聚合效应

跨境物流包含境内物流和国际物流，所以相关部门要想保证跨境物流的运输质量，就需要加强多种物流模式之间的协调发展，实现聚合效应，具体可以从以下两个方面展开。

一方面，由于国际物流面向的是全世界，而不同国家（地区）的物流发展情况存在很大差异，在此种情况下，就需要对物流模式进行完善，对相关物流配送要求进行完善，提升国际物流运输质量。

另一方面，由于国际物流在运输过程中所花费的时间长、流程也更加复杂，所以消费者在选择物流模式时经常会选择一些运输速度更快的，这就需要加强多种物流模式之间的协调发展，将资源共享，从而提升国际物流运输效率。

（四）物流外包模式不断发展

随着跨境电商的快速发展，一些跨境电商企业建立了属于自己的物流体系，但是这些物流体系程序复杂，在使用过程中经常会出现一些问题，从而造成物流运输速度缓慢，无法将货物及时送到消费者手中。在此种情况下，物流外包模式不断发展，这种模式会对跨境物流链进行整合，还会对跨境物流运输路线进行优化，从而保证跨境物流的快速发展。

（五）与目标市场本土物流公司加强合作

跨境电商的快速发展改变了人们的消费习惯，人们更加喜欢购买一些境外的商品。在此种情况下，越来越多的跨境电商企业开始加强与目标市场本土物流公司之间的合作，完善跨境物流运输路线，从而减少国际物流的配送时间，提高国际物流的配送速度，促进跨境电商的快速发展。

六、“一带一路”背景下的跨境电商物流

截至 2023 年 6 月，中国已同 152 个国家和 32 个国际组织签署 200 余份共建“一带一路”合作文件，“一带一路”倡议作为多方共赢的发展倡议之一，使得我国对外贸易频率不断提高，与对外贸易相关的行业类型，诸如跨境电商以及跨境电商物流行业，也因此面临前所未有的发展机遇。就此看来，“一带一路”背景下的跨境电商物流体系建设具有较为重要的实际意义。

对我国传统跨境电商物流体系中存在的弊端进行革新建设，不仅有利于我国物流产业及相关产业的实际发展，而且符合“一带一路”倡议落实过程中的实际需求。“一带一路”倡议及有关国家（地区）互联互通政策的实施，为跨境电商和跨境物流转型发展提供了机遇。随着“一带一路”区域国际物流设施投资力度加大，跨境电商物流企业加快国际化转型，在传统的邮政小包、国际专线和国际快递等模式基础上，在海外布局物流网点，建立海外仓，转向规模化离岸运营。“一带一路”背景下跨境电商物流服务的产业链正在逐渐形成，协同与合作将在企业之间、国家（地区）之间不断深化。

第三节 跨境电商物流主要职能与模式

一、跨境电商物流主要职能

为了帮助不同关境内的交易主体在电子商务平台上完成交易，必须借助跨境电商物流实现实体物资的采购、包装、报关、清关、跨境运输、海外仓储等活动。同时，为了提高跨境物流的效率、实现跨境电商企业的效益，必须对其库存进行管理，优化决策，对物流服务成本进行估算与控制，从而对整个跨境电商供应链进行优化。

跨境电商物流职能包括两大模块——基本职能和集成与优化，如图 1-6 所示。其中，基本职能包括跨境电商进口物流模式、跨境电商出口物流模式、海关清关、跨境电商运输管理、跨境电商库存管理、跨境电商海外仓管理；集成与优化主要从信息流、资金流等方面综合讨论，包括跨境电商物流信息

系统、跨境电商物流服务成本控制和跨境电商供应链管理。

本书将按照图 1-6 的框架展开叙述。

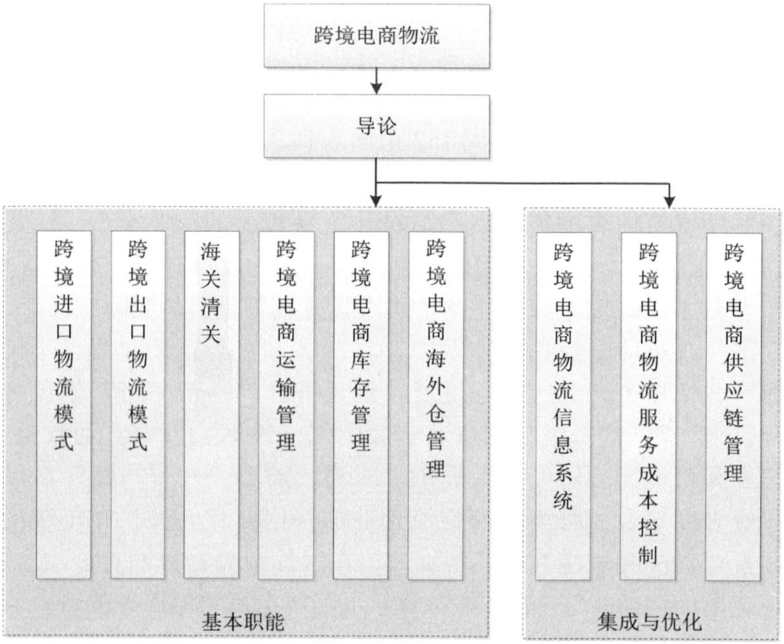

图 1-6　跨境电商物流职能

二、跨境电商物流模式

（一）传统物流模式

1. 国际快递

国际快递是跨境电商物流的一种传统模式，主要是通过国际快递公司解决跨境电商的商品配送及物流问题。国际上知名的快递公司包括 UPS、FedEx、DHL 等，我国的一些快递公司，如顺丰、圆通等，也纷纷在时代趋势之下涉足跨境电商物流业务。国际快递这种传统的物流模式在时效性及服务质量上占据优势，可以满足世界各地客户的需求；但是其也存在价格高、特色专线快递未开通等劣势，进而影响客户物流体验。

2. 国际邮政小包

与国际快递一样，国际邮政小包也是服务于跨境电商的一种传统物流模式，主要通过万国邮联解决商品配送及物流问题，以个人邮包的形式发货。国际邮政小包具有成本低、通关容易等优势，但在实际中，国际邮政小包的丢包率高、安全性低、时效性不强等劣势较为突出。同时，国际邮政小包还受制于包裹形状、体积、重量等因素，会在一定程度上影响物流效率及物流体验。

（二）新兴物流模式

1. 海外仓

海外仓是最近几年兴起的新型跨境电商物流模式。它是指跨境电商企业在境外目的地建立或租赁仓库，采用海陆空等运输方式将货物提前运输至境外目的地，通过跨境电商的方式进行线上销售，消费者成功下单之后，企业再利用境外目的地的仓库或第三方物流机构直接进行商品运输及配送。与传统物流模式相比，海外仓这种新兴的物流模式能够缩短物流时间、降低物流配送成本，还能有效解决商品检验及退换货等诸多问题。虽然其具有传统物流模式无可比拟的优势，但由于建设海外仓的投资数额庞大，很多跨境电商企业望而却步。

2. 边境仓

与海外仓一样，边境仓也是新型跨境电商物流模式。边境仓与海外仓的区别在于，海外仓位于境外目的地，边境仓则位于商品输入国（地区）的邻近国家（地区）。同时，边境仓按照位置分为相对边境仓及绝对边境仓两种。相对边境仓也就是仓库设立在与商品输入国（地区）不相邻却相近的国家（地区），绝对边境仓则是仓库设立在与商品输入国（地区）相邻的国家（地区）。边境仓的优势主要体现在可以有效规避目的国（地区）的政治、法律、税收等风险，同时设立边境仓还能够充分利用自贸区的物流政策，降低物流成本、提升物流效率。

3. 集货物流

集货物流是现今较常用的一种跨境电商物流模式，它使得跨境电商物流配送成本更低、效率更高。目前主要有两种操作方式：一种是建立仓储物流中心；另一种是建立跨境电商战略联盟，共同构建国际物流中心。

4. 自贸区或保税区物流

自贸区或保税区物流是提前将货物运输至自贸区或保税区仓库，再由跨境电商企业负责商品销售，同时由自贸区或保税区仓库负责货物分拣、检验检疫、包装等，最后通过自贸区或保税区实现商品集中物流配送。这种模式的最大优势就是可以最大限度地利用自贸区及保税区的优势，为跨境电商物流的快速运行提供保障。

5. 国际物流专线

国际物流专线有专门的物流运输工具、物流线路、物流起点与终点、物流运输周期及时间等，同时它还是根据特定国家或地区跨境电商物流特点所推出的物流专线。这种物流模式能够有效规避通关及商检风险，还具有一定的物流时效性及物流经济性，但同时因其“专”的特性也会产生一定的局限性。

6. 第四方物流

第四方物流是现今较为先进的国际物流模式。第四方物流本身不参与物流活动，却为其他物流模式提供整套的规划方案，包括供应链设计、物流整合管理能力、信息技术、咨询服务等多个方面，可以从根本上完善物流供应链、提高物流运送效率、降低物流成本、增加供应链上相关企业的经营效益。

（三）主流发货模式对应的物流模式

目前，跨境电商采用的发货模式主要有海外直邮模式和保税仓发货模式两种，分别对应“自建跨境物流+境内物流”和“保税仓+境内物流”两种物流模式。

1. 海外直邮模式

海外直邮模式是指跨境电商企业直接参与采购、物流、仓储等海外商品的买卖流程。海外直邮模式下的商品入境类似于个人物品直邮入境，因而不受通关单的限制。

海外直邮模式中较常见的物流模式是“自建跨境物流+境内物流”。“自建跨境物流+境内物流”模式主要通过对平台上的买手商品和品牌做有效背书，提升用户购物体验，代表平台有洋码头、亚马逊。

2. 保税仓发货模式

保税仓发货模式下的物流分为两段：境外段和境内段。商品完成境外段的运输后，要在该平台建立的保税仓进行拆包、检验、清关、分拣和打包，再通过境内快递公司寄送给消费者，即“保税仓+境内物流”模式，代表平台有天猫国际、蜜芽宝贝、小红书、京东全球购。

第四节 本章配套案例

从传统外贸企业到跨境电商企业

（一）企业背景

A 企业为中德合资企业，位于浙江北部和上海的交界处，成立于 1995

年，多年从事钣金铸造金属产品 OEM/ODM（代工与贴牌）、B2B 的外贸出口，拥有多年的制造和外贸经验。公司拥有 4 万平方米的厂区，2 万平方米的标准厂房。公司拥有一流的进口数控设备和进口涂装流水线，专业生产各类办公家具，比如文件柜、档案柜、密集架、液晶电视机架，产品畅销全国各地，甚至远销欧美，2010 年产值超亿元。2019 年，A 企业开始计划开展跨境电商业务。

（二）A 企业的跨境电商模式

A 企业的产品主要市场为欧洲和美国，因此 A 企业主要采用 B2B、B2C 跨境电商模式，其中 B2C 模式主要在亚马逊北美站实现，占企业跨境电商 B2C 业务的 90%以上。

（三）A 企业的跨境电商物流痛点与挑战

跨境电商 B2C 模式下的跨境物流，与传统的 OEM 模式下的跨境物流截然不同，主要体现在以下几个方面。

1. 跨境电商物流环节多

在传统的 OEM 模式下，A 企业的跨境物流环节是：采购商向 A 企业订购后，A 企业将产品出厂运到指定港等待海运，采用 FOB 模式；货物上船到达目的港后，由采购商收货人清关，之后自行提货到仓并销售。在跨境电商 B2C 模式下，A 企业的业务主要是企业自主品牌出口外销批发或者零售，企业不再仅仅是生产供应商，而是转变为集生产企业、采购商、跨境零售商、出口目的国（地区）收货人等于一身的综合角色。跨境电商物流业务细节多、环节多、链条长，不但需要了解传统外贸物流的基础知识，还需要了解各类海关和政府政策以及尾程渠道规则，包括境外税务、海外仓储、产品清关要求、产品所需认证要求、服务商派送规则等。

2. 跨境电商物流运营复杂

跨境电商物流在运营方面的复杂程度远高于传统外贸物流。跨境电商物流运营，从提货入库、开箱查验、测重量尺、库内贴签、内陆运输、货物离港，到货物到港、海外清关、提货短驳、尾程派送，每个环节都需要企业自己完成，而且每个环节都可能出现问题。例如，国内贴标出库环节，如果发生漏贴标签、欧洲货物错贴成美国 UPS、渠道装车错误等，基本等同于丢货。又比如，清关资料的商品编码如果不小心用错，可能产生更高的税金，引起一系列不必要的额外成本。除了运营环节错误，影响跨境电商物流全程时效的还有很多因素，而且有些是不可控的，例如机场地勤货站爆仓、目的港拥堵塞港、人手不足、亚马逊或者海外仓爆仓、尾程派送商仓库爆仓、旺季拖车资源紧张等。这些都对企业在跨境物流运营方面提出更高的要求。

3. 跨境电商物流成本更高

A 企业在跨境电商物流上的成本投入远远高于传统外贸物流，具体见表1-2。

表 1-2　A 企业物流成本构成对比表

A 企业物流成本构成	传统外贸物流	跨境电商物流
境内货运	√	√
境内仓库	√	√
境内出口报关	√	√
海运空运		√
目的国（地区）清关		√
目的国（地区）陆运		√
海外仓		√
目的国（地区）快递运输		√

4. 跨境电商平台约束

传统外贸物流几乎不会受到跨境电商平台的约束，而跨境电商物流和跨境电商平台的联系比较紧密。各大跨境电商平台的相关政策会对跨境电商物流产生很深的影响，例如 A 企业的产品主要在亚马逊上销售，亚马逊对线上物流的时效考核非常严格，线上物流渠道一旦出现批量延误，企业可能会面临来自跨境电商平台的罚款，并且金额较大，也可能面临产品和销售排名下降，甚至关店等处罚，造成经济损失。A 企业的一款产品原本按照亚马逊物流标准属于小号大件商品，在头程物流中不需要打托进仓，但是 2021 年亚马逊物流政策调整后，该产品变成大件商品，必须打托进仓，仅此项更改，造成 A 企业物流成本上升 15%。

（四）A 企业解决跨境电商物流痛点与挑战的措施

1. 成立专门的跨境电商物流部门

A 企业在实际运营中发现跨境电商物流需要更专业的人才，于是成立专门的跨境电商物流部门，打造专门的跨境电商物流运营团队。

首先，加强对市场的了解，包括了解不同国家和地区的消费习惯、文化差异、法律法规等，从而制定相应的运营策略，以满足不同市场的需求和喜好。其次，加强团队协作能力，对内与其他部门密切合作，以实现企业整体目标，对外与供应商、物流公司等建立合作关系，以确保货源稳定、物流畅通。最后，重视数据分析能力，通过对市场数据进行分析和挖掘，发现问题和机会，并及时提出解决方案。

2. 与专业的物流公司合作

建立稳定的物流合作关系是解决跨境电商物流问题的重要手段。A 公司主要合作的物流公司包括京东国际物流、亚马逊 AGL 等。A 企业采用海外仓模式，先将商品集中存储在目标市场当地仓库再进行配送，仓储与京东美国仓、亚马逊 FBA 合作，配送主要与 UPS、USPS、FedEx 等美国本土快递服务公司合作。

3. 建立健全物流信息追踪系统

A 企业应用领星 ERP 软件，并根据企业自身需求进行二次开发，同时对接外部数据平台，实时追踪商品的运输状态。领星 ERP 软件可以实现广告管理、客服管理、采购管理、进销存管理、运营工具管理等一系列主要功能。通过该系统还可以获取供应链、财务和运营等核心指标数据，提高跨境电商物流效率和服务质量。

案例讨论题目：

1. 传统外贸企业和跨境电商企业有何差别？
2. 跨境电商物流受到哪些因素影响？

第五节 本章练习

一、判断题

1. 一般所说的跨境电商是指广义的跨境电商，不仅包括 B2B，还包括 B2C，不仅包括跨境电商 B2B 中通过跨境交易平台实现的线上成交的部分，还包括跨境电商 B2B 中通过互联网渠道线上进行交易撮合、线下实现成交的部分。(　　)

2. 跨境电商交易环节复杂（生产商—贸易商—进口商—批发商—零售商—消费者），涉及中间商众多。(　　)

3. 跨境电商缩短了对外贸易的中间环节，提升了进出口贸易的效率，为

小微企业提供了新的机会。(　　)

4. 阿里巴巴旗下的一达通是跨境电商第三方外贸服务平台。(　　)

5. 目前，跨境电商人才供应很充裕。(　　)

二、单选题

1. (　　) 在跨境电商总量中的占比最大，约为 90%。(　　) 虽只占跨境电商总量的 10%左右，却是增长最为迅速的部分。

A. B2B，B2C　　B. B2C，B2B

C. C2C，B2B　　D. B2G，G2B

2. 确定付款时间和交货地点是哪个岗位的职责？(　　)

A. 建站与后台维护　　B. 询盘转换订单

C. 订单操作与单证　　D. 生产安排与跟单管理

三、多选题

1. 和传统国际贸易相比，跨境电商呈现出以下特征（　　）。

A. 多边化　　B. 小批量　　C. 高频度　　D. 透明化　　E. 数字化

2. 为什么要做跨境电商？(　　)

A. 有利于传统外贸企业转型升级

B. 缩短了对外贸易的中间环节

C. 为小微企业提供了新的机会

D. 促进产业结构升级

E. 有利于中国制造应对全球贸易新格局

3. 跨境电商参与主体有哪些？(　　)

A. 通过第三方平台进行跨境电商经营的企业和个人

B. 跨境电商平台

C. 物流企业

D. 支付企业

四、简答题

1. 简述跨境物流的基本过程。

2. 简述我国跨境电商的基本发展过程。

3. 简述跨境电商物流主要职能。

4. 在跨境电商环境下，国际物流有哪些基本模式？

第二章　跨境电商进出口物流模式

【学习目标】

本章旨在让学习者了解跨境电商进出口物流的基本模式，熟悉跨境电商物流发货和收货流程，从而掌握跨境进出口物流业务；通过案例让学习者了解跨境电商、一般贸易及行邮通道的税收区别和行邮税计算。通过本章的学习，能够：

1. 掌握跨境出口物流模式及其发货流程；
2. 掌握跨境出口申报与退税基本知识；
3. 掌握跨境进口物流模式及其业务流程；
4. 掌握跨境电商行邮税计算基本方法。

【本章重点】

在跨境电商交易中，进出口物流是决定交易的关键，本章主要介绍主流的跨境电商出口物流模式、跨境电商进口物流模式以及相关业务流程。

【基本概念】

跨境电商出口模式，发货流程，跨境出口退税，跨境电商进口模式，备货流程，行邮税

【建议学习时间】

4~6 课时

第一节 跨境电商出口物流模式和发货流程

跨境电商整合了传统国际贸易的资金流、商流、人流、信息流、物流，在大数据、物联网、人工智能等技术的驱动下，降低成本的同时，也需要供应链上下游匹配优化，从而促进国际物流发展。而跨境出口物流管理包括谈判、立约、支付、物流等多个环节，跨境出口电商的快速发展也为这些环节上相关企业提供了前所未有的发展机会。跨境出口物流是指网上平台销售的物品从供应地到目的地（中转地）的流动过程，包括国际运输、包装配送和信息处理等环节。

一、跨境出口物流模式

（一）邮政包裹

中国邮政网络覆盖全球，中国卖家有60%以上的包裹是通过邮政网络发出的。邮政渠道包括邮政小包、大包、e邮宝和国际特快专递EMS等，个人邮包通过万国邮联体系出口发货。邮政小包分为平常小包（非挂号）和挂号小包两种，价格实惠，通关便捷，国际段均走空运，前者不提供跟踪查询服务，后者付挂号费可跟踪查询。邮政小包的重量要求在2千克以内，在体积上要求货物为非圆筒货物，长+宽+高≤90厘米，单边≤60厘米。时效性要求不高且大于2千克的偏重货物，可走邮政大包，运输方式为空运及水陆运，价格比较低，没有偏远附加费，相对于商业渠道有价格优势。

（二）国际商业快递

国际商业快递的一个非常重要的特点是各国（地区）快递环境的差异，尤其是快递“软环境”的差异。不同国家（地区）的不同法律、不同经济和科技发展水平和不同人文风俗，使得国际商业快递很难建立起一套统一的标准。

中国国际快递是国际商业快递业务中最重要的组成部分，它是EMS、DHL、UPS、FedEx、TNT、ARAMEX等快递业“巨头”的主营业务，每年的业务量以30%的速度增长。

国际快递包裹重量分实际重量和体积重量两种，快递公司将以两种重量中大的一项为计费依据。四大国际快递DHL、UPS、TNT、FedEx包裹体积重量的计算方法为长×宽×高÷5000，注意长、宽、高的单位是厘米；EMS对长、宽、高三边中任一单边达到60厘米或以上的包裹进行体积重量计算，计算方法为长×宽×高÷8000，长、宽、高的单位是厘米。

收费方面，国际快递包裹货物不足0.5千克的，按0.5千克计费；21千克（46.3Ib）以下的货物按照小货计费，按首重、续重计费，计费单位为0.5千克（1.1Ib）；21千克及以上的货物按大货计费。

其他规定包括：国际快递包裹单件货物的规格必须保证1×长+2×高+2×宽<330厘米（各快递公司要求的规格不尽相同）；国际快递包裹单件超过或等于68千克的，必须用有脚卡板进行包装（部分国家和地区拒收原来的卡板包装），否则快递公司拒收货物。

倘若有以下情况的国际快递包裹，需预先订舱：货物单件围长（1×长+2×高+2×宽）超过330厘米（10英尺、25.2英寸）；货物单件重量超过68千克；货物单件围长不超过330厘米，重量不超过68千克（149.9Ib），但一批货物超过300千克（661.4Ib）。

国际快递的资费变化较大，需发快递包裹时，请先联系所托运的国际快递公司的业务员确认价格。

（三）专线物流

专线物流也是现今跨境电商物流较常使用的一种模式，主要是指在境内仓库集货、批量直接发往特定国家或地区的专门设计的国际运输线路，时效性强、方便快捷，区域针对性也较强。集包集货具有比一般快递更优化的计重计费方式，因此专线物流一般也是针对需求量大、热门的线路。

首先，专线物流要考虑境内网点分布，境内揽收要集中，上网速度要快，从成本考虑，境内仓与货源及航空口岸的距离要适中，确保境内段的时限可控。这个集货仓可能由跨境电商平台或第三方物流企业提供，接收到货物后便可进行处理。

其次，头程多采用全货包机运输，节约时间，价格和耗时均介于邮政小包和国际商业快递之间。但空运代理市场秩序混乱，半透明的市场价格和不确定的服务使其稳定性不高，特别考验专线公司的仓位议价能力。如果头程到达城市离客户地址较远，也会影响全程时限。

再次，专线物流在清关方面比较专业，采用大包付款交货清关（所有费用由发货人承担）较顺利，如果境外有贸易公司配合清关，可能会更大限度降低清关成本（针对起征点低的国家或地区）。SKU（最小库存单位）要归类，清关后进行拆包配送。

最后，货物分拣完成后一般由当地邮政或快递负责派送，很多区域快递如澳大利亚Toll、中东Aramex、日本OCS、印度GATI等，货物的送达时间基本固定。

对某一个国家或地区的跨境电商企业来说，专线物流是比较折中的物流解决方案。解决好境外清关、和当地邮政或快递合作，是专线物流服务的两大关键链条。专线竞争主要体现在“专”上，兼顾规模经济性及点到点线路的时效性，但拼抢货源及航空资源经常引发倒卖发货及邮包的不良现象，令发货人受损。表 2-1 是商业渠道的常见交货方式。

表 2-1　商业渠道的常见交货方式

交货方式	具体解释
FOB	Free On Board，装运港船上交货
CIF	Cost，Insurance & Freight，成本+保费+运费
DDP	Delivered Duty Paid，清关完税及目的地交货
DAP	Delivered at Place，目的地交货（不含装卸）
DAT	Delivered at Terminal ，目的地或目的港站交货

表 2-2 给出了部分国家专线的具体要求。

表 2-2　部分国家专线的具体要求

路线	当地合作商	限重（千克）	运费（元/千克）	挂号费（元/件）	时效
美国专线	美国邮政、FedEx	30	90	12	4~7 天
英国专线	英国邮政	10	77	10	5~8 天
德国专线	DHL	2	94	20	7~9 天
澳大利亚专线	澳大利亚邮政	5	60	10	5~7 天
俄罗斯专线	俄罗斯当地快递	30	100	0	15~35 天
法国专线	皇家邮政	2	110	10	8~10 天
意大利专线	皇家邮政	2	110	10	8~10 天

（四）中欧班列

中欧班列是指按照固定车次、线路等条件开行，往来于中国与欧洲及“一带一路”沿线国家（地区）的集装箱国际铁路联运班列。中欧班列共有西、中、东三条通道：西部通道由我国中西部经阿拉山口（霍尔果斯）出境，中部通道由我国华北地区经二连浩特出境，东部通道由我国东南部沿海地区经满洲里（绥芬河）出境。

中欧班列以其运距短、速度快、安全性高的特征及绿色环保、受自然环境影响小的优势，已经成为国际物流中陆路运输的骨干方式。中欧班列物流运行日趋成熟，班列沿途国家（地区）经贸交往日趋活跃，国家（地区）间铁路、口岸、海关等部门的合作日趋密切，这些有利条件为铁路进一步发挥国际物流骨干作用、将丝绸之路从原先的“商贸路”变成产业和人口集聚的“经济带”起到重要推动作用。

（五）境外配送

任何跨境出口物流模式最终都无法绕开境外的末端配送。纵观全球物流网络，“最后几公里”的配送服务既是最简单的，又是最难的。各国（地区）情况各异，配送服务差异很大：新兴国家和欠发达地区的基础设施短板明显，几乎没什么可选择的服务；而发达市场，邮政及快递的投递分层服务做得很好，一分钱一分服务，完全差异化。例如在法国，用户可以选择物流送货上门、送货到旗下的门市或派送点自取，送货上门又分为标准、跟踪和签名，另外预约、消息通知、查询等服务也比较到位。而在美国，大部分电商平台使用“老三家”（USPS、UPS、FedEx），美国邮政 USPS 收费相对便宜，300 克的小件平均起步价为 3 美元，2~8 个工作日送达；如果选择商业快递送货，价格就会贵得多，如 UPS 陆运不保证时效，一般为 3~8 天，价格一般为 5~10 美元，如果选择 FedEx 航空件，则有次日达、次晨达等多项服务，当然价格也要高 5~10 倍。签收方式默认都是送达通知，即把快件送到客户住宅附近即可，可以是门口，不是默认本人签收的。本人签收、他人代收、更改地址、定时配送都属于附加服务，需额外付费。另外，欧美很多快递公司休息日是不送货的，如果需要休息日送货，也需要加收费用。发达市场的配送服务还会受到运能不足、极端天气、罢工等影响。

在美国，亚马逊推出了 FBA（Fulfillment by Amazon），即亚马逊提供的海外仓储及代发货业务。我国供应商仅需将商品运输到亚马逊在中国的 FBA 仓库即可，后续的运输、通关等流程由亚马逊负责，节省时间和成本。最终，商品到达亚马逊在目的国（地区）的 FBA 仓库，FBA 仓库实质上成为供应商的海外仓库。

二、跨境电商出口物流的发货流程

（一）海外仓

海外仓是指卖家通过海运、空运或者快递等方式将商品集中运往海外仓储中心进行存储，并通过物流服务商的库存管理系统下达操作指令。

首先，卖家需要在海外仓服务商提供的物流平台注册会员，开通后台账号；其次，在后台系统建立自己的产品信息单；接下来就可以备货了，卖家先将商品通过国内物流运至头程仓库，在头程仓库进行整理包装后，送到海关，完成清关、结汇或退税等手续，然后通过国际物流方式（海运、铁路运输或空运等）将货物运抵目的国（地区），在目的国（地区）海关完成清关、报税等手续之后将货物送达海外仓；最后，货物送达海外仓后，卖家就可以根据订单将货物从海外仓通过目的国（地区）物流送达消费者手中。

在此过程中，卖家在线远程管理海外仓储。卖家使用物流商的物流信息系统，远程操作海外仓储的货物，并追踪货物情况。海外仓的工作人员根据卖家指令进行操作，使用物流商海外仓储中心自动化操作设备，严格按照卖家指令对货物进行存储、分拣、包装、配送等操作。发货完成后系统会及时更新，以便卖家实时掌握库存状况。

（二）邮政物流

中国邮政速递物流经营历史悠久、规模庞大、网络覆盖范围广、业务品种丰富。公司主营国内速递、国际速递、合同物流等业务，拥有享誉全球的特快专递品牌 EMS 和国内知名的物流品牌 CNPL。

国际在线发运系统是中国邮政速递物流公司为适应跨境电商客户需求自行开发的在线物流处理系统，支持客户在线打单，提供物流订单管理、在线提交物流及报关信息、自行打印邮件详情单、发送上门揽收指令和邮件运递状态主动告知等功能。对于具备技术开发能力的、业务量较大的客户，中国邮政速递物流提供 API（应用程序编程接口）对接服务。

邮政直邮主要指中国邮政航空小包。中国邮政航空小包又称中国邮政小包、邮政小包、航空小包，详见前文介绍。中国邮政航空小包出关不会产生关税或清关费用，但在目的国（地区）进口时有可能产生进口关税，具体根据每个国家（地区）海关税法的规定而不同（相对其他商业快递来说，航空小包能最大限度地避免关税）。

1. 寄送要求

发件人需要写清楚收件人地址和邮编，并按照规定填写报关单及快递面单，申报物品要用中英文。

（1）规格限制

重量不超过 2 千克。

非圆筒货物：长 + 宽 + 高 ≤ 90 厘米，14 厘米 ≤ 单边长度 ≤ 60 厘米，宽度 ≥ 9 厘米。

圆筒形货物：17 厘米≤直径的两倍+长度≤104 厘米，10 厘米≤单边长度≤90 厘米。

（2）产品限制

禁止邮寄国家规定的不能邮寄和出口的物品；禁止邮寄带有危险性、爆炸性、放射性、易燃性的物品；鲜活的动植物及易腐烂的产品不能邮寄。

2. 资费标准

中国邮政航空小包的收费标准，可根据发件地和目的地以及邮包重量在中国邮政速递物流网站查询。

假设一个 1 千克的包裹从上海浦东以航空件方式寄到韩国，在中国邮政速递物流网站上查询，查询页面如图 2-1 所示。

图 2-1　中国邮政速递物流网站运费查询

查询结果给出了 4 种寄递方式的预估运费，其中航空小包价格为 98.3 元，如图 2-2 所示。

1.您可以通过邮编查询国际（地区）特快专递卡哈拉路向邮件的服务时效标准，卡哈拉路向包括中国香港HK、日本JP、韩国KR、泰国TH、英国GB、法国FR、西班牙ES、美国US、澳大利亚AU、加拿大CA；
2.时效标准天数是指工作日，不包含交寄日、周末和节假日，时效为参考时效，非承诺时效；
3.因海关查验、申报信息不完整或错误、天气、疫情等不可抗力因素影响，时效在原基础上顺延。
4.以上运费仅供参考，详询各地邮政。

产品名称	寄件方式	重量(kg)	预计时效	预估运费(元)	选择下单
国际（地区）特快专递	上门取件/网点自寄	1	请输入原寄地和目的地邮编后进行查询	110.0	立即下单
国际水包	网点自寄	1	暂不支持时效标准查询	87.9	立即下单
国际航包	网点自寄	1	暂不支持时效标准查询	98.3	立即下单
国际空运水陆路包裹	网点自寄	1	暂不支持时效标准查询	96.0	立即下单

图 2-2　中国邮政速递物流网站运费查询结果

3. 资费计算

挂号资费=标准资费×实际重量×折扣+8 元挂号费。

平邮资费=标准资费×实际重量×折扣。

例如，200 克的货物运到韩国，当前折扣为 7 折，标准资费 71.5 元/千克。平邮费用为：71.5 元/千克×0.2 千克×70% = 10.01 元。挂号费用为：

71.5 元/千克×0.2 千克×70%+8 元挂号费=18.01 元。

4. 寄送时效

当日中午 12 点以前交寄邮局，一般当晚 8 点后可以在中国邮政官网查询包裹状态信息。寄送时效大致为：到亚洲邻国或地区 5~10 天，到欧美主要国家 7~15 天，到其他国家和地区 7~30 天。

（三）国际快递

国际快递的特点是速度快，服务标准声明价值在 600 美元以下的货物无须报关手续。缺点是费用较高，可优惠幅度较小。适用货物是批量小、无须报关的国际货物。

国际快递的发货流程图如图 2-3 所示。

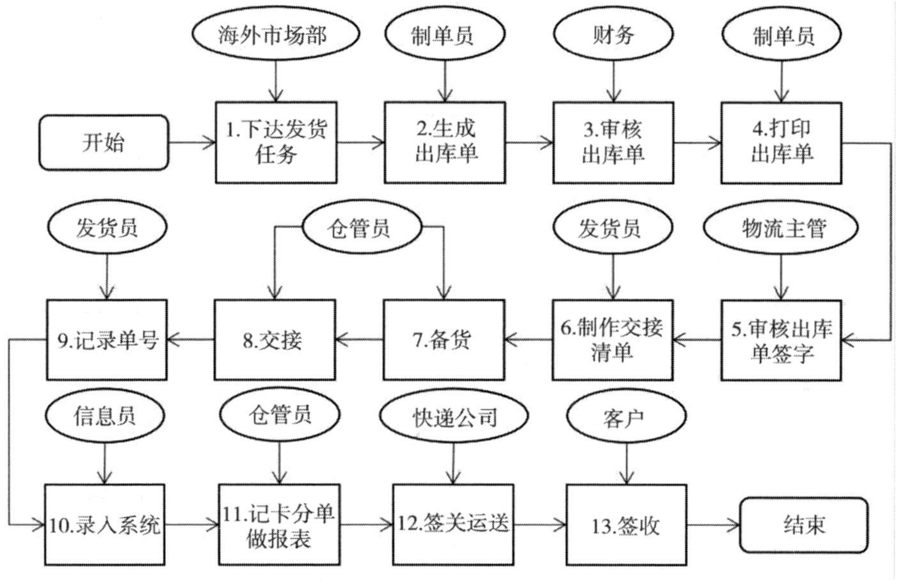

图 2-3 国际快递发货流程

具体流程如下：

1. 海外市场部以邮件或书面形式将发货任务的商业发票、货物明细、收货地址和联系方式等信息告知物流部门；
2. 制单员在企业信息系统中生成出库单；
3. 财务部对出库单进行审核；
4. 制单员打印出库单交给发货员；
5. 物流主管对纸质出库单进行审核并签字确认；
6. 发货员根据发货任务制作以下单据：商业发票，备案书，快递托运单；

7～8. 仓管员根据出库单备货并与发货员交接；

9. 发货员记录发货机器的 ESN（电子序列号）和 IMEI（国际移动设备身份码）；

10. 信息员将相关信息导入系统；

11. 仓管员记卡分单做报表；

12. 快递公司根据发货员提供的相关单据进行签关，递达收货人；

13. 客户签收货物。

（四）专线物流

专线物流是指将运往目的国（地区）的货物统一集中到一个仓库，然后进行清关等操作，经过海运或航空运输送到目的国（地区）。专线物流的价格比商业快递低、时效比邮政小包快、清关速度与邮政差不多，所以目前在市场上受到广泛认可。

专线物流的发货流程如下：

1. 接单，客户与国际物流服务提供商签订合同，并提交相关单证（如发票、装箱单、提单等）；

2. 装箱，国际物流服务提供商根据货物性质、数量和目的地制订相应的装箱方案，进行装箱和固定；

3. 报关，将货物的数据和单证上传至海关，办理出口清关手续；

4. 运输，根据货物情况和客户需求选择运输方式，进行货物运输；

5. 交付，将货物送至客户指定目的地，并进行交付。

三、跨境申报与退税

对于采用邮寄、快递方式出口的卖家来说，若按一般贸易出口对单个包裹报关清关，需要大量的人力物力，这必然不利于中小卖家的发展。

为了方便这类卖家报关清关，2014 年海关总署增列海关监管方式代码“9610”。在“9610”模式下，海关只需对跨境电商企业事先报送的出口商品清单进行审核，审核通过后就可办理实货放行手续，在提高通关效率的同时降低了通关成本。

2020 年，海关总署又增列海关监管方式代码“9710”“9810”，方便跨境电商 B2B 直接出口货物，或先将货物出口至海外仓。这两种模式下的企业申报流程如图 2-4 所示。

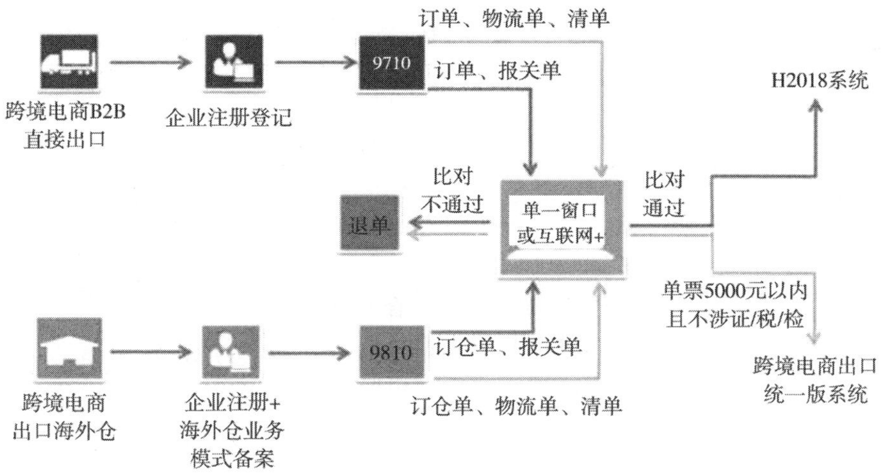

图 2-4 跨境电商 B2B 出口企业申报流程

为了促进跨境电商出口的发展，国家多个重要部门相继颁布多项政策。这些政策深入跨境电商出口的方方面面，大到总体制度、环境建设，小到税收、支付等具体环节，创造各种有利条件推动其快速发展。税收部分的相关政策见表 2-3。

表 2-3 跨境电商扶持政策（税收部分）

发布时间	部门	政策文件	主要内容
2013 年 12 月	财政部、国家税务总局	《关于跨境电子商务零售出口税收政策的通知》	符合的企业或货物，适用增值税、消费税退（免）税政策
2015 年 12 月	财政部、国家税务总局	《关于中国（杭州）跨境电子商务综合试验区出口货物有关税收政策的通知》	对中国（杭州）跨境电子商务综合试验区企业出口未取得合法有效进货凭证的货物中符合条件的，在 2016 年 12 月 31 日前试行增值税免税政策
2016 年 7 月	国家税务总局	《关于发布修订后的〈出口退（免）税企业分类管理办法〉的公告》	区分不同外贸业态，设定一类企业标准，提高一类企业占比，提升跨境电商出口退税的成功率

表2-3　续

发布时间	部门	政策文件	主要内容
2018 年 9 月	财政部、国家税务总局、商务部、海关总署	《关于跨境电子商务综合试验区零售出口货物税收政策的通知》	对综试区电子商务出口企业出口未取得有效进货凭证的货物，同时符合一定条件的，试行增值税、消费税免税政策
2019 年 11 月	国家税务总局	《关于跨境电商综合试验区零售出口企业所得税核定征收有关问题的公告》	1. 综试区内跨境电商企业，同时符合一定条件的，试行核定征收企业所得税办法； 2. 综试区内核定征收的跨境电商企业应准确核算收入总额，并采用应税所得率方式核定征收企业所得税
2023 年 2 月	财政部、海关总署、国家税务总局	《关于跨境电子商务出口退运商品税收政策的公告》	在跨境电子商务海关监管代码（1210、9610、9710、9810）项下申报出口，且自出口之日起 6 个月内因滞销、退货原因原状退运进境的商品（不含食品），免征进口关税和进口环节增值税、消费税；出口时已征收的出口关税准予退还，出口时已征收的增值税、消费税，参照内销货物发生退货有关税收规定执行；已办理的出口退税按现行规定补缴

跨境电商如何进行出口退税？在全面“营改增”的推动下，越来越多的上游企业有较多的增值税发票可以流转至跨境电商卖家，所以很多跨境电商卖家可以获得增值税率为 13%的增值税发票，从而有条件足额退税。

化解出口退税难题，目前最简单的方式是通过外贸综合服务企业实现出口退税“外包”。中小企业将自己生产的货物名义上销售给外贸综合服务企业，外贸综合服务企业以自营方式出口的货物，可按“分送集报”跨境电商自营出口的规定申报退（免）税。第三方代理出口货物退（免）税实务流程是：出口退税备案—申报—审核—境外收汇—结汇—税款退付—退税清算。

第二节 跨境电商进口物流模式

一、跨境进口物流模式

（一）直邮模式

1. 基本概念

直邮模式是指符合条件的跨境电商平台与海关联网，境内消费者跨境网购后，电子订单、支付凭证、电子运单等由企业实时传输给海关，商品通过海关跨境电商专门监管场所入境，按照个人邮递物品征税。直邮模式下，货物从境外发货，物流耗费时间较长，费用可能更高，但是可供选择的商品种类比较丰富。

2016 年 4 月 8 日后启运的跨境电商进口商品（含网购保税和直邮模式），须满足“跨境电子商务零售进口商品清单”（简称“正面清单”）及清单备注要求；不在正面清单内的商品，不得以跨境电商方式进口。正面清单中的商品可免于向海关提供许可证。

2. 直邮模式流程

直邮模式下的主要流程是：用户下单—境外采购—订单分拣、包装贴标—国际商业快递/各国（地区）邮政系统—国际空运至境内机场—货物进入海关监管仓—快递清关（国际商业快递）/邮政清关（EMS）—境内配送。

直邮模式在入境时需要清关，但不用全部报关，海关会对商品进行抽查。目前，跨境电商进口中涉及直邮模式的物流服务商有国际商业快递（DHL、UPS、FedEx、TNT、EMS）和邮政（中国邮政、中国香港邮政、英国皇家邮政等）。

通过快递入境的监管比较严格，而通过邮政系统入境则要宽松一些。

3. 直邮模式的优缺点

（1）优点

①品类无限制，无须等待资金回流。

②快递渠道的物流速度较快、丢包率低。

③邮政渠道的价格便宜、被税率低。

（2）缺点

①服务质量缺乏保障，境外的人工成本高。

②快递渠道以空运为主，价格高、被税率高，并且没有专门的通道，通

关不方便。

③邮政渠道的政策不确定、速度慢、丢包率高，而且服务质量差。

直邮模式适合跨境电商平台以及商品种类多且零散、个性化较强的卖家。

4. 直邮进口模式下的快件清关和集货清关

（1）快件清关

确认订单后，境外卖家通过国际快递将商品直接从境外邮寄至消费者手中，无海关单据。该清关模式灵活，有业务时才发货，不需要提前备货，但包裹与其他邮件混在一起，物流通关效率较低，量大时成本会迅速上升，适合业务量较少、偶尔有零星订单的情况。

（2）集货清关

境外商家将多个已售出的商品统一打包，通过国际物流运至目的国（地区）的仓库，并为每件商品办理海关通关手续，经海关查验放行后，由本土快递配送至消费者手中，每个订单均附有海关单据。

选择直邮模式的跨境电商企业，在完善了供应链、仓储、物流等基础布局以后，应该将提升用户量和交易额作为经营重心。这样一方面会减少边际成本，另一方面会促进物流体系的优化和效率的提升。用户的需求越来越多元化、个性化、碎片化，满足和经营用户的需求，正成为直邮模式下跨境电商发展的关键因素。

（二）集货模式

1. 基本概念

集货即收货，就是外贸出单之前把不同来源的货物集中在一起。建立集货中心的目的是使原来分散的、小批量的、规格和质量混杂的、不容易进行批量运输和销售的货物，经过集货中心处理，形成批量运输的起点，从而实现大批量、高效率、低成本和快速的快递运作。这样的物流中心通常分布在小企业集群区、农业区、果业区、牧业区等地域。

保税集货模式是指跨境电商企业根据消费者在跨境电商平台上产生的订单，先在国外采购货物，统一打包，以集货方式入境，在保税物流中心由物流企业根据消费者订单信息将商品分别粘贴运输面单，由报关企业汇总申报，经海关清单核放、查验放行后配送到消费者手中。它与保税备货模式的区别在于，集货模式下电商平台无须将未出售的货物预先囤积在仓库内，可极大地降低资金成本和销售风险，但劣势在于没有备货模式发货快。

集货是目前流行的跨境物流运作模式，性价比优于纯国际快递，它突破了邮政包裹、商业快递、海外仓及国际空运等传统模式，是一个组合。这一运作模式的核心是充分发挥规模效应。选取合适的集货仓库，揽收足够量的包裹，批量发运，降低航空订舱成本，到境内再转廉价的快递配送。除了海淘散户，随着跨境电商物流需求的积累，这类快递的效率和体验也在快速改善。

2. 集货模式流程

集货模式相当于直邮模式的升级版，主要流程为：消费者下单—境外采购—供应商集中发货至境外集货站—转运公司进行跨境运输—空运至境内机场—货物进入海关监管仓—通过正规方式清关—境内配送。如图 2-5 所示。

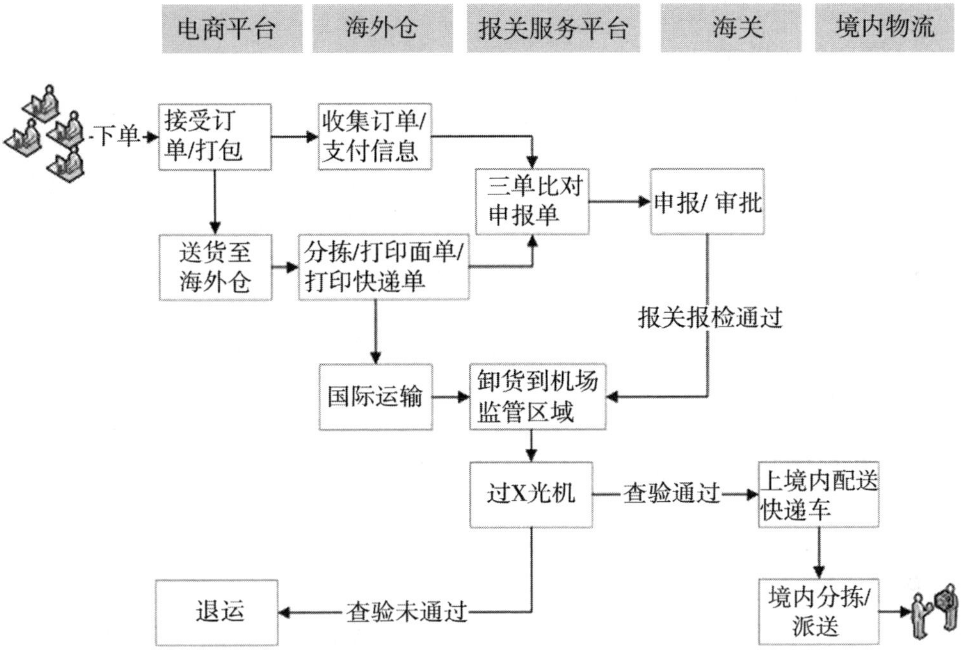

图 2-5　集货模式流程图

3. 集货模式的优缺点

（1）优点

①清关快捷：提前备案并进行产品归类，全程电子清关。

②规范安全：灰色清关有法律风险且时效不可控，正规渠道可以降低运作风险，全程物流可追溯。

③成本低廉：集货订舱、及时发货，低运费、低操作费、低清关费，税费信息透明。

④全程可追踪：系统 API 接口实时同步订单、清关、物流等信息，实时返回货品及订单状态。

⑤流程简化：跨境物流由中间商承接并提供一站式服务，电商平台专注

于采购与前端，合作高效。

（2）缺点

①须有海外仓，仓租成本高。

②一些国家和地区人工费用高。

集货模式适合跨境电商平台以及商品种类多且零散、个性化较强的卖家。

境外集货更接近于海淘的本义，商品囤积于海外，品类更丰富，与用户需求的多元化、个性化趋势相匹配。这种物流运作有利于长尾非标及高价位商品的进境，客户群正日益广泛。

（三）备货模式

1. 基本概念

备货模式是商家通过大数据分析提前将热卖商品屯放在境内的保税区，消费者下单之后，直接从保税区发货。一方面，节省商家的物流和人力成本，物流速度还几乎与境内订单无异。另一方面，通过保税模式进入仓库的货物可以以个人物品名义清关，在税收和检验检疫环节都享有优势。

从前端消费者的反馈来看，这一物流模式已经被普遍认可，只要不断有品类能继续通过保税进口方式进口，整个跨境电商市场会越做越大。

2. 备货模式流程

备货模式的主要流程为：电商平台从境外商家采购备货—境外商家发货（B）—国际段运输—申报查验（海关）—保税仓库（B）—消费者下单—出区申报/出仓核销（境内海关）—境内运输配送—消费者收货（C）。如图2-6所示。

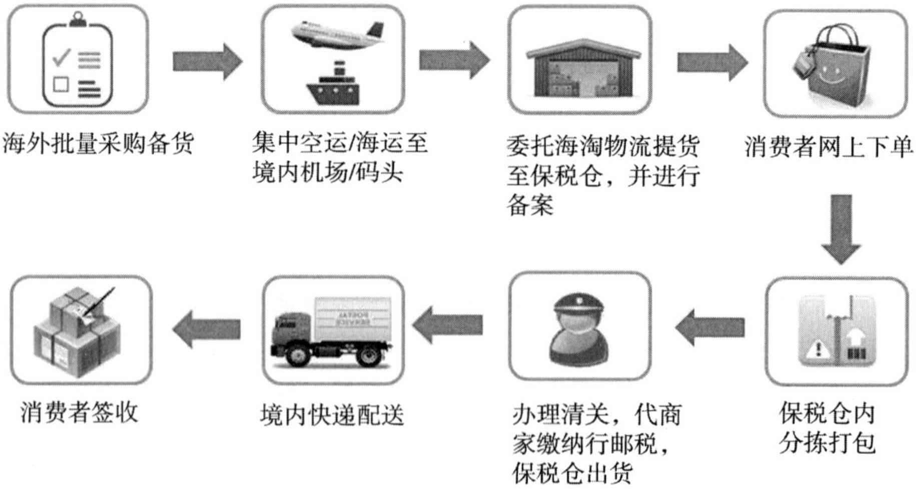

图 2-6 备货模式流程图

3. 备货模式的优缺点

（1）优点

保税备货模式的最大优点就是用户体验好，具体表现为以下几点：

①从下单到收货的物流时间短，与境内电商的物流时间差不多，短则当天送达，长的话也就三五天送达。

②保税备货模式的物流成本低，集运相对于直邮来说，可以节省大量的物流成本。

③商品质量有保证，退换货较其他模式也更便捷。

（2）缺点

①保税仓规模是有限的，在竞争激烈的情况下，对于保税仓的争夺也会很激烈。

②资金回流慢，保税备货模式针对的是大宗商品，商品量很大，短期内销售完的难度很大，一般都需要较长的周期。

③选品要求高，保税区对入库商品有严格的审核，海关也会定期进行检查，而且因为库存的管控成本较高，应选择需求量大或稳定的长尾产品。

④保税仓容易滋生假洋货及假授权，比如商家拿一批仿品去海外兜一圈再放到保税区，经“保税区一日游”拿到海外发货凭证和入境许可，消费者往往无从辨别。

保税备货模式适合大型跨境电商平台以及批量采购的卖家。

二、跨境电商进口税费计算

（一）跨境电商行邮税计算

行邮税，就是行李和邮递物品进口税的简称，是关税、进口增值税及消费税三者合一的替代税种。“行”指的是入境时旅客随身携带的行李物品，“邮”指的是通过邮政渠道从境外邮寄到境内的物品。跨境电商的直邮业务涉及的是“邮”而非“行”。由于行邮税针对的是非贸易属性的进境物品，税率普遍低于同类进口货物的综合税率，征了行邮税，其他税就不征了。

行邮税只针对个人非大宗物品，根据海关相关条例规定，对超过规定数额、但仍在合理数量以内的个人自用进境物品进行归类、确定完税价格和适用税率，进而征收行邮税，若税额不超过 50 元，行邮税是免征的。

行邮税的计算公式较为简单，即税款=完税价格×适用税率。

根据海关总署 2010 年第 54 号公告《关于进境旅客所携行李物品验放标准有关事宜》，个人自用进境物品免税额度为 5000 元。根据财政部等部门联合印发的《口岸进境免税店管理暂行办法》，在维持居民旅客进境物品 5000

元免税限额不变基础上，允许其在口岸进境免税店增加一定数量的免税购物额，连同境外购物额总计不超过8000元则享有进境免税优惠。海关要求这种随身行李的物品，以“自用、合理数量”为限，超出这个限度的就需要办理进口手续和交进口税。

国务院关税税则委员会于2019年4月8日发出通知，宣布自4月9日起下调一系列日用消费品的行邮税税率。调整后，行邮税税率分别为13%、20%、50%。适用于13%一档的物品包括书报、食品、金银、家具、玩具和药品。适用于20%一档的物品包括运动用品（不含高尔夫球及球具）、钓鱼用品、纺织品及其制成品。适用于50%一档的物品包括烟、酒、贵重首饰及珠宝玉石、高档手表、高档化妆品。通知还对税目1“药品”的注释做了修改：对国家规定减按3%征收进口环节增值税的进口药品（目前包括抗癌药和罕见病药），按照货物税率征税。

跨境电商零售进口商品从2019年4月8日起，不再按邮递物品征收行邮税，改为按货物征收关税、进口环节增值税和消费税。

根据跨境电商零售进口税收政策，个人单笔交易限值人民币5000元，个人年度交易限值人民币26000元。在限值以内进口的跨境电商零售进口商品，关税税率暂设为0；进口环节增值税、消费税按法定应纳税额的70%征收。计算规则如下：

税费=购买单价×件数×跨境电商综合税率

跨境电商综合税率=［（消费税率+增值税率）/（1-消费税率）］×70%

注：优惠券仅可抵扣商品金额，运费需缴纳税费。

对于自己海淘并通过转运公司或者直邮的个人商品适用行邮税，需要注意的是海关征收行邮税时并不完全按单据上的价格征收，一般按行邮税表的完税价格（完税价格=货物价值+运费+保险）来计算。

（二）跨境电商、一般贸易及行邮通道的税收区别

进口缴税主要有三种：关税、增值税和消费税。关税是世界各国（地区）海关对进出境的货物或者物品普遍征收的一种税。关税和非关税措施是衡量一个国家（地区）市场开放度的主要标志，关税又分进口税、出口税、过境税。进口增值税，即进口环节征缴的增值税，是以环节增值额为征税对象的流转税按从价、从量等方式计征。消费税主要针对小部分高价值的进口消费品，个别奢侈品还要加收税。不同进口方式的纳税种类会有差异，见表2-4。

表 2-4　不同进口方式的纳税种类

税种	征税范围	计算公式（从价计征为例）	一般贸易	邮件快件	跨境电商	免税商店
关税	进出口货物	商品完税价格 = 商品价格 + 国际运费+保费 税额 = 应税商品数量×商品完税价格×关税税率	√	×	×	×
消费税	进口货物，主要是烟、酒、化妆品、首饰等	商品计税价格 =（商品完税价格 + 关税）÷（1-消费税率） 税额 = 商品计税价格×消费税税率	√	×	按应纳税额的70%征收	×
增值税	进口货物	税额 = 商品计税价格×增值税税率	√	×	按应纳税额的70%征收	×
行邮税	入境个人物品	税额 = 商品完税价格×商品行邮税率（综合税）	×	√	×	×

注：表中“√”代表应缴纳该税种，“×”代表不需要缴纳该税种。

一般贸易进口要交进口环节增值税和关税，其中进口环节增值税是 13%，而根据关税税则，不同商品的关税税率不同。

财政部 2018 年第 49 号文件《关于完善跨境电子商务零售进口税收政策的通知》规定，将跨境电商零售进口商品的单次交易限值由人民币 2 000 元提高至 5 000 元，年度交易限值由人民币 20 000 元提高至 26 000 元。完税价格超过 5 000 元单次交易限值但低于 26 000 元年度交易限值，且订单下仅一件商品时，可以自跨境电商零售渠道进口，按照货物税率全额征收关税和进口环节增值税、消费税，交易额计入年度交易总额，但年度交易总额超过年度交易限值的，应按一般贸易管理。已经购买的跨境电商进口商品属于消费者个人使用的最终商品，不得进入国内市场再次销售；原则上不允许网购保税进口商品在海关特殊监管区域外开展“网购保税+线下自提”模式。

不同通关模式下的税率对比见表 2-5。

表 2-5 不同通关模式下的税率对比

商品	一般贸易货物			个人行邮物品	跨境电商
	关税（最惠国）	消费税	增值税	行邮税	综合税（按法定应纳税额的70%征收）
电子产品、母婴奶粉、日化护肤品、服装鞋帽等	5%~10%	0	13%	13%	9.1%
红酒	14%	10%	13%	50%	17.9%
高档手表及饰品	11%	20%	13%	50%	28.9%
彩妆及高档化妆品	10%	30%	13%	20%	43%

第三节 本章配套案例

一、跨境电商物流模式选择

（一）企业背景

B企业位于上海市奉贤区，2020年建厂，主要从事模具制造、包装材料及制品销售、水暖管道零件及其他建筑用金属制品制造、日用百货销售、PET及聚酯纤维制家居用品制造、家用纺织制成品制造和纺织制成品制造。从2020年起，B企业开始开展跨境电商业务，主要通过亚马逊北美站、eBay欧洲站点进行销售。

（二）B企业主要销售产品

B企业主要用PET生产毛毡屏风、悬挂屏风、房间隔板、办公室隔断板和家用多功能叠凳，相关信息见表2-6。

表 2-6　B 企业跨境销售主营产品信息

产品	销售渠道	仓储	尺寸（英寸）	重量	吸声等级	阻燃	认证
叠凳	亚马逊	FBA	17×17×20	12.1 磅	/	B	SGS
办公桌面屏风	亚马逊	FBA	46.5×11.8×0.6	8.16 磅	0.85 NRC	B	SGS
金属屏风夹	亚马逊/eBay	FBA/国内直发	2.44×1.97×4.3	320 克	/	/	/
悬挂隔断板	亚马逊/eBay	FBA/国内直发	14×12.6×1.2	0.6 磅	0.85 NRC	B	SGS

由表 2-6 可以看出，B 企业的较大件产品均通过亚马逊 FBA 仓储，小件产品在通过 FBA 仓储的同时也会从国内直发给欧美客户。通过 eBay 欧洲站点零售，是因为 B 企业在欧洲并没有海外仓，因此企业主要采取邮政小包方式，从国内直接将产品快递给欧洲客户。这也说明在实际中，邮政小包适合小件产品的跨境电商销售。

（三）物流模式选择影响因素

跨境电商物流模式的选择主要跟几个因素有关。有些观点认为物流成本和关税因素是主要的，但其实在目前的跨境电商物流模式选择中，人们更加关注的是物流时效性、安全性和成本因素的综合考量。

以 B 公司的产品为例，主要销售渠道是亚马逊北美站。这是因为 B 公司必须要考虑影响产品销售情况的重要因素，也就是物流时效性和安全性。一般来说，顾客在亚马逊北美站下单，从订单确认到收到货物的时间为 3~8 天，且 48 小时内必须发货。亚马逊还对商家设有订单缺陷率指标——必须低于 1%，同时要求迟发率低于 4%、配送前取消率低于 2.5%、有效追踪率高于 95%。

表 2-7 对比了目前主要物流配送模式的时效与安全性。

表 2-7　目前主要物流配送模式时效与安全性对比

主要物流模式	服务商	北美时效	货件安全性	成本
邮政包裹	中国邮政、中国香港邮政、新加坡邮政等	15 天以上	低	低
国际快递	四大商业快递巨头，即 DHL、TNT、FedEx 和 UPS	7~10 天	高	高
国内快递	EMS、顺丰和“四通一达”	7~10 天	中	高
专线物流	通过航空包舱方式运输到国外	10~15 天	高	高
“海外仓+本地配送”	在销售目的地进行货物仓储、分拣、包装和派送的一站式控制与管理服务	2~7 天	高	低

目前，很多面向欧美的跨境电商也采取“海外仓+本地配送”模式，主要是时效性强、安全性高、成本低，并且由于一般跨境电商退换货也比较难处理，有专门的海外仓储也可以有效降低退换率，减少退换货带来的损失。

二、跨境电商进口案例

（一）不同通关模式下的税费对比

假定要进口 10 瓶红酒，完税价格 200 元/瓶。

1. 如果属于一般贸易货物

关税税额＝应税商品数量×商品完税价格×关税税率＝10×200×14%＝280 元

计税价格＝（商品完税价格+关税）÷（1−消费税税率）＝2280/0.9
＝2533.33 元

消费税税额＝商品计税价格×消费税税率＝2533.33×0.1＝253.33 元

增值税税额＝商品计税价格×增值税税率＝2280×0.13＝296.4 元

总税额＝280+253.33+296.4＝829.73 元

2. 如果属于跨境电商货物

税额＝10×200×0.189＝378 元

3. 如果属于个人行邮物品（假定允许每人带 10 瓶，有 5 个人带）

税额＝10×200×0.5＝1000 元

所以对于红酒来说，作为跨境电商进口货物所缴的税额更低。

（二）计算跨境电商行邮税

例如，客户申报行李箱内装有3罐各0.9千克的奶粉，总计2.7千克，申报价格为95元/千克，总价值为256.5元；系统执行完税价格为200元/千克，3罐奶粉的完税价格为540元，申报货值低于完税价格的1/2，则系统仍按256.5元计算税额，此时产生的关税=256.5×13%=33.35元，低于个人物品50元的免税额，可免征放行。但如果海关开箱查验，箱内无购买凭证或不能证伪，海关会要求退单或按完税价格申报，届时产生的关税=2.7×200×13%=70.2元，不予免征。

三、海外直邮平台案例——宝贝格子

宝贝格子是一家面向中国消费者的跨境电商平台，其于2014年10月正式上线，并于2015年2月开通海外直邮业务。

宝贝格子通过“跨境直邮+国内特卖”模式为国内0~3岁宝宝家庭提供全球母婴产品。商城经营孕期服饰、营养品、用品，产后恢复用品，宝宝食品、日用品、服饰、玩具、车床寝具等20多个品类，500多个品牌，10000余种商品。宝贝格子选购的海外母婴商品都来自海外知名电商网站，如美国亚马逊、Diapers等，海外分部采购商品也重点筛选海外热销的本土优质产品。宝贝格子商城目前分为海外直邮版块和一般贸易版块，海外直邮版块供应直接在海外采购并邮寄至客户的商品，目前已开通美国、日本、韩国、德国、加拿大、澳大利亚海外直邮专场；一般贸易版块的商品主要通过保税仓进口或国内代理经销进货，从国内保税仓发送至客户手中。

在宝贝格子商城海外直邮版块下单后，宝贝格子会在72小时内为买家下单订购商品。在国外网站下单成功后，国外网站会将货物发货到宝贝格子的海外仓库，然后进行海外出关操作，并通过国际航空运输到中国。货物到达国内后，宝贝格子会安排货物在海关进行清关，其间如果被抽检会产生关税等税费，则需要买家自行向海关缴纳。清关成功后，商品交由国内快递公司进行派送上门。

直接邮寄商品一般由境外的宝贝格子仓储直接发货，宝贝格子会帮助办理好清关入关，快递送货上门，买家凭身份证收取商品。因清关方面的原因导致增加的额外费用需由买家承担。通常在国际物流运输过程中，除关税外的清关费、报关费等相关费用由国际物流公司承担，如产生关税则需买家承担。

目前，宝贝格子的盈利来源分为三部分：一是与商家间的佣金结算；二是由于账期长，不必立即结款而产生的金融盈利；三是物流差价。其中，物流差价是盈利的主体。

第四节 本章练习

一、填空题

1. 跨境出口物流主要有以下几种模式：（　　）、（　　）、专线物流、中欧班列、境外配送等。

2. 邮政小包分为（　　）和（　　）两种。

3. 国际快递包裹重量分为（　　）和（　　）两种，快递公司将以两种重量中大的一项为计费依据。

4. 直邮模式是指符合条件的跨境电商平台与海关联网，境内消费者跨境网购后，电子订单、支付凭证、电子运单等由企业实时传输给（　　），商品通过海关跨境电商专门监管场所入境，按照（　　）征税。

5. 2016 年 4 月 8 日后启运的跨境电商进口商品（含网购保税和直邮模式），须满足跨境电商零售进口商品清单及清单备注要求；不在（　　）内的商品，不得以跨境电子商务方式进口。

6. 行邮税，就是行李和邮递物品进口税的简称，是（　　）、（　　）及（　　）三者合一的替代税种。

二、单选题

1. 网络基本覆盖全球，且价格便宜；限重 2 千克，有尺寸限制；不便于海关统计，也无法享受出口退税；速度较慢；丢包率高。以下哪种跨境出口物流模式具有以上特点？（　　）

A. 中国邮政航空小包　　B. 国际商业快递

C. 中国邮政航空 EMS　　D. 专线物流

2. 速度快、服务好、丢包率低，适合高附加值、体积小的产品，发往欧美发达国家（地区）非常方便；价格昂贵且价格资费变化大。以下哪种跨境出口物流模式具有以上特点？（　　）

A. 中国邮政航空小包　　B. 国际商业快递

C. 中国邮政航空 EMS　　D. 专线物流

3. 速度较快，费用低于四大国际快递巨头；对市场的把握能力有待提高，路线有限。以下哪种跨境出口物流模式具有以上特点？（　　）

A. 中国邮政航空小包　　B. 国际商业快递

C. 中国邮政航空 EMS　　D. 专线物流

4. 集中大批量货物发往目的地，通过规模效应降低成本；相比邮政小包而言，运费较高，且在国内的揽收范围相对有限。以下哪种跨境出口物流模式具有以上特点？（　　）

A. 中国邮政航空小包　　B. 国际商业快递

C. 中国邮政航空 EMS　　D. 专线物流

5. 邮政小包要求在（　　）以内？

A. 2 千克　　B. 5 千克　　C. 3 千克　　D. 4 千克

6. EMS 邮政速递，对长、宽、高三边中任一单边达到（　　）或以上的包裹计算体积重。

A. 60 厘米　　B. 70 厘米　　C. 80 厘米　　D. 90 厘米

7. 个人邮寄物品进口的规定起征额是（　　）。

A. 大于等于 50 元　　B. 大于 50 元

C. 大于等于 100 元　　D. 大于 100 元

8. 个人邮寄音像制品进口的税率是（　　）。

A. 10%　　B. 12%　　C. 13%　　D. 14%

9. 个人邮寄服装进口的税率是（　　）。

A. 20%　　B. 30%　　C. 40%　　D. 35%

10. 根据海关总署 2010 年第 54 号公告《进境旅客所携行李物品验放标准》，免税额度为（　　）元。

A. 3000　　B. 4000　　C. 5000　　D. 6000

11. 根据财政部等部门联合印发的《口岸进境免税店管理暂行办法》，在维持居民旅客进境物品 5000 元人民币免税限额不变基础上，允许其在口岸进境免税店增加一定数量的免税购物额，连同境外购物额总计不超过（　　）元则享有进境免税优惠。

A. 5000　　B. 6000　　C. 7000　　D. 8000

三、简答题

1. 简述跨境申报与退税的过程。
2. 海外仓的发货流程是怎样的？
3. 国际快递空运发货流程是怎样的？
4. 简述进口关税税率计算规则。

第三章　海关清关

【学习目标】

本章旨在让学习者了解海关清关基本概念和术语，了解关税基本概念与退税基本流程，熟悉跨境电商通关模式，了解常见的海关清关问题。通过本章的学习，能够：

1. 了解海关性质、职能和权力；
2. 掌握关税基本概念与退税基本流程；
3. 掌握跨境电商通关模式及流程；
4. 通过配套案例，了解跨境电商常见清关问题及应对策略。

【本章重点】

本章首先介绍海关的性质、职能和权力，然后对关税的性质及退税流程进行阐述，接着介绍跨境通关的主要模式，最后针对常见的海关清关问题进行分析。

【基本概念】

海关，清关，关税，退税

【建议学习时间】

2~3 课时

最早的海关机构出现在公元前5世纪中叶的古希腊城邦雅典。11世纪后，威尼斯共和国成立以“海关”命名的机构，即威尼斯海关。

中国海关历史悠久，早在西周和春秋战国时期，古籍中已有关于“关”和“关市之征”的记载。秦汉时期我国进入统一的封建社会，对外贸易发展迅速，西汉元鼎六年（公元前111年）汉武帝在合浦等地设关。宋、元、明时期，政府先后在广州、泉州等地设立市舶司。清政府宣布开放海禁后，于康熙二十三年至二十四年（1684—1685年），首次以“海关”命名，分别设置粤（广州）、闽（福州）、浙（宁波）、江（上海）四海关。1840年鸦片战争后，中国逐渐丧失关税自主权、海关行政管理权和税款收支保管权，海关长期被英、美、法等帝国主义国家控制把持，成为西方列强掠夺中国的一个重要工具。1949年中华人民共和国成立以后，人民政府接管海关，宣告受帝国主义控制的半殖民地海关历史结束，标志着社会主义性质海关的诞生。

第一节 海关的性质、职能和权力

一、海关的性质

海关是依据本国（或地区）的法律、行政法规行使进出口监督管理职权的国家行政机关。英语“Customs”一词，最早是指商人贩运商品途中缴纳的一种地方税捐，带有“买路钱”或港口、市场“通过费”“使用费”的性质。这种地方税捐取消后，“Customs”一词则专指政府征收的进出口税，“the Customs”则指征收进出口税的政府机构即海关，是对出入关境的一切商品和物品进行监督、检查并照章征收关税的国家机关。

我国以立法的形式明确规定了中国海关的性质和任务。《中华人民共和国海关法》（以下简称《海关法》）第二条规定，中华人民共和国海关是国家的进出关境（以下简称进出境）监督管理机关。这一规定明确了海关的性质，其包括以下三层含义。

（一）海关是国家的行政机关

海关是国家的行政机关，从属于国家行政管理体制，海关总署是我国国务院的直属机构，海关对内对外代表国家依法独立行使行政管理权。

（二）海关是国家进出境监督管理机关

海关依照有关法律、行政法规并通过法律赋予的权力，制定具体的行政规章和行政措施，对特定领域的活动开展监督管理，以保证其按国家的法律规范进行。

海关实施监督管理的范围是进出关境及与之有关的活动，监督管理的对象是所有进出境的运输工具、货物、物品。

关境是世界各国（地区）海关通用的概念，指适用于同一海关法或实行同一关税制度的领域。一般情况下，关境与国境的关系分为三种：

1. 关境的范围等于国境。

2. 关境的范围大于国境。对于结成关税同盟的国家，其成员之间货物进出国境不征收关税，只对来自和运往非同盟成员国的货物在进出共同关境时征收关税，此时应认为每个成员的关境大于国境，如欧盟。

3. 关境的范围小于国境。通行的观点认为，若在国内设立了自由港、自由贸易区等特定区域，因进出这些特定区域的货物都是免税的，因而该国的关境小于国境。

关境与国境一样，包括其领域内的领水、领陆和领空，是一个立体的概念。我国的关境范围是除享有单独关境地位的地区以外的中华人民共和国的全部领域，包括领水、领陆和领空。目前我国的单独关境有香港单独关税区，澳门单独关税区和台湾、澎湖、金门、马祖单独关税区。在单独关境内，各自执行单独的海关制度。因此，我国的关境小于国境。本教材所称的“进出境”除特指外，均指进出我国关境。

（三）海关的监督管理是国家行政执法活动

海关通过法律赋予的权力，对特定范围内的社会经济活动进行监督管理，并对违法行为依法实施行政处罚，以保证这些社会经济活动依照国家的法律规范进行。因此，海关的监督管理是保证国家有关法律、法规实施的行政执法活动。海关执法的依据是《海关法》和其他有关法律、行政法规。海关事务属于中央立法事权，立法者为全国人大及其常务委员会和国务院。海关总署也可以根据法律和国务院的法规、决定、命令制定规章，作为执法依据的补充。省、自治区、直辖市人民代表大会和人民政府不得制定海关法律规范，地方法规、地方规章也不是海关执法的依据。

二、海关的职能

各国（地区）政治、经济情况不尽相同，海关职责也有差异，即使同一国家（地区）在各个历史时期的海关职责也有变化。但以下几项职责是绝大多数国家（地区）海关基本都具备的。

第一，对进出口货物、旅客行李和邮递物品、进出境运输工具实施监督管理，有的称作通关管理，有的称作保障货物、物品合法进出境管理。

第二，征收关税和其他税费。许多国家的海关除征收关税外，还在进出口环节代征国内税费，例如增值税、消费税和石油税等。有些国家的海关还征收反倾销税、反补贴税和进口商品罚金等。

第三，查缉走私。各国海关都对逃避监管、商业瞒骗、偷逃关税等行为进行查缉，尤其对禁止走私和限制进出境的货物、物品，特别是毒品，每一个国家的海关都加大查缉力度。此外，部分或个别国家的海关还具有一些特殊职能：如编制对外商品贸易统计、保税管理、沿海巡逻警戒等。21 世纪初，有些国家除对传统的有形贸易（实物）进行监管外，还对无形贸易（服务贸易）进行监管。许多国家政府指令该国海关履行国际出口管制制度，即对高科技产品、导弹技术产品、核相关双重用途产品、生化武器、常规武器、环境污染物质和有毒废料、濒危物种文物等进行管理。

根据《海关法》的规定，中国海关具有 4 项基本职能：监管、征税、缉私、统计。

（一）监管

海关监管是指海关根据《海关法》及相关法律、法规规定，对进出境运输工具、货物、行李物品、邮递物和其他物品及其相关进出境行为使用不同管理制度而采取的一种行政管理行为，其目的在于保证一切进出境行为、活动符合国家政策和法律的规范，以维护国家主权、利益和国内市场的稳定以及公平竞争。监管是海关最基本的任务，是其他任务的基础和根基，海关的其他任务都必须依赖于监管工作的顺利执行。在监管环节，海关负责制定国家各项对外贸易制度并监督其实施，如进出境国家管制制度、外汇管理制度、出入境检验检疫制度、文物出口管理制度等，从而在政治、经济、文化道德、公众健康等方面维护国家利益。

根据监管对象的不同，海关监管可分为海关对货物的监管、对物品的监管和对运输工具的监管三大体系，且每个体系都有其独特的管理程序和方法。

（二）征税

进出口税费是指海关代表国家向准许进出口的货物、进出境物品征收的一种间接税，包括关税、增值税、消费税、船舶吨税和海关监管手续费等进出口环节中海关征收的税费，其中增值税、消费税、船舶吨税属于海关代征的进口环节税。依法征收关税和其他税、费是《海关法》明确规定的海关的重要职能之一，亦是赋予海关的重要权力之一，也是国家保护国内经济、实施财政政策、调整产业结构、发展进出口贸易的重要手段。

关税是国家财政收入的重要来源，也是国家进行宏观调控的重要工具。

关税的征收主体是国家，《海关法》明确将征收关税的权力授予海关，由海关代表国家行使征收关税的职能。海关征税工作的基本法律依据是《海关法》《中华人民共和国进出口关税条例》等。海关通过执行国家制定的关税政策，对进出口货物、进出境物品征收关税，起到保护国内工农业生产、调整产业结构、组织财政收入和调节进出口活动的作用。

（三）缉私

查缉走私是海关为保证顺利履行监管和征税职能而采取的保障措施。查缉走私是指海关依照法律赋予的权力，在海关监管区和海关附近沿海沿边规定地区，为预防、制止、打击走私行为，以实现对走私活动的综合治理而采取的各项活动。走私是指违反《海关法》及有关法律、行政法规，逃避海关监督，偷逃应纳税款，逃避国家有关进出境的禁止性管理，非法运输、携带、邮寄国家禁止、限制进出口或者依法应当缴纳税款的货物、物品进出境以及特定减免税货物和其他海关监管货物、物品、进出境的境外运输工具在境内销售的行为。走私在主观上逃避监管，并以偷逃关税、牟取暴利为目的，扰乱宏观经济秩序，冲击民族工业，对国家危害性极大，必须予以严厉打击。

（四）统计

海关统计是以实际进出口货物作为统计和分析的对象，通过搜集、整理、加工处理进出口货物报关单或经海关核准的其他申报单证，对进出口货物的不同指标分别进行统计和分析，全面、准确地反映对外贸易的运行态势，及时提供统计信息和咨询，反映国家对外贸易方针、政策实行的实际情况，以便实施有效的统计监督，促进对外贸易的发展。根据有关规定，我国现在采用海关统计数据作为国家正式对外公布的进出口统计数据。我国海关的统计制度规定，对于实际进出境并引起境内物质存量增加或减少的货物，列入海关统计；进出境物品超过自用、合理数量，列入海关统计。对于部分不列入海关统计的进出境货物和物品，则根据我国对外贸易管理和海关管理的需要实施单项统计。

海关统计是国家进出口货物贸易统计、国民经济统计的组成部分，是国家制定对外贸易政策、进行宏观调控、实施海关严密高效管理的重要依据，是研究我国对外关系发展和国际经济贸易关系的重要资料。

根据国家机构改革方案，2018 年 4 月 20 日起，出入境检验检疫职能和队伍整体划入海关。口岸公共卫生、国门生物安全、进出口食品安全和进出口商品安全等出入境检验检疫主要职能，成为新海关在传统安全风险防控增加延伸的范围。

此外，中国海关还有办理其他海关业务的职能，如检验检疫等。

三、海关的权力

《海关法》在规定了海关基本职能的同时，为保证海关各项职能的实现，赋予了海关许多相关的权力。海关的权力是指《海关法》和相关法律、行政法规赋予海关对进出境运输工具、货物、物品进行监督管理的权力。海关的权力为海关职能的实现提供保障，又不超过职能行使的范围。海关权力隶属于行政权力，其行使具有一定的范围和条件，并应当接受执法监督。

（一）海关权力的特点

1. 特定性

特定性包括两个方面的含义。一方面，是主体的特定性，《海关法》第二条规定，海关是国家进出关境监督管理机关。这从法律上明确了海关享有对进出关境活动进行监督管理的行政主体资格，具有进出关境监督管理权，其他任何机关、团体、个人都不具备行使海关权力的资格。另一方面，特定性体现在海关行使权力应在特定范围之内，此权力只适用于进出关境监督管理领域，而不适用于与进出关境无关的各项活动或行为。

2. 独立性

《海关法》第三条规定，海关依法独立行使职权，向海关总署负责。这明确了我国海关的垂直领导管理体制，海关行使职权只对法律和上级海关负责，不受地方政府、其他机关、企事业单位或个人干预。《海关法》第七条规定，各地方、各个部门应当支持海关依法行使职权，不得非法干预国家的执法活动。此规定确保了海关在行政所属关系及执法上保持独立性，而且在行使权力时不会受到非法干预的一切影响。

3. 强制性

海关行政行为是由海关代表国家以国家的名义实施的。海关权力的行使以国家法律和国家为后盾，具有强制性。如果管理相对人不服从海关监督管理或妨碍海关行使职权，将受到相应的法律制裁。同时，强制性还体现在海关权力的效力上，即海关行政行为已经做出，就应推定符合法律规定，对海关本身和海关管理相对人都具有约束力。没有被国家的执法机关宣布为违法或者无效之前，即使管理相对人认为海关行政行为侵犯其合法性及合法权益，也必须遵守和服从。

（二）海关权力的具体内容

根据《海关法》及其有关法律、行政法规的规定，海关的权力具体包括以下几点。

1. 行政许可权

行政许可是指行政主体根据行政相对人的申请，通过签发许可证件或执照的形式，依法赋予特定的行政相对人从事某种活动或实施某种行为的权利或资格的行政行为。这种许可既可包括对相对人一般义务的豁免，也可包括允许其从事某种特定活动或从事某种特定行为。具体包括对保税仓库设立、免税商店经营、海关监管货物仓储企业注册等的许可。

2. 行政征收权

行政征收权是指海关根据国家有关进出境的各项法律、法规的规定，征收与进出口行为直接相关的各项税、费的权利，主要包括进出口关税、进口环节增值税和消费税、海关监管手续费、滞报金、滞纳金等。

3. 行政强制权

行政强制权是指海关为了履行对进出境活动进行监督管理的职能而根据规定对行政相对方采取的行政强制。这种强制的主要目的是掌握和了解有关信息，以采取合法、合理且有效的办法对进出口活动进行管理。根据《海关法》规定，行政强制权具体包括：

（1）检查权，即海关有权检查进出境运输工具；检查有走私嫌疑的运输工具和有藏匿走私货物、物品嫌疑的场所；检查走私嫌疑人的身体。海关对进出境运输工具的检查不受海关监管区域的限制；对走私嫌疑人身体的检查，应在海关监管区和海关附近沿海沿边规定地区内进行；对于有走私嫌疑的运输工具和有藏匿走私货物、物品嫌疑的场所，在海关监管区和海关附近沿海沿边规定地区内，可直接检查，超出这个范围，在调查走私案件时，须经直属海关关长或者其授权的隶属海关关长批准，才能进行检查，但不能检查公民住处。

（2）查验权，海关对进出境货物、物品可以查验和限制。

（3）查阅、复制权，包括查阅进出境人员的证件，查阅、复制与进出境运输工具、货物、物品有关的合同、发票、账册、单据、记录、文件、业务函电、录音录像制品和其他有关资料。

（4）查问权，海关有权对违反《海关法》或者其他有关法律、行政法规的嫌疑人进行查问，调查其违法行为。

（5）查询权，海关在调查走私案件时，经直属海关关长或者其授权的隶属海关关长批准，可以查询案件涉嫌单位和涉嫌人员在金融机构、邮政企业的存款、汇款。

（6）连续追缉权，进出境运输工具或者个人违抗海关监管逃逸的，海关可以连续追至海关监管区和海关附近沿海沿边规定地区以外，将其带回处理。

这里所称的逃逸，既包括进出境运输工具或者个人违抗海关监管，自海关监管区和海关附近沿海沿边规定地区向内（陆地）一侧逃逸，也包括向外（海域）一侧逃逸。海关行使追缉权时需保持连续状态。

（7）佩带和使用武器权，海关为履行职责，可以依法佩带武器。海关工作人员佩带和使用武器的规定，由海关总署会同国务院公安部制定，报国务院批准。1989 年 6 月，海关总署、公安部联合发布《海关工作人员使用武器和警械的规定》。根据规定，海关使用的武器包括轻型枪支、电警棍、手铐以及其他经批准可使用的武器和警械。使用范围为执行缉私任务时，使用对象为走私分子和走私嫌疑人。使用条件必须是在不能制服被追缉逃跑的走私团体或遭遇武装掩护走私，不能制止以暴力劫夺查扣的走私货物、物品和其他物品，以及以暴力抗拒检查、枪夺武器和警械、威胁海关工作人员生命安全，非开枪不能自卫时。

（8）稽查权，海关稽查是海关为了保证进出口行为的合法性和真实性而采取的对与进出口行为相关的企业、单位的会计账册、凭证和有关报关单证、资料进行审计的海关监督措施。根据《海关法》规定，自进出口货物放行之日起 3 年内或者在保税货物、减免税进口货物的海关监管期限内及其后的 3 年内，海关可以对与进出口货物直接有关的企业、单位的会计账簿、会计凭证、报关单证以及其他有关资料和有关进出口货物实施稽查。根据《中华人民共和国海关稽查条例》规定，海关进行稽查时，可以行使下列职权：询问被稽查人的法定代表人、主要负责人和其他有关人员与进出口活动有关的情况和问题；检查被稽查人的生产经营场所；查询被稽查人在商业银行或者其他金融机构的存款账户；封存有可能被转移、隐匿、篡改、毁弃的账簿、单证等有关资料；封存被稽查人有违法嫌疑的进出口货物。

（9）扣留权，对于违反《海关法》或者其他有关法律、行政法规的进出境运输工具、货物和物品有关的合同、发票、账册、单据、记录、文件、业务函电、录音录像制品和其他资料，可以扣留；在海关监管区和海关附近沿海沿边规定地区，对有走私嫌疑的运输工具、货物、物品和走私犯罪嫌疑人，经直属海关关长或者其授权的隶属海关关长批准，可以扣留，对走私犯罪嫌疑人的扣留时间不超过 24 小时，在特殊情况下可以延长至 48 小时；在海关监管区和海关附近沿海沿边规定地区以外，对其中有证据证明有走私嫌疑的运输工具、货物、物品，可以扣留。海关对查获的走私罪案件，应扣留走私犯罪嫌疑人，移送走私犯罪侦查机构。

（10）变价抵缴权，进出口货物的纳税义务人、担保人超过规定期限未缴纳税款的，经直属海关关长或者其授权的隶属海关关长批准，海关可以：书面通知其开户银行或者其他金融机构从其存款内扣缴税款；将应税货物依法变卖，以变卖所得抵缴税款；扣留并依法变卖其价值相当于应纳税款的货物或者其他财产，以变卖所得抵缴税款。

4. 其他行政权力

（1）行政命令权：如对违反有关海关法律规定的企业责令限期改正等。

（2）行政奖励权：如对举报或者协助海关查获违反《海关法》案件的有功单位和个人给予精神的或者物质的奖励。

（3）行政裁定权：海关可以根据对外贸易经营者提出的书面申请，对拟作进口或者出口的货物预先做出商品归类等行政裁定。

（4）行政复议权：是指有权复议的海关（海关总署、各直属海关）对相对人不服海关行政行为进行复议的权力。

（5）行政处罚权：对尚未构成走私罪的违法当事人处以行政处罚，包括对走私货物、物品及违法所得处以没收，对有走私行为和违反海关监管规定行为的当事人处以罚款等。

第二节 关税与退税

一、关税的基本概念

关税是由海关代表国家，按照国家制定的关税政策和公布实施的税法和进出口税则，对进出关境自由流通的货物和物品征收的一种流转税。关税的概念有狭义和广义之分：狭义的关税是指进出境环节的关税本身；广义的关税不仅包括关税本身，还包括海关在进出境环节代征的增值税、消费税、船舶吨位税等国内税费。

关税从本质上而言是国际交换和国际生产的一种交易费用，是不同国家（地区）在国际经济交换中的利益补偿手段。设置关税是对外经济贸易政策的辅助手段，具有维护国家主权和经济利益，保护本国（地区）生产、调节经济、增加国家财政收入等重要作用。

（一）关税的分类

关税分类的方法很多。下面介绍其中两种主要的分类方法。

1. 按征收对象分类

关税按征收对象分类，可分为进口关税、出口关税和过境关税。

（1）进口关税：是执行保护性关税政策的主要手段，也是世界各国（地区）税收体系中的主体，一般所说的关税都是指进口关税。进口关税有正税和附加税之分，正税是指根据进出口税则中的法定税率征收的进口关税；附加税是指在征收正税的基础上额外加征的关税，如反倾销税、反补贴税、报复性关税等。

（2）出口关税：是出口国（地区）海关在本国（地区）产品输往国（地区）外时对其征收的关税。由于征收出口税会提高本国（地区）产品在海外市场的销售价格，降低竞争能力，因此各国（地区）很少征收出口税。目前征收出口税的主要是一些发展中国家（地区），其主要目的是增加财政收入、保障国（地区）内供应、保护本国（地区）资源等。

（3）过境关税：简称“过境税”，亦称“通过税”，是指一国（地区）海关对通过其关境销往其他国家或地区的境外货物征收的一种关税。过境税最早产生、流行于欧洲各国，其目的是增加国家财政收入。自19世纪后期起，各国相继废止过境税，代之以准许费、签证费、统计费、印花税等。

2. 按征税性质分类

关税按征税性质分类，可分为普通关税、优惠关税和差别关税。

（1）普通关税：普通关税又称一般关税，是对与本国（地区）没有签署贸易或经济互惠等友好协定的国家或地区原产的货物征收的非优惠性关税。

（2）优惠关税：优惠关税一般是互惠关税，即优惠协定的双方互相给对方优惠关税待遇，但也有单向优惠关税，即只对受惠国（地区）给予优惠待遇，而没有反向优惠。优惠关税一般有最惠国待遇关税、协定优惠关税、特定优惠关税、普遍优惠关税4种。

（3）差别关税：差别关税实际上是保护主义政策的产物，是保护一国（地区）产业所采取的特别手段。差别关税最早产生并运用于欧洲，在重商主义全盛时代曾广为流行。直至近代，由于新重商主义的出现和贸易保护主义的抬头，差别关税又复出现，并得到进一步发展。一般意义上的差别关税主要分为加重关税、反补贴关税、报复关税、反倾销关税等。

（二）关税的计算

关税的一般计算公式为：

关税税额=完税价格×关税税率

1. 完税价格的审定

进出口货物报关时都有申报价格，但它不是海关用以计征关税的完税价格，而只是海关审定完税价格的基础。由于进出口交易情况复杂，为了防止国家税收流失和确保公平，海关必须根据统一的价格准则对进出口主体的申报价格进行审查，进而确定进出口货物的完税价格。为了正确审定进出口货物的完税价格，根据《海关法》和《中华人民共和国进出口关税条例》及其他有关法律、行政法规的规定，海关总署制定了《中华人民共和国海关审定进出口货物完税价格办法》（以下简称《审价办法》）。《审价办法》规定了进口货物完税价格、特殊进口货物完税价格以及出口货物完税价格的审定办法。

2. 计算进口货物完税价格

（1）审定成交价格法。进口货物的完税价格，由海关以该货物的成交价格为基础审查确定，并且应当包括货物运抵中华人民共和国境内输入地点起卸前的运输及其相关费用、保险费。进口货物的成交价格是指为符合一定条件，经调整后的买方为购买该货物实付或应付的价格。换言之，进口货物的完税价格是以符合海关规定要求的成交价格为基础，以 CIF 价格成交且成交价格符合海关规定要求，即完税价格等于 CIF 价格。

以 FOB 或 CFR 价格成交且成交价格符合海关规定要求的，则在此价格基础上，FOB 价格计入运抵进口国（地区）口岸前的运输及其相关费用和保险费，CFR 价格计入保险费，使其符合 CIF 价格的要求。上述费用按实际支出的金额计算，如无法计算则按海关指定的费率计算，一般为：

完税价格=（FOB 价格+运费）/（1−保险费率）

或

完税价格=CFR 价格/（1−保险费率）

审定成交价格法是海关在实际工作中最基本和最常用的方法。

（2）其他几种审定方法。进口货物的完税价格不能确定的时候，海关一般使用相同或类似货物成交价格法、计算价格法、合理方法等估计和确定完税价格。

海关在使用相同或类似货物成交价格法的时候，可以以与被估价货物同时或者大约同时进口的相同或类似货物所成交的价格作为锚，并且应当首先使用同一生产商生产的相同或类似货物的成交价格。只有在没有同一生产商生产的相同或类似货物的成交价格的情况下，才可以使用同一生产国或地区生产的相同或类似货物的成交价格。如果有多个相同或类似货物的成交价格，应当以最低的成交价格为基础估定进口货物的完税价格。

使用计算价格法时，应当将生产该货物所使用的原材料价值和进行配装或其他加工的费用、向境内销售同等级或同种类货物的利润和一般费用，以及货物运抵境内输入地点起卸前的运输及相关费用和保险费相加，估定进口货物的完税价格。

使用合理方法时，应当根据估价原则，以在境内获得的数据资料为基础估定进口货物的完税价格。

（3）计算特殊进口货物完税价格。加工贸易进口料、件及其制成品须征税或内销补税时，海关按照进口货物完税价格的有关规定审定完税价格。

从保税区或出口加工区销往区外的寄售进口货物以海关审定的进口成交价格或内销价格估定完税价格。对审核销售价格不能确定的，海关应依次使用相同货物成交价格法、类似货物成交价格法、倒扣价格法、计算价格法、合理方法估定完税价格。减免或免税进口的货物需予补税时，应当以海关审定的该货物原进口时的价格扣除折旧部分价值作为完税价格。

3. 计算出口货物完税价格

就估价准则和价格基础而言，出口货物完税价格的审定与进口货物完税价格的审定是基本一致的。出口货物完税价格由海关以该货物向境外成交价格为基础审查确定，并应包括货物运至境内输出地点装载前的运输及其相关费用、保险费，但应扣除其中所包含的出口关税税额，即出口货物完税价格是以 FOB 价格为基础价格的，其计算公式为：

完税价格＝FOB 价格－出口关税

或

完税价格＝FOB 价格－完税价格×关税税率

或

完税价格＝FOB 价格／（1+出口税率）

如果交易以 CFR 或 CIF 价格为价格条件，海关将对有关价格进行调整，使之符合 FOB 价格，不能确定时，海关将依次使用相同货物成交价格法、类似货物成交价格法、倒扣价格法、计算价格法、合法方法估定完税价格。

4. 关税税则

关税税则又称海关税则、关税税率表，是指一国（地区）制定和公布的对进出其关境的货物征收关税的条例和税率的分类表，表内包括各项征税或免税货物的详细名称、税率、征税标准（从价或从量）、计税单位等。税则中的商品分类，有的按商品加工程度划分，有的按商品性质划分，也有的按两者结合划分，按商品性质分成大类，再按加工程度分成小类。

世界上大多数国家（地区）都是根据适用对象实行差别关税，由此关税税则可分为单式税则制和复式税则制。单式税则制是一个税目，只有一个税率，适用于来自任何国家（地区）的商品，没有差别对待，又称一栏税则制；复式税则制是指一个税目有两个及以上税率，对来自不同国家（地区）的进口商品使用不同税率，通常设有普通税率、最惠国税率、协定税率、特惠税率等。

二、退税

退税是指因某种原因，国家税务总局（税务机关）将已征税款按规定程序退给原纳税人。退税原因主要包括：由于工作差错而发生多征；政策性退税，因税收政策变动产生退税；其他原因。退税的基本程序是，纳税人向税务机关提出退税申请，税务机关审批后，根据不同情况予以办理。

（一）退税的种类

1. 出口退税

出口退税是指对出口产品退还其在境内生产和流通环节实际缴纳的产品税、增值税、营业税和特别消费税。出口退税制度是一个国家（地区）税收制度的重要组成部分。出口退税主要是通过退还出口产品的境内已纳税款平衡境内产品的税收负担，使本产品以不含税成本进入国际市场，与境外产品在同等条件下进行竞争，从而增强竞争能力、扩大出口创汇。

2. 再投资退税

再投资退税是指国家为了鼓励境外投资者将从企业取得的利润用于在境内再投资而制定的一项优惠政策。

3. 溢征退税

纳税人缴纳关税后，海关或纳税人发现应征税额少于实征税额，即构成溢征。海关将实征税额大于应征税额的部分追还给纳税人的行政行为，即称为溢征退税。

根据现行法律法规的规定，下列造成溢征关税的情况属于溢征退税范围：

（1）海关认定事实或适用法律错误或不适当；

（2）海关计征关税中有技术性错误；

（3）海关核准免验进口货物，税后发现有短卸（包括装船时短装）事情；

（4）进口货物征收关税后海关放行前，发现境外运输或起卸过程中遭受损坏或损失，并不再补偿进口；起卸后因不可抗力遭受损坏或损失，以及海关查验时发现非因仓库管理人员或货物所有人保管不当而致货物破漏、损坏、腐烂；

（5）海关放行后发现货物不符合规定标准，索赔后不再补偿进口者；

（6）已征出口税因故未能装运出口，申报退关者；

（7）依法可以享受减免关税优惠，但申报时未能缴验有关证明，征税后补交有关证明，经海关同意者。

4. 复出口退税

对已纳进口关税的进境货物，在境内经加工、制造或修理后复出境时，海关退还全部或部分原已纳关税税额，称为复出口退税。复出口退税应由原纳税人向原征税海关办理有关货物的复出口手续后，由海关根据实际出口货物所消耗的料件数量核定应退还关税税额，并填发收入退还书，交原纳税人凭以向指定银行办理退税手续。复出口退税制对于不具备有效的保税条件又不易管理的分散加工的进口料件，可以保证严密监管，是国际上很早就普遍采用的一种海关管理制度，该制度可以有效防止借进口料件加工名义偷逃关税供境内消费。

5. 跨境购物退税

跨境购物退税是指境外游客在退税定点商店购买随身携运出境的退税物品，按规定可予以退税。跨境购物退税退的一般是增值税和消费税，是境外不少国家和地区为了带动旅游消费，针对外籍消费者的一种福利。

（二）退税的基本流程

1. 出口退税登记的一般程序

（1）有关证件的送验及登记表的领取：企业在取得有关部门批准其经营出口产品业务的文件和工商行政管理部门核发的工商登记证明后，应于 30 日内办理出口企业退税登记。

（2）退税登记的申报和受理：企业领到出口企业退税登记表后，即按登记表及有关要求填写，加盖企业公章和有关人员印章后，连同出口产品经营权批准文件、工商登记证明等证明资料一起报送税务机关，税务机关经审核无误后，即受理登记。

（3）填发出口退税登记证：税务机关接到企业的正式申请，经审核无误并按规定的程序批准后，向企业核发出口退税登记证。

（4）出口退税登记的变更或注销：当企业经营状况发生变化或某些退税政策发生变动时，应根据实际需要变更或注销退税登记。

2. 出口退税随附材料

（1）报关单。报关单是货物进口或出口时进出口企业向海关办理申报手续，以便海关凭此查验和验放而填写的单据。

（2）出口销售发票。这是出口企业根据与出口购货方签订的销售合同填开的单证，是外商购货的主要凭证，也是出口企业财会部门凭此记账做出口产品销售收入的依据。

（3）进货发票。提供进货发票主要是为了确定出口产品的供货单位、产品名称、计量单位、数量，以及进货发票上的价格与生产企业的销售价格是否一致，以便划分和计算确定其进货费用等。

（4）结汇水单或收汇通知书。

（5）属于生产企业直接出口或委托出口自制产品，凡以 CIF 价格结算的，还应随附出口货物运单和出口保险单。

（6）有进料加工复出口产品业务的企业，还应向税务机关报送进口料件的合同编号、日期、名称、数量、复出口产品名称、进料成本金额和实纳各种税的金额等。

（7）产品征税证明。

（8）出口收汇已核销证明。

（9）与出口退税有关的其他材料。

（三）我国的出口退税范围

1. 一般退税

一般来说，出口产品需要同时符合以下 3 个条件才予以退税：

（1）必须是属于产品税、增值税和特别消费税范围的产品。

（2）必须报关离境。所谓出口，即是输出关口，这是区分产品是否属于应退税出口产品的主要标准之一，以加盖海关验讫章的出口报关单和出口销售发票为准。

（3）必须在财务上做出口销售。

2. 特准退税

国家对退税的产品也做了特殊规定，特准某些产品视同出口产品予以退税。特准退税的产品主要有：

（1）外轮供应公司销售给外轮、远洋货轮和海员的产品；

（2）对外修理、修配业务中所使用的零配件和原材料；

（3）对外承包工程公司购买国内企业生产的、专门用于对外承包项目的机械设备和原材料，在运出境外后，凭承包单位出具的购货发票、报关单办理退税；

（4）国际招标、国内中标的机电产品。

3. 不予退税

国家同时也明确规定了少数出口产品即使具备上述 3 个条件，也不予以退税。国家明确不予退税的出口产品有：

（1）出口的原油；

（2）援外出口产品；

（3）国家禁止出口的产品；

（4）出口企业收购出口外商投资的产品；

（5）来料加工、来料装配的出口产品；

（6）军需工厂销售给军队系统的出口产品；

（7）军工系统出口的企业范围；

（8）对钻石加工企业用国产或进口原钻石加工的钻石直接出口或销售给外贸企业出口；

（9）齐鲁、扬子、大庆三大乙烯工程生产的产品；

（10）未含税的产品；

（11）个人在国内购买、自带出境的商品暂不退税。

4. 可以退税的企业

可以出口退税的企业如下：

（1）具有外贸出口经营权并承担国家出口创汇任务的企业，经过经贸主管部门批准，享有独立对外出口经营权的中央和地方外贸企业、工贸公司和部分工业生产企业；

（2）委托出口企业，主要指具有出口经营权的企业代理出口，承担出口盈亏的企业。

（四）一般贸易出口货物的退税计算方法

目前，出口货物的退税办法包括“先征后退”和“免、抵、退”税。“先征后退”是指生产企业自营出口或委托代理出口的货物，一律先按照《中华人民共和国增值税暂行条例》规定的征税率征税，然后由主管出口退税业务的税务机关在国家出口退税计划内按规定的退税率审批退税。

第三节 跨境电商通关监管模式和查验

一、跨境电商进出口通关监管模式

当前跨境电商进出口通关监管模式包含 7 种，其代码分别是“0110”“1039”“1210”“1239”“9610”“9710”“9810”。四位代码中的前两位是按海关监管要求和计算机管理需要划分的分类代码，后两位为海关统计代码。

以上 7 种模式分为跨境 B2B 和跨境 B2C 两大类型，跨境 B2B 所采用的模式为“9710”“9810”“0110”“1039”，而跨境 B2C 多采用“9610”“1210”“1239”通关，如图 3-1 所示。

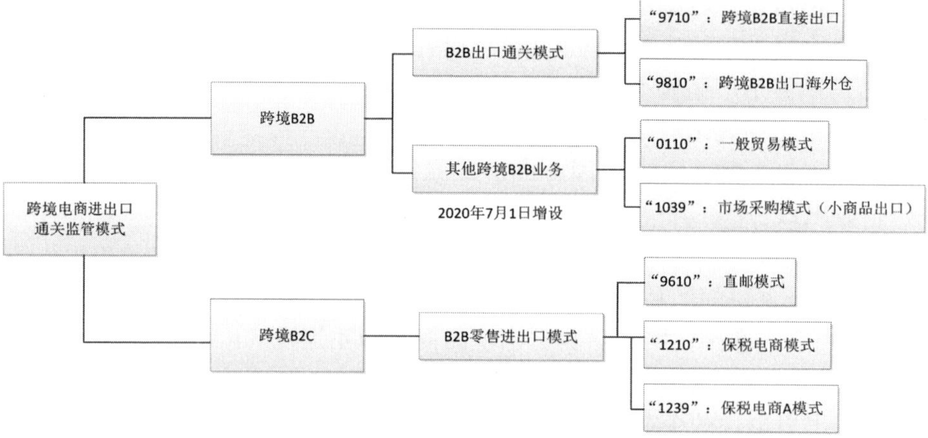

图 3-1　跨境电商进出口通关监管模式

以下分别介绍各种模式的主要内容和流程。

（一）“9710”

“9710”全称“跨境电子商务企业对企业直接出口”，简称“跨境电商 B2B 直接出口”，适用于跨境电商 B2B 直接出口的货物。

报关流程及资料：单票金额在 5000 元（含）人民币以内，且不涉证、不涉检、不涉税的跨境电商 B2B 出口货物，企业可以通过 H2018 通关管理系统或跨境电商出口统一版系统办理通关手续，报关资料包括清单、物流单、订单；单票金额超过 5000 元人民币/涉证/涉检/涉税的跨境电商 B2B 出口货物企业，应通过 H2018 通关管理系统办理通关手续，报关资料包括报关单、订单。

（二）“9810”

“9810”全称“跨境电子商务出口海外仓”，简称“跨境电商出口海外仓”，适用于跨境电商出口海外仓的货物。

“9810”的报关流程及资料同“9710”。

（三）“0110”

“0110”是境内外企业通过传统贸易方式达成交易的方式，也就是一般贸易出口。

报关流程及资料：客户提供资料给物流商—物流商回传预录报关单—客

户确认报关单并完成委托报关—物流商报关—物流商将报关单、放行通知书、运单回传给客户—客户上传退税系统进行退税，报关资料包括报关单、发票、合同、箱单、申报要素。

（四）“1039”

“1039”全称“市场采购”。根据《关于修订市场采购贸易监管办法及其监管方式有关事宜的公告》（海关总署公告 2019 年第 221 号），市场采购贸易方式，是指在经认定的市场集聚区采购商品，由符合条件的经营者办理出口通关手续的贸易方式。市场采购贸易方式单票报关单的货值最高限额为 15 万美元。

不适用市场采购贸易方式的商品包括：国家禁止或限制出口的商品，未经市场采购商品认定体系确认的商品，贸易管制主管部门确定的其他不适用市场采购贸易方式的商品。

市场采购贸易出口商品应当在采购地海关申报。每票报关单所对应的商品清单所列品种在 5 种以上的可以按以下方式实行简化申报：货值最大的前 5 种商品，按货值从高到低在出口报关单上逐项申报；其余商品以《中华人民共和国进出口税则》中“章”为单位进行归并，每“章”按价值最大商品的税号作为归并后的税号，货值、数量等也相应归并。

有下列情形之一的商品不适用简化申报：需征收出口关税的；实施检验检疫的；海关另有规定不适用简化申报的。

（五）“9610”

“9610”全称“跨境贸易电子商务”，简称“电子商务”，适用于境内个人或电子商务企业通过电子商务交易平台实现交易，并采用“清单核放、汇总申报”模式办理通关手续的电子商务零售进出口商品（通过海关特殊监管区域或保税监管场所一线的电子商务零售进出口商品除外）。

（六）“1210”

“1210”全称“保税跨境贸易电子商务”，简称“保税电商”，适用于境内个人或电子商务企业在经海关认可的电子商务平台实现跨境交易，并通过海关特殊监管区域或保税监管场所进出的电子商务零售进出境商品［海关特殊监管区域、保税监管场所与境内区外（场所外）之间通过电子商务平台交易的零售进出口商品不适用该监管方式］。

“1210”监管方式用于进口时仅限经批准开展跨境贸易电子商务进口试点的海关特殊监管区域和保税物流中心（B 型）。

（七）“1239”

“1239”全称“保税跨境贸易电子商务 A”，简称“保税电商 A”，适用于境内电子商务企业通过海关特殊监管区域或保税物流中心（B 型）一线进境的跨境电子商务零售进口商品。

二、跨境进出口通关中的查验环节

对于跨境交易者来说，跨境进出口通关最容易出问题的环节就是海关查验。

海关查验是指海关在接受报关单位的申报之后，依法为确定进出境货物的性质、原产地、货物状况、数量和价值是否与货物申报单上已填报的详细内容相符，对货物进行实际检查的行政执法行为。查验目的是检查单货是否一致，检查有无瞒报、伪报和申报不实等走私违规情况。随着全国通关一体化改革的深入和通关监管“双随机”措施的推广，贸易便利化水平越来越高，出口平均查验率相对较低，只要不是禁限寄及非法出境物品，出口通关时海关扣货的概率比较小。

进口通关的问题远比出口复杂，每个国家（地区）都对进口贸易管得更严。在进口查验放行环节，只要海关关员进行人工审单时认为报关单申报内容不清楚，或有任何疑问，便可以下达布控指令，查验货物是否单货相符。查验可以分为人工查验和机检查验，可以抽查或彻底查验。查验比例及布控策略，海关会根据企业的通关历史记录、信用等级、商品的风险水平等因素调整。

各国（地区）海关对于进出口实物，都按照“是否有贸易属性”划分为“货物”和“物品”两种，纳入不同的监管框架和制度流程，申报要求、适用税率及所承担法律责任都不尽相同。对于入境的个人物品，清关的基本原则是免征税、少征税；对于贸易货物，清关的原则是在符合国际贸易规则的前提下合理征收税款。对于贸易货物，海关根据不同货物征收关税、增值税、消费税，商品须申请商品检验、动植物检疫和卫生检疫，单证必备、税费必缴。对于个人物品，通常采取行邮（行李和邮件）方式监管，个人物品进口要如实申报，原则上须按法律要求自主申报，个人按规章缴纳行邮税，享有免征额，但尺度上突出“自用、合理数量”，越界会被视为贸易货物。

第四节 常见的海关清关问题

一、海关扣关

货物进境时，海关会按照有关法律、行政法规的规定查验货物。海关实施查验时可以彻底查验，也可以抽查。按照操作方式的不同，查验可以分为人工查验和机检查验。人工查验包括外形查验、开箱查验等方式。查验过程中，如海关发现申报价值存在问题或申报货物与实际货物不相符以及寄递物品涉及海关违禁品等因素，会对其进行查扣。

（一）海关扣关的原因

1. 申报价值和估价不一致。
2. 品名和产品不符。
3. 装箱清单不详。
4. 收货人条件不允许（没有进出口权等）。
5. 私人物品超过了规定的数量或金额。
6. 入境地规定的一些相关政策。

（二）避免海关扣关的主要方式

1. 商业发票申报的品名与金额合理。所有寄递的境外件都需要随附商业发票；货物品名、价值、数量必须如实申报，不能低报；必须有货物详细描述（包括货物详细品名、材质、用途、件数、单价、成分等）信息。例如，一件几十千克的货物只申报10美元，显然不合乎常理，这样也非常容易被海关查扣。

2. 指定快递到目的国（地区）的某个比较容易清关的城市。一般来说，不同城市的海关对进口货物的查验力度多有不同。收发货人可以指定快递先到某个城市进行通关。

二、清关不利

（一）航班异常

在实际操作中，时常会出现航班异常的情况，即货物不能准时到达口岸，这会在一定程度上影响口岸的清关时效。也有一些时候，在同一电商平台货物较多的情况下，如果航空公司舱位配置不够，会出现货物落货现象，导致货物不能全部到达口岸，因为货物未到齐全，口岸也就不能进行相应清关手续的办理。

（二）舱单问题

在实际操作中，舱单问题是影响清关时效的最大问题。如果航空公司发送的原始舱单数据与机场进港部发送的理货报告不一致，海关将无法办理清关手续。

（三）联系不上收件人

收件人资料不对或者放假等原因可能导致联系不上收件人，无法确认清关信息或者关税支付问题等，进而影响清关手续的办理。

三、快件退回是否产生关税

《中华人民共和国海关进出口货物征税管理办法》（海关总署令第124号）第六十条规定，已缴纳出口关税的出口货物，因品质或者规格原因原状退货复运进境，并且已重新缴纳因出口而退还的国内环节有关税收的，纳税义务人自缴纳税款之日起1年内，可以向海关申请退税。

《中华人民共和国进出口关税条例》第五十条规定，有下列情形之一的，纳税义务人自缴纳税款之日起1年内，可以申请退还关税，并应当以书面形式向海关说明理由，提供原缴款凭证及相关资料：

1. 已征进口关税的货物，因品质或者规格原因，原状退货复运出境的；
2. 已征出口关税的货物，因品质或者规格原因，原状退货复运进境，并已重新缴纳因出口而退还的国内环节有关税收的；
3. 已征出口关税的货物，因故未装运出口，申报退关的。

海关应当自受理退税申请之日起30日内查实并通知纳税义务人办理退还手续。纳税义务人应当自收到通知之日起3个月内办理有关退税手续。按照其他有关法律、行政法规规定应当退还关税的，海关应当按照有关法律、行政法规的规定退税。

四、买家拒绝支付关税

按照规定，进口货物的收货人、出口货物的发货人、进出境物品的所有人是关税的纳税义务人；同时，有权经营进出口业务的企业也是法定纳税人。进出口货物的纳税义务人，应当自海关填发税款缴款书之日起15日内缴纳税款；逾期缴纳的，由海关按日征收滞纳金。对拒不履行纳税义务的，海关会采取强制执行措施。

五、侵犯知识产权

热销的无人机、平衡车、婚纱等都曾因专利问题在欧美清关和销售时遇到了麻烦。有些产品，其成本约为境外企业同类产品的一半或更低，质量则相当于七八成，品质基本能够满足境外较低收入消费者的需求。但是，随着对消费者权益和知识产权的重视程度越来越高，海关在查验货物时也会特别关注是否存在侵权问题。

世界贸易组织《与贸易有关的知识产权协议》规定了海关应执行的“边境措施”，对于侵权或存在侵权嫌疑的货物，一旦被海关发现就是扣留查没。

第五节 本章配套案例

一、亚马逊跨境电商出口海关清关案例

（一）案例背景

C 公司位于浙江省海盐市经济开发区百步新区，通过兼并吸收发展壮大，形成了特钢、货架、热电、建筑、国际贸易等多元化产业共同发展的集团企业。主要产品为不锈钢材料、特种合金材料、置物架等。其中，无缝钢管应用于海洋石油勘探、炼油设备、锅炉压力容器、换热器、核电等，金属制品应用于家庭、办公、小型仓库等，80%以上产品出口欧美和大洋洲市场。公司同时从事清洁能源设备以及压力容器的设计与制造。

2019 年，C 公司开始从传统 B2B 转向北美零售市场，目前已经有亚马逊北美、日本、英国站点，年营业额在 1000 万元以上。

为了在亚马逊平台获得更多的销售机会，C 公司于 2022 年开通并使用亚马逊的跨境物流服务 AGL，同时还可享受 AGL 提供的美国报关通关服务。

（二）亚马逊跨境物流服务 AGL

AGL 为已在美国、欧洲和日本站点开店并使用亚马逊 FBA 的卖家提供稳定、高效、便捷的官方海运、空运跨境物流服务，帮助卖家将商品从启运国（地区）发往目的国（地区）的亚马逊运营中心。同时，AGL 还为使用自配送（MFN）的卖家提供 Z-Parcel 官方小包服务，实现一站式门到门可跟踪服务。图 3-2 展示了中国跨境电商企业通过 AGL 将产品铺销到全球电商零售环

节的流程。

图 3-2 中国跨境电商企业通过 AGL 将产品铺销到全球电商零售环节的流程图

（三）AGL 美国清关注意事项

通过 AGL 运输货物到 FBA 仓库都是按照正式的出口报关，在美国海关需要进行进口商公司信息注册（EIN），购买 Bond 和办理 POA。

Bond，全称 Custom Bond，即海关保证金。美国海关和政府为了避免贸易纠纷导致弃货处理带来的损失，强制规定美国进口商必须购买 Bond，这也是注册美国海关进口商的先决条件。美国的海关保证金一般分为 Annual Bond（一年有效）和 Single Bond（单次购买）。美国海关规定，一家进口商一年内用 Single Bond 清关的次数不能超过 5 次，超过 5 次必须用 Annual Bond 清关；Single Bond 每次按照申报货值的 8.5‰扣除，并且还需支付 Single ISF Bond 费用。Annual Bond 的额度是 5 万美元，每次按照申报货值的 8.5‰扣除。

POA（Power of Attorney），即美国海关的客户授权委托书，授权给目的港清关行代为清关的授权文件。

与使用第三方货代公司提供的清关服务相比，AGL 的合规性和安全性更高，是单票清关，只要卖家自己的货物没问题，不会受他人货物的影响。

在 AGL 后台进行进口商海关登记流程如图 3-3 到图 3-15 所示。

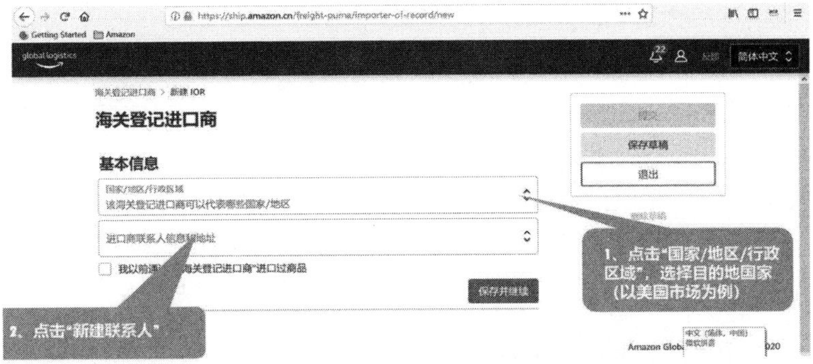

图 3-3　海关登记进口商-1

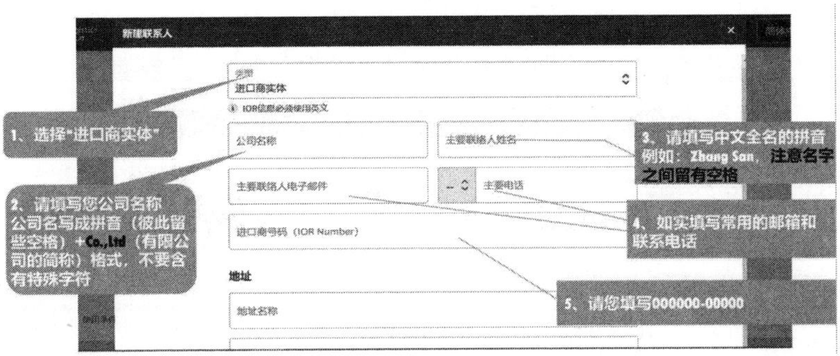

图 3-4　海关登记进口商-2

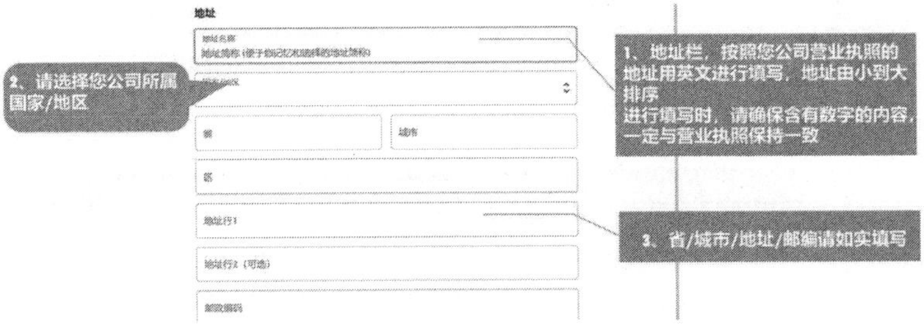

图 3-5　海关登记进口商-3

图 3-6　海关登记进口商-4

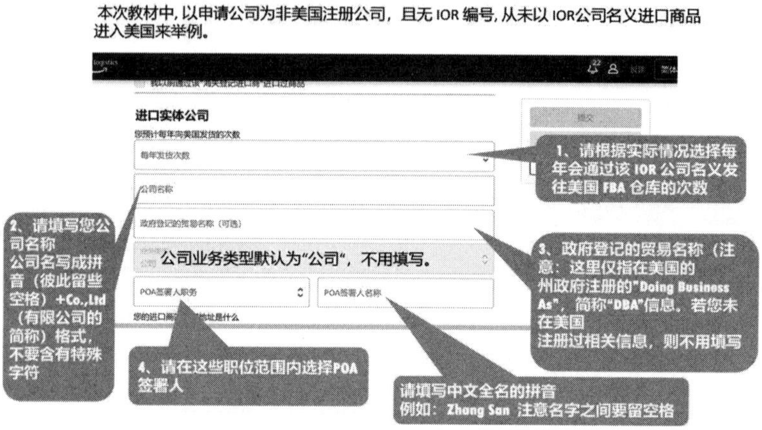

图 3-7　海关登记进口商-5

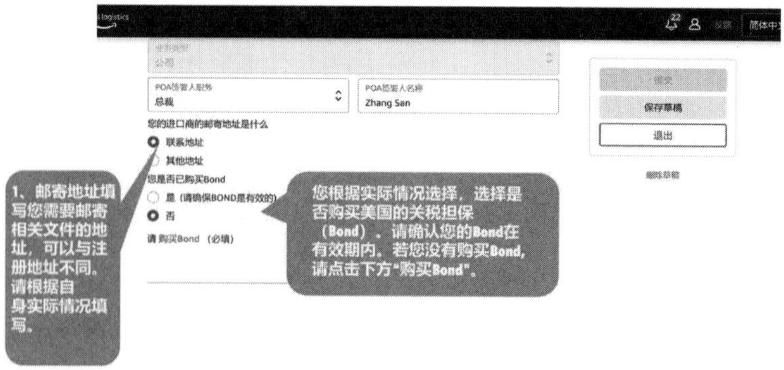

图 3-8　购买 Bond

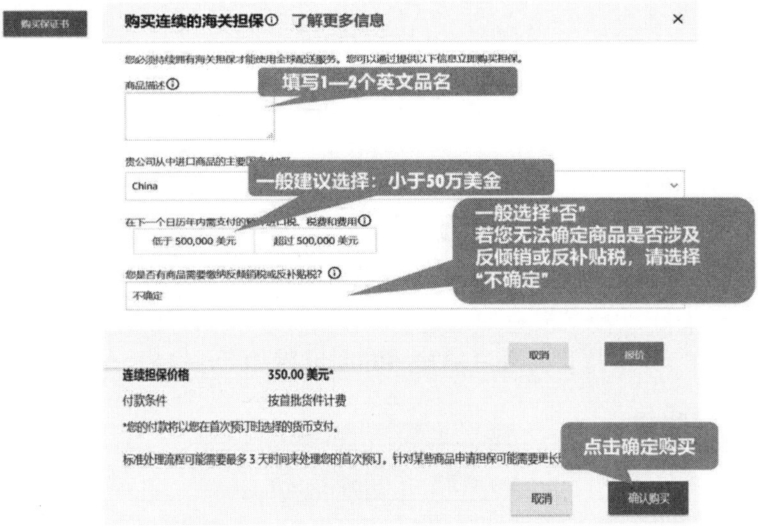

图 3-9　购买连续海关担保 Bond

图 3-10　验证进口商

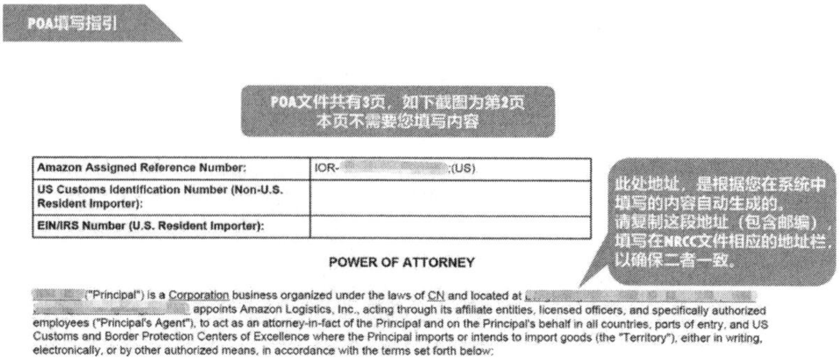

图 3-11　POA 填写-1

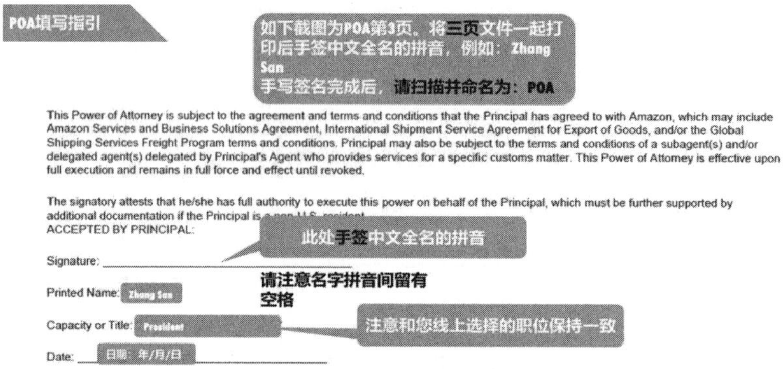

图 3-12　POA 填写-2

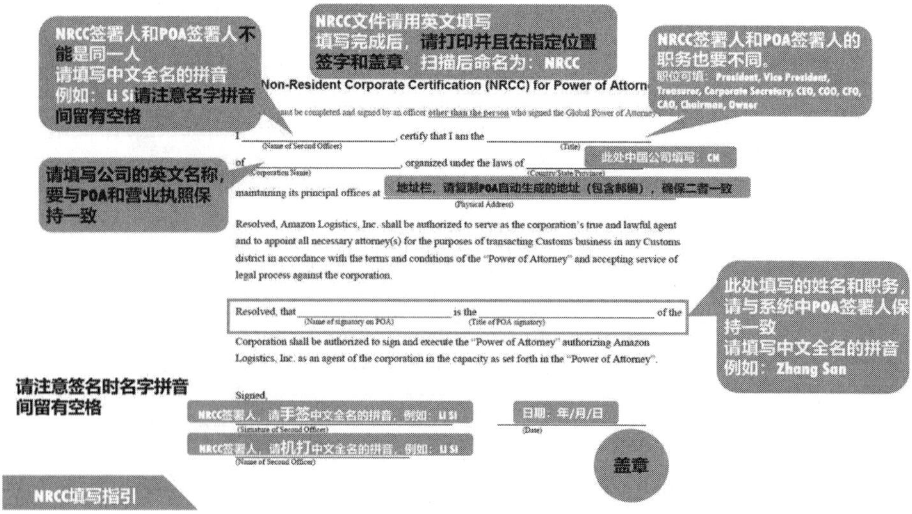

图 3-13　NRCC（非居民企业验证）填写

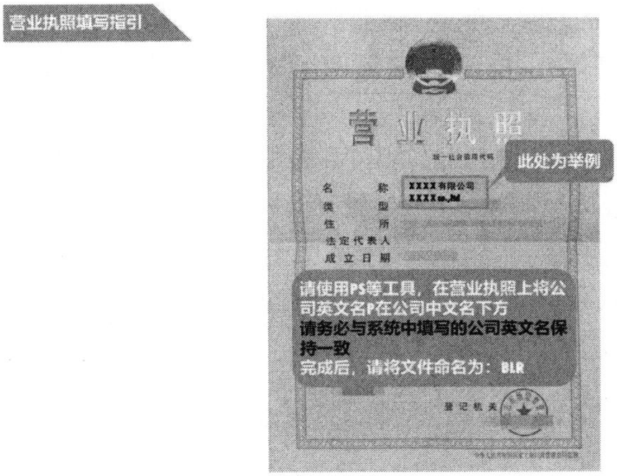

图 3-14　营业执照翻译件填写

图 3-15　填写完成等待审核反馈

(四) C 公司通过 AGL 美国清关实例

C 公司通过卖家后台对产品进行海关合规性申报，主要申报项目有（见图 3-16）：

图 3-16　卖家后台美国进口合规性申报

（1）制造商（或供应商）：制造商或供应商联系人，添加/管理联系人；

（2）商品原产地，并确认商品是否作为套装/套件商品的一部分单独售卖；

（3）目的地 HTS（Harmonized Tariff Schedule，总括性的物品海关编码）代码，此统一关税表代码将用作最终美国进口申报的信息，亚马逊提供根据企业填写的商品名称给出建议的 HTS 代码，并提示填写人。

如果对 HTS 代码不了解，也可以直接使用亚马逊提供的查询工具直接查询，如图 3-17 所示。

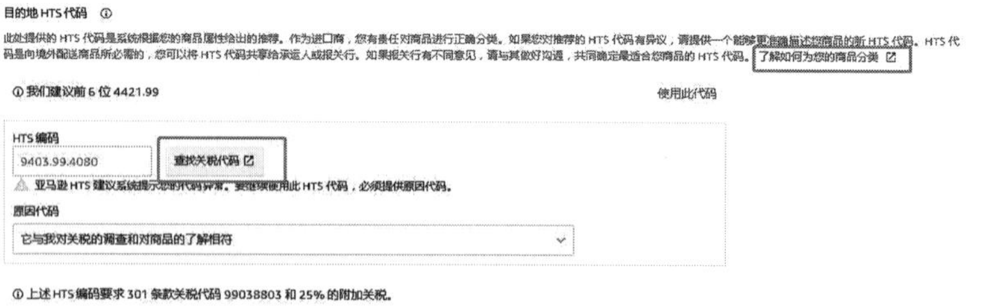

图 3-17　亚马逊货件海关合规管理页面

通过亚马逊提供的 HTS 搜索工具，可以直接查看到不同编号代码对应的商品分类以及适用的关税税率，还有适用的合规性要求，包括可能需要缴纳反倾销税和反补贴税并受合作伙伴政府机构（PGA）要求约束的商品，帮助商家在清关前检查自己商品的合规性。图 3-18 所示是亚马逊 HTS 搜索工具。

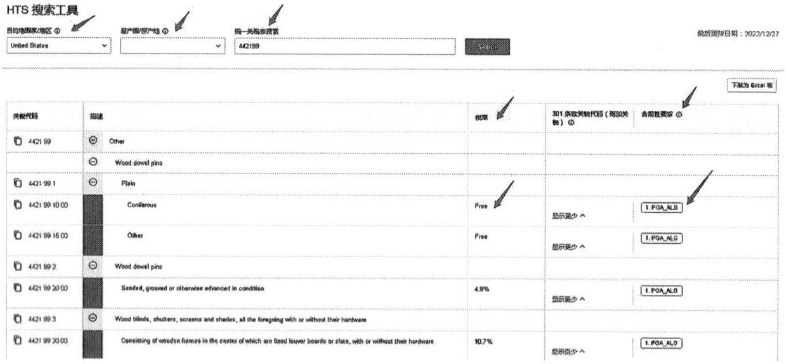

图 3-18　亚马逊 HTS 搜索工具

例如，图中某产品的分类是 Wood blinds、shutters、screens and shades、all the foregoing with or without their hardware，适用税率是 10.7%。如果申报产品单价是 10 美元，那么关税是 1.07 美元。

二、清关不顺畅的案例

(一) 泰国海关清关案例分析：不懂当地清关规则，损失惨重

某年，张先生和一个商务考察团来到泰国进行商务考察。眼前的市场使他热血沸腾、激动不已，因为他看到他工厂生产的产品在泰国的零售价居然是国内的5倍多。经过仔细测算，他感觉其中利润非常大，而且东南亚市场具有重复性，在泰国的市场做起来之后，周边的马来西亚、缅甸都可以做。正好他住的华人招待所里有人说他有个泰国朋友可以帮忙清关。这样一来，从发货到清关的整个流程就没问题了。

为期一个多月的商务考察结束后，张先生便按自己所认为肯定好销的产品行情回去组织了货源，共采购了3个集装箱柜。然后，将这3个大柜从国内发往了泰国的宋卡港口。为了更好地占领泰国市场，做大这块“蛋糕”，在货还没到泰国前，张先生就从国内带了几个人一起到了宋卡，在宋卡聘翻译、聘司机、租房子等，软件、硬件全都准备好了，只等货到宋卡了。货到了宋卡港口，其所需的清关资料也给了那个负责清关的泰国人。按常规，清柜一般在半个月左右便可搞定，可一个月过去了，柜还没清出来，负责清关的泰国人总有各种理由往后推，清关费也不断地往上涨。又过去了两个月，柜还是没清出来，新年是销售旺季，眼看着这批货就要错过销售季节，终于清出来。清出来的货中，很多包装都已面目全非，这对销售产生了很大的影响。货到了仓库后，张先生推销了半年才把3柜货物处理掉。当然很多是亏本卖的。在泰国做批发生意，很多都是支票结算的，而且有很长的账期。在处理这3柜货的日子里，张先生为了节省费用，辞掉了员工，只聘了一个翻译到处推销。寂寞、烦躁、压力、苦闷等多种情绪交织在一起，直到回国前的最后那一天。总体核算下来，张先生还亏了100多万。

阅读案例后，请查阅泰国的清关规则，分析张先生失败的原因。

(二) 巴西海关清关案例分析：规避风险

2012年，我国某进出口公司向巴西出口一批非食用玉米。合同规定，品质为适销品质，以98%的纯度为标准，杂质小于2%，运输方式为海运，支付方式采用远期汇票承兑交单，以给予对方一定的资金融通。合同生效后两个月货到买方处，买方以当地的检验证书证明货物质量比原合同规定低、黄曲酶菌累计超标为由，拒收实物。经查实，原货品质不妨碍其销售，对方违约主要是由于当时市场价格下跌。经多次洽谈，进出口公司以降价30%完成合同。

从上述案例不难看出，进出口公司明知道风险条款的存在，但对风险估计不足，也存有侥幸心理，为促成交易成功，轻易跳进对方设下的陷阱。所

以，只有把握“风险条款”，企业才能把握住商机，在商战中立于不败之地。在此案例中，品质条款、支付方式对于出口方来讲均存在很大的风险性。

在品质方面，企业虽考虑到了农产品的品质在交货时很难准确把握，用“适销品质”来补充，但没有采用品质增减价条款具体说明在品质出现不同程度的不符时的处理方式。另外，玉米本身具有易滋生黄曲酶菌的特点，长时间的运输更加快了其生长速度，对于这种可以预料但难以避免的状况，品质条款中没有任何说明，这给对方拒收货物提供了机会。

在支付方式上，远期汇票承兑交单这种方式过于注重促成合同的成立，风险极大，特别容易被对方恶意利用。在市场形势对其不利的情况下，买方往往以其他条款为由或拒收货物，或大幅度压价。此案例便属于典型的恶意利用“软条款”的例子。

那么，如何规避风险？在国际贸易合同商谈中，条款的订立会直接影响买卖双方的利益，在实际中，应尽量避免易产生纠纷的“风险条款”。

第六节 本章练习

一、不定项选择题

1. 海关 4 项基本任务的基础是（　　）。

A. 监管　　B. 征税

C. 查缉走私　　D. 编制海关统计

2. 以下属于海关行政强制权的有（　　）。

A. 稽查权　　B. 强制扣缴和变价抵缴关税权

C. 扣留权　　D. 滞报，滞纳金征收权

3. 只能接受有权进出口货物单位的委托，办理本企业承揽、承运货物的报关业务，是（　　）应遵守的报关行为规则。

A. 进出口货物收发货人　　B. 专业报关单位

C. 代理报关单位　　D. 报关公司或报关行

4. 进出口货物收发货人应当在收发货人登记证书有效期届满前（　　）到注册地海关办理换证手续。

A. 15 日　　B. 30 日

C. 40 日　　D. 60 日

5. 海关权力行使应遵循（　　）。

A. 合法原则　　　　B. 适当原则

D. 依法独立行使原则　　　　D. 公正公开原则

6. 海关作为国家进出关境的监督管理机关，对下列事务具有行政许可权（　　）。

A. 企业报关资格的许可

B. 报关员的报关从业许可

C. 企业从事对外贸易经营业务的许可

D. 企业从事海关监管货物仓储业务的许可

7.《禁止进口货物目录》（第三、四、五批）所涉及的是对环境有污染的固体废物类，包括（　　）。

A. 城市垃圾、医疗废物　　　　B. 含铅汽油淤渣

C. 动物尸体　　　　D. 土壤

二、辨识进出口商品是否属于管制商品

请查询以下商品属于哪一类进出口管制或管理，能否经营其进出口或需要向海关提供什么许可证件？

商品编码	商品名称	进出口状态
51051000	粗梳羊毛	进口
11031100	小麦的粗粒及粗粉	进口
10064010	籼米碎米	出口
02022000	冻藏的去骨牛肉	出口
26090000	锡矿砂	出口
87112020	排气量 120cc 的小马力摩托车	出口
27030000	泥炭	出口
25059000	天然砂	出口
61034200	棉制针织男长裤	出口
60052300	色织棉制经编织物	出口美国
29394100	麻黄碱	进口
51000010	牛黄	进口
31021000	尿素	进口
85238011	已录制的唱片	进口

三、请查找下列商品的商品编码

序号	商品名称	商品编码
1	干海马，食用杂碎除外	
2	冻对虾仁	
3	路由器	
4	与其他纤维混纺的精梳羊毛或精梳动物细毛的机织物	
5	冬虫夏草	
6	家用电动蔬菜榨汁器（塑料壳）	
7	食品罐头	
8	湿度记录仪（其他温度计，比重计，湿度计等仪器）	
9	丙烯丁烯共聚物	
10	碳 13 甲烷	
11	旅游鞋（PU）	
12	流行性感冒灭活疫苗	
13	真丝领带	
14	酒心巧克力	
15	萨克斯管（铜管乐器）	
16	电动按摩座椅	
17	铝制压力锅	
18	填充玩具（熊）	
19	纯棉男式牛仔裤	
20	家用等离子空气净化器	

四、简答题

1. 海关的基本职能是什么？
2. 海关权力的特点和基本内容是什么？

第四章　跨境电商运输管理

【学习目标】

本章旨在让学习者了解跨境电商主要使用的运输方式，具体介绍集装箱、班轮运输和运输包装的主要内容，如何选择合适的运输方式及主要的运输管理方法，以及在运输中常用的包装方式和要注意的问题。通过本章的学习，能够：

1. 掌握跨境电商运输管理的基本概念；
2. 掌握集装箱运输方式；
3. 掌握班轮运输管理的基本方法；
4. 掌握运输包装的基本知识。

【本章重点】

本章将着重介绍跨境电商运输管理方式及运输管理问题，首先介绍跨境电商运输管理的基本概念，然后对集装箱和班轮运输两种重要跨境运输方式进行阐述，最后介绍运输包装的基本知识。

【基本概念】

运输管理，集装箱运输，班轮运输，运输包装

【建议学习时间】

2~3 课时

第一节 跨境电商运输管理的基本概念

昆曼公路（昆曼高速公路）是中国第一条国际高速公路，起于中国云南省会城市昆明，止于泰国首都曼谷，是亚洲公路网编号为 AH3 公路中的一段。全长约 1807 千米，中国境内 688 千米、老挝境内 229 千米、泰国境内约 890 千米。昆曼公路于 2008 年 12 月正式通车，主要进行中泰“蔬菜换石油”项目的国际陆运。

2013 年 6 月，在中老泰昆曼经济走廊三方民间协调机制第二次会议上，中、老、泰三方民间机构签署了“昆曼公路便利化运输民间先行解决方案”。根据方案，货物车辆从中国昆明国际陆港验关出发后，仅在老挝会有一次甩挂作业，即可直达泰国曼谷物流中心，全程 1800 多千米的昆曼公路中途不再掏箱验关，这将大幅节约物流的时间和成本。

方案确认了昆曼公路陆路运输试行路线为昆明（中国）—磨憨（中国）—磨丁（老挝）—会晒（老挝）—清孔（泰国）—曼谷（泰国）；陆水联运试行路线为昆明（中国）—景洪港（中国）—清盛港（泰国）—曼谷（泰国）。支持昆明国际陆港和会晒物流中心开展甩挂运输试点建设，支持在磨憨使用货运专用通道。

具体操作方式为：货物车辆从中国昆明国际陆港出发，经磨憨货运通道，抵达老挝后加挂老挝车牌，货车使用双牌照通行到达老挝会晒物流中心进行甩挂作业，进入泰国清孔使用泰国车牌，直达泰国曼谷物流中心；或者货物车辆从泰国曼谷物流中心出发，经泰国清孔物流中心进行甩挂作业，抵达老挝会晒物流中心使用老挝牌照，加挂中国牌照，经磨憨口岸直达中国昆明国际陆港。

一、运输管理的定义

运输管理是指对产品从生产者手中到中间商手中再至消费者手中的运送过程的管理。它包括运输方式的选择、时间与路线的确定以及费用的节约。其实质是对铁路、公路、水运、空运、管道 5 种运输方式的运行、发展和变化，进行有目的、有意识的控制与协调，实现运输目标的过程。

跨境电商运输活动主要体现为国际物流运输活动，是指为了实现跨境交易，通过国际公路运输、国际海洋运输、国际航空运输、国际铁路运输或多式联运的方式对跨境电商商品进行采购、包装并输送到境外收货人所在国家或地区的物流活动。

二、跨境电商运输管理的作用

（一）保证跨境交易顺利进行

一次跨境交易至少涉及两个以上的国家或地区，运输路径长且时间也比较长。为了保证跨境交易过程顺利进行，必须进行管理。在运输过程中，需要协调各个方面的资源来保障商品能按时按量地运输到目的地。

物流企业或运输企业的管理，就是对整个运输过程的各个环节——运输计划、发运、接运、中转等活动中的人力、运力、财力和运输设备，进行合理组织、统一使用、调节平衡、监督完成。以求用同样的劳动消耗（活劳动和物化劳动），运输更多的货物，提高劳动效率，取得更高的经济效益。

（二）降低物流费用

在物流活动中，对直接耗费的活劳动和物化劳动所支付的直接费用，主要有运输费、保管费、包装费、装卸搬运费、运输损耗费等。其中，运输费所占的比重最大，是影响物流费用的一项主要因素。日本曾对一部分企业进行调查，结果显示在物流费用中，保管费占16%，包装费占26%，装卸搬运费占8%，运输费占44%，其他占6%；在我国，运输费用占物流费用的比例也达到40%左右。可见运输费在物流费中所占的比重最大。因此，在物流各环节中，积极开展运输管理，不仅关系到物流时间问题，也影响到物流费用问题。物流企业只有千方百计节约运输费用，才能降低物流费用及整个的商品流通费用，提高企业经济效益，增加利润。

三、跨境货物运输的特点

（一）跨境货物运输是中间环节很多的长途运输

跨境货物运输是国家与国家、国家与地区之间的运输，一般运距较长。在运输过程中，往往需要使用多种运输工具，通过多次装卸搬运，交换不同运输方式，经由不同的国家和地区，中间环节很多。

（二）跨境货物运输涉及面广，情况复杂多变

货物在跨境运输过程中，需要与不同国家、地区的货主、交通部门、商检机构、保险公司、银行、海关以及各种中间代理人打交道。同时，各个国家、地区的政策法律规定不同，金融货币制度不同，贸易运输习惯和经营做

法也有差别，再加上各种政治、经济形势和自然条件的变化，都会对跨境货物运输产生较大的影响。

（三）跨境货物运输的时间性特别强

国际市场竞争十分激烈，商品价格瞬息万变，进出口货物如不能及时地运到目的地，很可能会造成重大的经济损失；某些鲜活易腐商品和季节性商品如不能按时运到目的地出售，所造成的经济损失可能会更加严重。为此，货物的装运期、交货期被列为贸易合同的条件条款，能否按时装运直接关系到重合同、守信用的问题，对贸易、运输的发展都会产生巨大的影响。

（四）跨境货物运输的风险较大

跨境货物运输运距长、中间环节多、涉及面广、情况复杂多变，加之时间性很强，因而风险也就比较大。为了转嫁运输过程中的风险损失，各种进出口货物和运输工具都需要办理运输保险。

（五）跨境货物运输涉及国际关系问题

在组织跨境货物运输的过程中，需要经常同境外发生广泛的联系，这种联系不仅仅是经济上的，也会牵涉国际关系问题。因此，从事跨境货物运输的人不仅要有经济观念，而且应关注国际大事。

四、主要跨境货物运输方式

（一）国际海洋货物运输

国际海洋货物运输是利用天然航道进行的国际物流运输，简称海洋运输。它是国际货运中使用最广泛的一种运输方式。

海洋运输具有成本低、能耗省、过程长、运量大等特点，与其他几种运输方式相比较有明显优势。

但海洋运输受自然条件的限制与影响较大，即受海洋与河流的地理分布及地质、地貌、水文与气象等条件和因素的明显制约与影响；而且对综合运输的依赖性较大，海洋运输航线无法在广大陆地上任意延伸。

海洋运输的营运方式有班轮运输和租船运输两种。

（二）国际铁路货物运输

铁路运输是利用铁路进行货物运输的一种方式，在国际货运中的地位仅次于海洋运输。铁路运输与海洋运输相比，不易受气候条件的影响，可保障全年的正常运行，具有高度的连续性。铁路运输还具有载运量较大、运行速度较快、运费较低廉、遭受风险较小的优点。

铁路运输也存在缺陷，如运输受轨道的限制而不能跨洋过海。此外，铁路建设投资大使得铁路运输在一定程度上受到限制。

（三）国际公路货物运输

公路运输是指以公路为运输线，利用汽车等陆路运输工具，进行跨地区或跨国的移动，以完成货物位移的一种运输方式。公路运输是对外贸易运输和境内货物运输的主要方式之一，既是独立的运输体系，也是车站、港口和机场物资集散的重要手段。

公路运输最显著的优点是它的灵活性。一是空间上的灵活性，可以实现门到门运输；二是时间上的灵活性，可以实现即时运输，即根据货主的需求随时启运；三是批量上的灵活性，公路运输的启运批量最小；四是运行条件的灵活性，公路运输的服务范围不仅在等级公路上，还可延伸到等级外的公路，甚至许多乡村便道，普通货物装卸对场地、设备也没有专门的要求；五是服务上的灵活性，能够根据货主的具体要求提供有针对性的服务，最大限度地满足不同性质的货物运送需求。

（四）国际航空货物运输

航空运输是指利用飞机运送货物的一种现代化运输方式。近年来，采用航空运输方式日趋普遍，航空货运量越来越大，航空运输的地位日益提高。航空运输的优点是速度快、安全性高、节省包装等费用，但缺点是投资大、运量小、运费比较高、易受天气影响等。

航空运输的经营方式有班机运输和包机运输两种。

（五）国际多式联运

国际多式联运是按照联运合同，以至少两种不同的运输方式，由多式联运经营人将货物从一个关境内的接管地点运至另一关境内的指定交付地点的货物运输方式。国际多式联运又称国际联合一贯制运输，是在集装箱运输的基础上产生并发展起来的一种新型运输方式，有陆空联运、陆海联运、海空联运等方式。

第二节 集装箱运输方式

一、国际集装箱运输概述

（一）集装箱基本知识

1. 基本概念

集装箱的英文名为Container，是能装载包装或无包装货物进行运输，并便于用机械设备进行装卸搬运的一种组成工具。

集装箱最大的成功在于其产品的标准化以及由此建立的一整套运输体系。能够让一个载重几十吨的庞然大物实现标准化，并且以此为基础逐步实现全球范围内的船舶、港口、航线、公路、中转站、桥梁、隧道、多式联运相配套的物流系统，这很难得。

2. 集装箱尺寸

集装箱内部的高度为箱底板面至箱顶板最下面的距离，宽度为两内侧衬板之间的距离，长度为箱门内侧板至端壁内衬板之间的距离，它们决定了集装箱内容积和箱内货物的最大尺寸。

国际上通常使用的干货柜有：

（1）20尺货柜（20GP）：外尺寸为20英尺×8英尺×8英尺6英寸，内容积为5.898米×2.352米×2.390米。

（2）40尺货柜（40GP）：外尺寸为40英尺×8英尺×8英尺6英寸，内容积为12.024米×2.352米×2.390米。

（3）40尺高柜（40HQ）：外尺寸为40英尺×8英尺×9英尺6英寸，内容积为11.8米×2.34米×2.68米，配货毛重为26吨，体积为68立方米。

（4）45尺高柜（45HQ）：内容积为13.58米×2.34米×2.68米，配货毛重为29吨，体积为86立方米。

（5）20尺开顶柜：内容积为5.89米×2.32米×2.31米，配货毛重为20吨，体积为31.5立方米。

（6）40尺开顶柜：内容积为12.01米×2.33米×2.15米，配货毛重为30.4吨，体积为65立方米。

（7）20尺平底货柜：内容积为5.85米×2.23米×2.15米，配货毛重为23吨，体积为28立方米。

（8）40尺平底货柜：内容积为12.05米×2.12米×1.96米，配货毛重为

36 吨，体积为 50 立方米。

（二）国际集装箱运输的基本概念

国际集装箱运输是指以集装箱为媒介，将托运人交运的货物从一国（地区）的某一地点运至另一国（地区）的某一地点，由托运人支付运费的运输。

国际集装箱运输的主要特点是装卸机械化程度高，运输速度快。

（三）国际集装箱运输开展的条件

1. 要有稳定而集中的货源和流向，货种是高档商品、高货价和高运费率商品、易碎货及日用杂货等。

2. 在整个运输过程中和各个环节上，要有现代化、高效率的集装箱专用装卸设备和运输船舶。

3. 要有健全和高效的管理机构与管理制度，保证各个环节不受阻和有条不紊地顺利运行。

4. 要有完整的水运和内陆运输网络，保证港口、各中转站的集装箱能及时地集中和疏散。

5. 集装箱和货物的包装都要按照统一的规格进行标准化，以提高货物装箱率和集装箱装卸的效率。

（四）国际集装箱运输的交接方式和交接地点

1. 整箱交接

（1）门到门交接：门到门交接的货物一般为整箱货。这种交接方式适合只有一个发货人、一个收货人的情况，由承运人负责内陆运输。

（2）场到场交接：这是一种在装船港集装箱码头堆场接收货物，并将其运至卸船港集装箱码头堆场交货的交接方式。

（3）门到场交接：在发货人的工厂或仓库接收货箱后，由承运人负责运至卸船港集装箱码头堆场交货，目的地的内陆运输则由收货人负责安排。

（4）场到门交接：这是一种在装船港集装箱码头堆场接收货箱，由承运人负责运至收货人工厂或仓库交货的交接方式，即整箱接收、整箱交付。

2. 拼箱交接

在这种交接方式下，集装箱的具体交接地点只有一种情况，即站到站。这是指发货人将货物送往起运地或集装箱货运站，货运站将货物拼装后交给承运人，承运人负责运至目的地或卸箱港的集装箱货运站进行拆箱，当地的货运站按件交给各个收货人。

3. 整箱交货、拆箱收货

（1）门到站交接：在发货人的工厂或仓库接收货箱后，由承运人负责运至目的地集装箱货运站交货，即整箱货接收、拼箱货交付。

（2）场到站交接：这是一种承运人在装船港集装箱码头堆场接收货箱，并将其运至目的地集装箱货运站的交接方式。

4. 拼箱交货、整箱收货

（1）站到门交接：这是一种承运人在起运地集装箱货运站接收货箱，并将其运至收货工厂或仓库的交接方式。

（2）站到场交接：这是一种承运人在起运地集装箱货运站接收货箱后，负责运至卸船港集装箱码头堆场，整箱交付收货人的交接方式。

二、集装箱运输系统

（一）集装箱运输系统的构成要素

1. 适箱货源

并不是所有的货物都适合于集装箱运输。从是否适合于集装箱运输的角度，可将货物分成 4 类。

（1）物理与化学属性适合装箱，且货物本身价值高，对运费的承受能力大的货物；

（2）物理与化学属性适合装箱，货物本身价值较高，对运费的承受能力较大的货物；

（3）物理与化学属性适合装箱，但货物本身价值较低，对运费的承受能力较差的货物；

（4）物理与化学属性不适合装箱，或者对运费的承受能力很差，从经济上看不适合通过集装箱运输的货物。

以上第一种货物称为“最佳装箱货”，第二种货物称为“适于装箱货”，第三种货物称为“可装箱但不经济的装箱货”，第四种货物称为“不适于装箱货”。集装箱运输所指的适箱货源，主要是前两类货物。对于适箱货源，采用集装箱方式运输是有利的。

2. 标准集装箱

除了国际标准集装箱外，各国（地区）还有一些国（地区）内标准集装箱，如在我国国家标准中，就有两种适合于国内使用的标准集装箱（5D 与 10D）。

3. 集装箱船舶

集装箱船舶经历了一个由非专业到专业转化的过程。最早的集装箱船舶是件杂货与集装箱混装的，没有专门装载集装箱的结构。发展到现在，国际海上集装箱运输使用的集装箱船舶，均已专业化，而且船型越来越大。内河运输的集装箱船，大多是由原来的驳船改造的。

4. 集装箱码头

与集装箱水路运输密切相关的是集装箱码头。集装箱水路运输的两端必须有码头，以便装船与卸船。早期的集装箱码头也与件杂货码头交叉使用，是在件杂货码头的原有基础上配备少量用于装卸集装箱的机械，便于处理混装的件杂货船舶上的少量集装箱。这类码头目前在我国一些中小型的沿海港口和内河港口还经常可以看到。现代化的集装箱码头已高度专业化，码头前沿机械配置、场地机械配置、堆场结构与装卸工艺配置均完全与装卸集装箱配套。

5. 集装箱货运站

集装箱货运站在整个集装箱运输系统中发挥了“承上启下”的重要作用，是一个必不可少的基本要素。集装箱货运站按其所处的地理位置和不同的职能，可分为设在集装箱码头内的货运站、设在集装箱码头附近的货运站和内陆货运站三种。集装箱货运站的主要职能与任务是集装箱货物承运、验收、保管与交付；拼箱货的装箱和拆箱作业；整箱货的中转；实箱和空箱的堆存和保管；票据单证的处理；运费、堆存费的结算等。

6. 集装箱卡车

集装箱卡车主要用于集装箱公路长途运输、陆上各节点之间（如码头与码头之间、码头与集装箱货运站之间、码头与铁路办理站之间）的短驳以及集装箱的末端运输（将集装箱交至客户手中）。

7. 集装箱铁路专用车

集装箱铁路专用车主要用于集装箱铁路运输，即主要用于集装箱的陆上中长距离运输和所谓的陆桥运输。

（二）集装箱运输系统的主要关系人

1. 集装箱堆场

集装箱堆场，英文简称 CY，CY 仅指集装箱码头里的堆场，不可指其他地方的集装箱堆场。

2. DR

DR 指 Shipper（发货人）或 CNEE（Consignee，收货人）的工厂或 W/H（Warehouse，仓库）的大门。

3. 集装箱货运站

集装箱货运站又叫拼装货站或中转站，英文简称 CFS。主要为拼箱货服务，它是拼箱货办理交接的地方。其主要职能是：对出口货，从发货人处接货，把流向一致的货拼装在柜中；对进口柜，负责拆柜并交货给收货人。大多集装箱货运站设在港口内或港区附近，少数设于内陆，称为内陆货站（In Land Depot）。

除以上3个外，集装箱运输系统的关系人还有班轮公司（Liner，实为Actual Carrier）、无船承运人（NVOCC，或译为无船承运业务经营者）、集装箱出租公司（Cntr Leasing Co.）、船代公司（Ocean Shipping Agency Co.）、货代公司（Freight Forwarder、Forwarding Agent）、外轮理货公司（Tallying Co.）、全程联运保赔协会（P&I）、海关等。

三、国际集装箱运输流程

（一）整箱货和拼箱货运输流程

集装箱货物的交接主要有两种不同的形态。

一种叫整箱货（Full Container CargoLoad，FCL），其运输流程如图4-1所示。

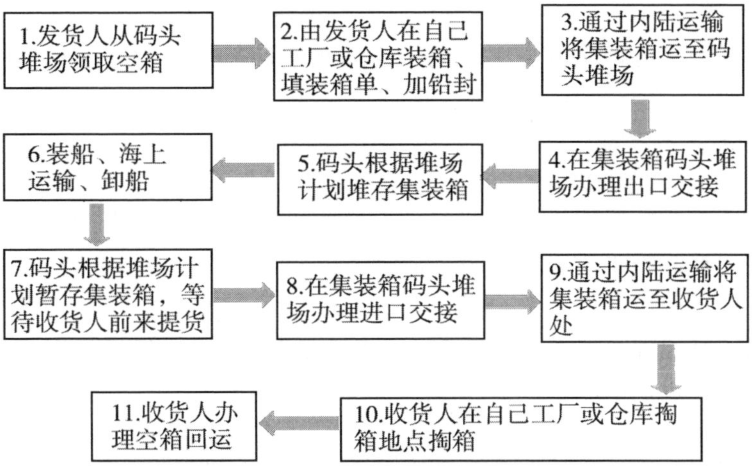

图4-1 集装箱整箱货运输流程

一种叫拼箱货（Less than Container CargoLoad，LCL），其运输流程如图4-2所示。

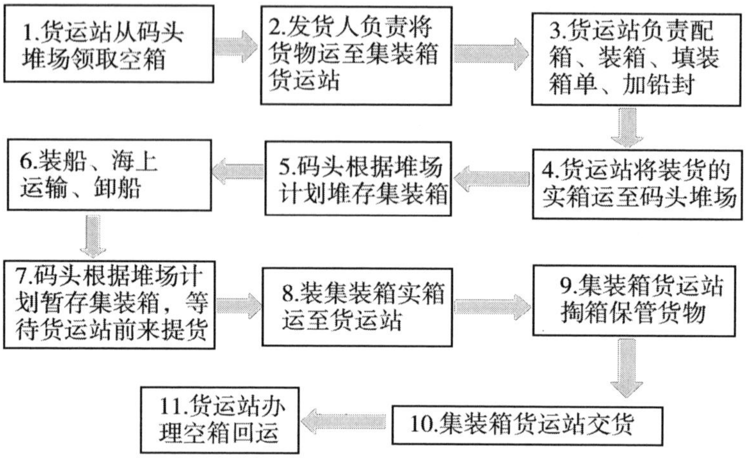

图 4-2　集装箱拼箱货运输流程

（二）集装箱码头进口业务流程及其具体操作

在集装箱进口货运业务中，码头主要负责卸船、箱货的暂时堆存、箱货的交付等业务。全过程可分为 4 个阶段。

1. 卸船前的准备

（1）收集整理进口资料

为了确保集装箱船舶能及时靠泊和顺利卸货，船公司或其代理需在规定的时间内向集装箱码头提供船舶动态信息和进口集装箱单证资料（EDI 报文）以便为进口卸船作业做好充分的准备工作。对于远洋航线定期班轮，一般要求船公司或其代理在船舶到港前 72 小时向集装箱码头提供进口集装箱货运单证资料，包括进口舱单、进口船图、集装箱箱号清单、危险品箱清单及准单、集装箱残损单。

对于近洋航线船舶，则要求船公司或其代理在船舶抵港前 24 小时，通过传真形式向集装箱码头发送货物和箱位信息，内容包括船箱位、提单号、箱型、箱号、货名、重量、整拼箱货物情况、收货人、合同号、特种货物资料等。如果船舶载有危险品货物，船公司或其代理必须向海事部门申请办理船舶危险货物载运申报单，并将其中的一份交给码头计划部门。

（2）制订船舶靠泊计划

船公司在收到船舶从最后装运港寄来的集装箱货运资料后，应预计船舶到港时间，并将预计到港时间通知码头，同时船公司按集装箱码头要求，在规定时间内，尽早将有关进口集装箱货运资料送交集装箱码头，主要包括船舶近期计划（目前基本不做）、船舶昼夜计划。

(3) 签收进口集装箱货运资料

集装箱码头的单证管理员收到船公司提供的进口集装箱货运资料后，要核数、签收、复印和分发。

(4) 编制卸船计划

码头计划员收到有关进口集装箱的货运资料后，应认真及时地进行分析、核对，然后根据计划靠泊方向，编制集装箱卸船顺序单。集装箱卸船顺序单按照集装箱的船箱位编制。编制的原则是由后往前、由上到下、由里向外，逐层编制。为了避免卸船作业出现差错，集装箱卸船顺序单最好一次编完。

为了尽量缩短船舶在港停泊时间，码头堆场必须制订进口卸船计划。集装箱船卸船作业与装船作业往往同时进行，因此，在制订计划时，必须同时考虑装船作业与卸船作业。

(5) 安排堆存计划

进口集装箱在码头堆场堆放得合理与否，不但会影响卸船计划的顺利进行，还会影响货主提箱，即交货计划的进行。码头堆场必须充分考虑进口集装箱的箱量、箱型、危险品、交货地等因素，制订合理的堆存计划。

在制订堆存计划时，一般要考虑以下几点堆存原则：

①不同尺寸的集装箱分开堆放；

②空箱与重箱分开堆放；

③整箱和拼箱分开堆放；

④同一提单号的大票货集中堆放；

⑤中转箱单独堆放；

⑥特种箱堆放在特种堆场；

⑦危险品箱堆放在危险品堆场；

⑧冷藏箱堆放在冷藏箱堆场。

堆场计划员根据上述堆存原则，在船舶作业开工前至少 8 小时，完成卸船堆存计划。

2. 卸船作业

(1) 核对计划

船舶到港后，码头进口业务员或桥边指挥员上船向船方领取随船到港资料，包括船图、舱单资料，并向船方了解有关进口集装箱货位的实载情况。如果实载情况与原始资料有出入，应迅速调整卸船计划，同时更正相应的堆存计划。

(2) 开工准备

综合控制员在开工前将卸船顺序单、船图各一份交给船边验箱员；其余的交给桥边指挥员、堆场指挥员、外轮理货员。

卸船作业开始前半小时，装卸工拆除船上的绑扎，并协助验箱员和理货员检查箱子的外表状况。如发现集装箱有残损，验箱员和理货员要做好集装箱设备交接单的缮制工作。双方认可后，各持一份。

（3）桥吊卸船及验箱

卸船作业开始，船边验箱员按卸船顺序单上列明的卸船顺序，核对桥吊下的集装箱箱号，检查外表及铅封是否完好。如果箱号正确，外表及铅封完好，则在卸船顺序单上填上该箱的实卸时间；如果箱号有误或外表及铅封有损，则应该在该集装箱箱号后注明异常情况，并立即会同理货员向船方提出，请船方确认。然后，由外轮理货员加封、做好记录，并缮制设备交接单。集装箱如在装卸过程中有残损，应认真填制集装箱设备残损报告单，并由负责人签字。

桥吊司机将集装箱吊到等在码头前沿的集装箱拖车上，船边验箱员按卸船顺序单上列明的堆场计划箱位，指令集卡将箱运到指定堆场（目前集卡通过无限终端获得指令）。

（4）堆场收箱

卸船前控制室的场业控制员（场控）指挥轮胎吊到达指定堆场位置待命。集卡到达指定的堆场后，轮胎吊收箱。轮胎吊司机在集装箱落地后，将实际箱号和箱位及时通知控制室的控制文员，控制文员实时将箱号和箱位输入计算机内（目前落箱信息通过无限终端由轮胎吊发送给场控）。

（5）复核和交接

工班结束后，各当班人员应认真做好单证的复核、验箱和交接，上一班应向下一班交接完成情况以及未完成的作业。

3. 卸船结束后小结

（1）编制进口集装箱单船小结

船舶卸船结束后，配载室进口文员将实卸箱号清单同进口舱单资料进行核实，完成溢缺校对更正后，编制进口集装箱单船小结。小结的内容包括船名、航次、靠泊时间、总卸箱数、开工和完工时间、溢缺清单、残损清单等。

（2）编制进口卸船清单

（3）资料汇总、分发、归档

进口文员做完上述两项工作后，应将全部单船进口资料和全部单证报表列明清单交单证管理员，具体包括进口船图、进口舱单、卸船顺序单、进口卸船清单、残损箱设备交接单、进口单船小结、危险货物清单、集装箱残损单。

4. 箱货的交付（整箱交付、拆箱交付）等

为了使集装箱码头的卸船工作能够顺利进行，防止进口货物在码头堆场积压，同时不使集装箱闲置，加快箱周转速度，在集装箱运输过程中，一般由船公司先向收货人发出提货通知。收货人接到提货通知后，凭正本提单到船公司换取提货单，随附费用账单和交货记录两联。收货人持上述单证办理完报关、“一关三检”、放箱、理货和陆管处手续后，到码头办理提货手续。

码头箱货交付作业根据货物交付条款对应三种作业方式：整箱提运作业、拆箱车提（落驳）作业和仓库提货作业。

（三）集装箱码头出口业务流程及其具体操作

在集装箱出口货运业务中，码头主要负责收箱、箱货的暂时堆存、箱货的装船等业务，具体如下。

1. 船舶到港前的业务

船舶到港前的业务包括资料搜集、发放空箱、制作装船船图、集港待装。

与进口业务一样，集装箱码头要顺利地完成出口集装箱装船作业，必须预先收到出口集装箱的单证资料，以便做好各项准备工作。因此，集装箱码头一般要求船公司或其代理在出口集装箱装船前 8 天提供必要的单证资料，包括出口用箱计划、出口装货清单。

集装箱码头单证管理员签收上述单证后，要做好分单工作。将出口装货清单和预配清单交给配载计划员，将用箱计划交给箱务管理员，如系拼箱货，还应将出口装货清单复印后交给货运站（目前码头公司把拼箱货外包出去，仓库一般不做拼箱）。

（1）拼箱货作业装船准备工作

拼箱货物于集装箱货运站装箱后，运至码头堆场准备装船。货运站向码头堆场交箱时，应提供的单证资料包括装箱单、场站收据、出口许可证、特种货物清单。

（2）整箱货作业装船准备工作

整箱货指达到一个或一个以上集装箱容积的 75%或箱重负荷的 95%的货物。整箱货一般由托运人到集装箱码头提取空箱（需办理设备交接单手续），运回自己的仓库装箱，装箱完毕后，再运回码头等待装船。集装箱运输方式不采用直接装船，而是集港待装，一般船到港前 3 天会开港进箱，如遇天气问题则延期开港。

2. 装船作业

（1）出口重箱的进场

集装箱出口装船，无论是整箱、拼箱或空箱，一般都必须先移到码头堆场等待装船（集港待装），但有时也有船边直装的集装箱（直装），如某些不能在堆场存放的危险品箱。为了确保装船作业能够顺利进行，码头一般规定出口集装箱的进场截止期限（一般为装船作业开始前 10 小时），如果出口集装箱到港区时间超过规定的期限，码头可以根据实际情况决定是否同意进场。集装箱装船前要经过三道放行：船公司（截港）、海关（截关）、码头（放关）。

（2）编制配载船图

码头配载计划员应根据事先掌握的出口箱货情况，进行船舶的预配载和实配载工作，编制配载船图，交控制室作为指挥装船作业的依据。船公司或其代理在出口集装箱进场的前一天，将预配船图送交码头配载计划员，码头配载计划员根据装箱单、货代送来的经海关放行的场站收据和预配船图进行配载船图制作。配载船图在送船方确认签字后方能生效，如船方根据实际情况有所改动，配载员应进行调整。

配载工作完成后，配载员根据船图和出口集装箱的场箱位编制装船顺序单，在电脑中生成出口箱装船顺序单，利用网络系统将信息发送至控制室，作为控制室指挥装船作业的依据。

控制室收到信息后，打印装船顺序单，一式数联，自己留底一份，其余交现场班。各生产人员在装船前半小时进入各自的工作岗位。

（3）堆场发箱

堆场员按控制室的指令发箱。发箱时，堆场员核对箱号，指挥场地机械发箱，并在装船顺序单上做注销记录。目前是集卡按照指令到达相应位置等待，轮胎吊司机接到场控指令发箱。

（4）船边验箱及装船

集卡或其他水平运输机械将集装箱运至码头前沿，船边验箱员在船边按顺序号核对箱号，并检查集装箱的外表状况和铅封。如发现有残损，应立即会同外轮理货员编制设备交接单，双方签字，各持一份。桥边指挥员（接到控制室船控指令后）指挥桥吊将集装箱吊至指定的船箱位，外轮理货员记录下集装箱的实际船箱位。

桥边指挥员将装船的进度及时通知给控制室的桥边指挥员，桥边指挥员确认后，通知电脑文员在电脑中进行出口箱的装船确认工作（无线终端实现，一旦装船确认，在船图上会有显示）。

集装箱正式装船后，船长在“码头装卸作业签证”上签字，表示船方确认集装箱已装船。

3. 装船结束工作

（1）交接工作

工班结束后，船边验箱员将装船顺序单等单证交桥边指挥员汇总，由桥边指挥员和外轮理货员办理交接手续。

堆场员将做完的装船顺序单交控制室船舶控制员签收。外轮理货员制作实际装船船图，交船公司。

（2）单证处理

集装箱码头堆场必须缮制各类货运单证，以便与船舶办理集装箱的交接手续。所需缮制的单证主要包括危险品货物清单、冷藏箱清单、装货清单设备交接单。

四、集装箱运输费用

（一）费用构成

1. 整箱/整箱：装港拖箱费+码头操作费+运费+卸港码头操作费+拖箱费。
2. 整箱/拼箱：船公司提供的拖箱费+码头操作费+运费+拆箱费。
3. 拼箱/拼箱：装箱费+运费+拆箱费。
4. 拼箱/整箱：装箱费+运费+码头操作费+船公司提供的拖箱费。

（二）运费

1. 包箱费率

以每个集装箱为计费单位，包箱费率分为三种。

（1）FAK 包箱费率：即对每一集装箱不分货类统一制定的费率。

（2）FCS 包箱费率：按不同货物等级制定的包箱费率。货物等级为 1～20 级，但级差较小。一般低价货费率高于传统运输费率，高价货费率则低于传统运输费率；同一等级货物的实重货运价高于体积货运价。

（3）FCB 包箱费率：既按货物等级或货类，又按计算标准制定的费率。同一级费率因计算标准不同，费率也不同。如同样是 8～10 级的货物，场到场的交接方式，20 英尺集装箱货物如按重量计费为 1500 美元，如按尺码计费则为 1450 美元。

2. 最低运费方式

规定最低运费等级，如某公司规定以 7 级货为最低收费等级，低于 7 级货的均按 7 级收费。

规定最低运费吨，如某公司规定 20 英尺箱最低运费吨实重货为 17. 5 吨、尺码货为 21. 5 立方米，则其收费标准为 21. 5 运费吨。

规定最低箱载利用率。

3. 最高运费方式

规定最高计费吨，如在货物体积超过集装箱通常载货容积时，仍按标准体积收费。若按等级包箱费率计费，箱内等级不同时，可免去较低货物等级的运费。

规定最高计费等级，不高于该等级的货物，均以规定的最高计费等级收费。

第三节 班轮运输方式

一、基本概念

（一）班轮运输的基本定义

班轮运输又称提单运输，是指托运人将一定数量的货物交由作为承运人的轮船公司，轮船公司按固定航线，沿线停靠固定的港口，按固定船期、固定运费所进行的国际海上货物运输。班轮运输多用于运输量少、货价高、交接港分散的货物，是海上货物运输中使用最为广泛的一种方式。轮船公司或其代理在接受交付托运的货物后签发提单，提单是班轮运输合同的形式和证据。

班轮运输最早出现于 19 世纪初，美国首先采用。1818 年，美国黑球轮船公司开辟了纽约—利物浦的定期航线，用帆船进行运输，用以运送海外移民、邮件和货物。1824 年，英国跟随美国之后，开辟了伦敦、汉堡、鹿特丹之间以蒸汽机船经营的班轮航线，19 世纪 40 年代又扩展到亚洲部分地区和澳大利亚。此后，日本、德国、法国等国的轮船公司均经营班轮运输，设有横渡大西洋、太平洋的环球运输航线。中国于 19 世纪 70 年代开始在沿海和长江开展班轮运输；20 世纪初，在长江和其他内河开展班轮运输。中华人民共和国成立后，开辟了大连—上海的定期定港班轮货运航线。1961 年，中国远洋运输总公司成立，开始建立中国远洋运输船队和国际班轮航线。

（二）班轮运输的特征

班轮运输有“四定一负责”特点，即航线、停靠港口、船期、运费率固定，承运人负责装和卸。

1. 固定航线、固定港口、固定船期和相对固定的费率，这是班轮运输的最基本特征。

2. 班轮运价包括装卸费用，即货物由承运人负责配载装卸，承托双方不计滞期费和速遣费，也不规定装卸时间。

3. 承运人对货物负责的时段是从货物装上船起，到货物卸下船止，即“船舷至船舷”（Rail to Rail）或“钩至钩”（Tackle to Tackle）。

4. 承托双方的权利义务和责任豁免以签发的提单为依据，并受统一的国际公约的制约。

5. 班轮运输面向大量的货主，单个货主托运的货物数量不多，但通过班轮运输的货物中往往价值较高。

（三）班轮运输的作用

1. 有利于一般杂货和不足整船的小额贸易货物的运输。班轮只要有舱位，不论数量大小、挂港多少、直运或转运都可接受承运。

2. 由于“四固定”的特点，时间有保证，运价固定，为贸易双方洽谈价格和装运条件提供了方便，有利于国际贸易开展。

3. 班轮长期在固定航线上航行，有固定设备和人员，能够提供专门的、优质的服务。

4. 由于事先公布船期、运价费率，有利于贸易双方达成交易，减少磋商内容。

5. 手续简单，方便货主。由于承运人负责装卸和理舱，托运人只要把货物交给承运人即可，省心省力。

（四）开展班轮运输必须具备的条件

1. 必须配备技术先进、设备性能齐全的船舶。
2. 必须具备充足的货源。
3. 必须配备技术熟练、高素质的海员。
4. 必须要有一套适合于小批量、多批次货物运送的货运程序。

二、班轮运输的程序

（一）揽货和订舱

1. 揽货和订舱的概念

揽货是指从事班轮运输的船公司为使所经营的班轮运输船舶在载重量和舱容上得到充分利用，力争做到“满舱满载”，以期获得最好的经济效益而从货主那里争取货源的经营行为。

订舱是托运人或其代理人向承运人，即班轮公司或其代理机构申请货物运输，承运人对这种申请给予承诺的行为。

2. 订舱与国际贸易成交条件的关系

订舱与国际贸易成交条件的关系是：以 FOB 价格条件成交的，由进口商负责订舱；以 CIF 或 CFR 价格条件成交的，由出口商负责订舱。

（二）装船与卸货

1. 装船的一般形态

由于货物的多样性，货物不能都集中到船边，因此班轮运输的货物一般都不采用直接装船的模式，而是采用集中装船的模式。

（1）仓库收货，集中装船——主要是针对件杂货；

（2）堆场收货，集中装船——主要是针对集装箱；

（3）中流作业——船舶在锚地，以小船靠大船，直接过驳的方式装船。

2. 卸货的一般形态

与集中装船的模式相对应，班轮运输一般采用“集中卸货，仓库（堆场）交付”的卸货模式。

（三）交付货物

1. 交付货物的基本手续

（1）船公司代理通知收货人；

（2）收货人缴清各项费用，凭提单换取提货单；

（3）船公司代理签发提货单；

（4）未交清各项费用的，船公司可根据提单中的留置权条款扣留货物。

2. 交付货物的方式

（1）集装箱一般都是货运站交货；

（2）拼箱货一般都是仓库交货；

（3）船边交付货物也称现提；

（4）货主选择卸货港或变更卸货港交付货物，如选择或变更的卸货港是班轮航线的挂靠港，需在班轮抵达第一卸货港之前 24 小时提出申请；

（5）凭（银行）保函交付货物。

三、主要货运单证

（一）在装货港编制使用的单证

1. 托运单（B/N）

托运单也叫订舱单，是托运人向船公司或其他承运人订舱托运时提供的书面申请，一般按船公司的统一格式提供。该单证一经承运人确认便作为承托双方订舱的凭证，亦意味着承托双方对货物运输的合同关系即告建立，托运单样式如图 4-3 所示。

海运出口托运单

托运人：
Shipper

编号：
No.

船名：
S/S

目的港：
For

<table>
<tr><td colspan="2" rowspan="2">标记及号码
Mark & Nos.</td><td rowspan="2">件数
Quantity</td><td colspan="3" rowspan="2">货 名
Description of Goods</td><td colspan="2">重量（千克）
Weight Kilos</td></tr>
<tr><td>净
Net</td><td>毛
Gross</td></tr>
<tr><td colspan="2"></td><td></td><td colspan="3"></td><td></td><td></td></tr>
<tr><td colspan="6"></td><td colspan="2">运费付款方式</td></tr>
<tr><td colspan="6">共计件数（大写）
Total Number of Packages in Writing</td><td colspan="2"></td></tr>
<tr><td>运费计算</td><td colspan="4"></td><td>尺寸
Measurement</td><td colspan="2"></td></tr>
<tr><td>备注</td><td colspan="7"></td></tr>
<tr><td>抬头</td><td>Order of</td><td>可否转船</td><td colspan="2"></td><td>可否分批</td><td colspan="2"></td></tr>
<tr><td rowspan="2">通知</td><td rowspan="2"></td><td>装期</td><td colspan="2"></td><td>效期</td><td>提单张数</td><td></td></tr>
<tr><td>金额</td><td colspan="5"></td></tr>
<tr><td>收货人</td><td></td><td>银行编号</td><td colspan="2"></td><td>信用证号</td><td colspan="2"></td></tr>
</table>

图 4-3 托运单

承运人确认订舱要给出书面确认，其中最主要的是给出订舱号。

订舱单的主要内容应包括托运人名称，收货人名称，通知人名称；货名，件数，包装式样，标志，重量，尺码；装货港，卸货港，目的地，装运期限；其他特别要求，如不能转船运输、运费到付、对签发提单的要求、指定或限制某些船公司等。

2. 装货单（S/O）

装货单不是单独的一份文件，而是俗称“五联单”中的第一联。它是托运人在重柜交进码头后，凭入闸纸及电脑联网信息到专门的打单公司制作的，主要用于报关，海关盖章放行后又叫海关放行条。

3. 收货单（D/R）

收货单又叫场站（大副）收据。

4. 提单（B/L）

海运提单，简称提单。

5. 装货清单（L/L）

装货清单是承运人或其代理根据装货单留底，将全船待装货物按目的港和货物性质归类，依航次、靠港顺序排列编制的货物总明细表。其内容包括装货单编号、货名、件数、包装形式、毛重、估计尺码及特种货物对装运的要求或注意事项的说明等。

装货清单是船上大副编制配载计划的主要依据，也是供现场理货人员进行理货，港方安排驳运、进出库场以及承运人掌握情况的业务单据。

6. 载货清单（M/F）

载货清单是一份按卸货港顺序逐票列明全船实际装运货物的汇总清单。它是在货物装船完毕后，由船公司的代理人根据收货单或提单编制的，编妥后再送交船长确认。载货清单又称舱单，其内容除逐票证明货物的明细情况外，还应说明船名及国籍、开航日期、到货港、目的港等内容。

舱单是国际海运中一张非常重要的随船单证，是证明船舶所装货物合法性的重要文件。海关如怀疑船舶所载货物而对船舶进行检查时，船长应提交舱单，如果船长不能提供合法的舱单，或舱单上所记载的货物与船舶实际所装运的货物不符时，海关将视为走私处理。

7. 危险货物清单和集装箱危险货物装箱证明书

在承运危险货物时，承运人除要将所运危险货物列入装货清单，并在备注栏内注明有关特殊性外，还应根据托运人提供的相关危险品申报资料填制危险品清单。

托运人提供的相关危险品申报资料包括集装箱危险货物装箱证明书、包装危险货物安全适运申报单、船舶载运危险货物申报单。

危险货物清单一般须记载以下一些主要内容：托运人的姓名和地址；收货人的姓名和地址；危险品货物的品名、危险级别、联合国危险货物编号（UN NO.）、件数、重量和体积；集装箱的箱号、积载位置、卸货港等。

8. 货物积载图

货物积载图是根据装货清单编制的，以图示的形式表示货物在船舱中位置的文件，它是装卸公司和理货公司安排装船作业的指导文件。

（二）在卸货港编制使用的单证

1. 卸（理）货报告（O/R）

卸（理）货报告事实上是一份更详细的进口载货清单，它是根据在卸货港卸下的全部货物的情况重新按票汇总而编制的。它较载货清单增加了卸货方式、实交数量、溢卸数量、残损数量和备注栏等项目。货物的外表状况、内容、残损、溢短等情况，均在卸（理）货报告的备注栏内批注，并经过装卸公司和船上大副共同签字确认。

卸（理）货报告也是日后收货人向承运人提出索赔的证明材料之一。

2. 提货单（D/O）

提货单是轮船公司交给收货人用以从船上或仓库提取货物的凭证。

（三）班轮运输流程

1. 托运人向船公司在装货港的代理（也可直接向船公司）提出货物装运申请，递交托运单，填写装货联单。

2. 船公司同意承运后，其代理指定船名，核对装货单与托运单上的内容无误后，签发装货单，将留底联留下后退还给托运人，要求托运人将货物及时送至指定的码头仓库。

3. 托运人报检、投保后将货物运至港口仓库。持装货单及有关单证向海关办理货物出口报关、验货放行手续，海关在装货单上加盖放行图章后，货物准予装船出口。

4. 船公司在装货港的代理根据留底联编制装货清单送船舶及理货公司、装卸公司。

5. 大副根据装货清单编制货物积载计划交代理分送理货、装卸公司等按计划装船。

6. 托运人将经过检验及检量的货物送至指定地点准备装船。

7. 货物装船后，理货长将装货单交大副，大副核实无误后留下装货单并签发收货单。

8. 理货长将大副签发的收货单转交给托运人。

9. 托运人持收货单到船公司在装货港的代理处付清运费（预付运费的情况下）换取正本已装船提单。

10. 船公司在装货港的代理审核无误后，留下收货单签发提单给托运人。

11. 托运人持提单及有关单证到议付银行结汇（在信用证支付方式下），取得货款，议付银行将提单及有关单证邮寄到开证银行。

12. 货物装船完毕后，船公司在装货港的代理编妥出口载货清单送船长签字后向海关办理船舶出口手续，并将出口载货清单交船随带，船舶启航。

13. 船公司在装货港的代理根据提单副本（或收货单）编制出口载货运费清单，连同提单副本、收货单送交船公司结算代收运费，并将卸货港需要的单证寄给船公司在卸货港的代理。

14. 船公司在卸货港的代理接到船舶抵港电报后，通知收货人船舶到港日期，做好提货准备。

15. 收货人到开证银行付清货款，取回提单（在信用证支付方式下）。

16. 卸货港船公司的代理根据装货港船公司的代理寄来的货运单证，编制进口载货清单及有关船舶进口报关和卸货所需的单证，约定装卸公司、理货公司联系安排泊位，做好接船及卸货准备工作。

17. 船舶抵港后，船公司在卸货港的代理随即办理船舶进口手续，船舶靠泊后即开始卸货。

18. 收货人持正本提单在船公司在卸货港的代理处办理提货手续，付清应付的费用后，换取代理签发的提货单。

19. 收货人办理货物进口手续，支付进口关税。

20. 收货人持提货单到码头仓库或船边提取货物。

四、班轮运价与运费

（一）运价与运价本

班轮运输承运人为完成货物运输而从托运人那里取得的报酬，称为班轮运费。而计算班轮运费的费率，称为班轮运价。班轮运价一般是以运价本的形式对外公布的。

1. 班轮运价的种类

（1）按运价的制定者划分

①班轮公会运价——加入公会的会员船公司使用的运价，任何一家会员船公司无权修改和调整。

②班轮公司运价——由班轮运输公司自行制定并负责调整或修改的运价。

③双边运价——由船、货双方共同商定、共同遵守的运价。

④货方运价——由货方制定，船方接受并采用的运价。

（2）按运价制定的依据划分

①单项费率运价：分别对各种不同的货物在不同的航线上逐一制定的运价。它以商品名称为纵列，以航线（港口）为横排，查询起来非常方便。

②等级运价：由商品分级表和运价表两部分组成。先将全部货物划分为若干个等级，然后为不同等级的货物在不同的航线和港口间运输制定运价。同一等级的货物运价相同。它以商品等级为纵列，以航线（港口）为横排。

③航线运价：不分运输距离的长短，只按航线、货物名称或等级制定的运价。也就是按区域划分航线，在同一区域内的基本港无论远近，同一运价；非基本港则另收一附加费。集装箱班轮运价多采用这种形式。而且，除特殊货物外，不再对货物分级。

2. 运价本的内容

（1）说明及有关规定，相当于运价本的总则及条款部分。

①几乎所有班轮公司都规定运价本是提单的组成部分。

②“港口条款”，即将一些并非承运人规定，而是有关港口或政府的特别规定或习惯做法，以运价本条款的形式列明，以明确责任，避免纠纷。

（2）商品分级表，列明各种货物所属的运价等级和计费标准的一览表。

我国将远洋运输的货物分为 20 个级别。商品分级表不可能将成千上万的商品货物一一列名，只能选取每一级别货物中有代表性的、标志性的货物列名，称为“列名货物”，其他的则用“集合名称”或“未列名的×××”表示。

（3）航线费率表，由基本港、货物等级、费率三部分组成。

（4）附加费率表，包括以公告或通知的形式表现的附加费率；在运价本中以附加说明的形式表现的附加费率；单独以附加费率表形式表现的附加费率。

（二）计费标准

计费标准是指计算运费时使用的计费单位。在班轮运输中，主要是按容积和重量计算运费的。对于高价值货物，按其货价的一定百分比计算运费。对于某些特定的商品，也会按其实体的个数或件数计算运费。

各种不同的商品应按何种计费标准计算运费，在船公司制定的运价表中都有具体的规定，通常用如下符号表示。

1. 以“W”表示：指该种商品应按商品的毛重计算运费。在实际业务中，一般规定，凡 1 吨重量货物的体积小于 40 立方英尺或 1 立方米的货物，按其重量计收运费。重货按重量计收运费。

2. 以“M”表示：指该种商品应按尺码或体积计算运费。在实际业务中，一般规定，凡 1 吨重量货物的体积大于 40 立方英尺或 1 立方米的货物，按其尺码计收运费。轻泡货按体积计收运费。

3. 以“W/M”表示：指该种商品分别按商品的毛重和体积计算运费，并选择其中较高者收取运费。

4. 以“Ad. Val.”表示：指该种商品按其 FOB 价格的一定百分比计算运费，这种运费也称为从价运费。

5. 以“Ad. Val. Or W/M”表示：指该种商品按其 FOB 价格的一定百分比计和毛重、体积计算运费，并选择其中较高者收取运费。

（三）计费方法

1. 班轮运费的构成

班轮运输应收取的运费分为基本运费和附加费两部分。基本运费是对任何一种货物都要计收的运费，附加运费是视不同情况而加收的运费。

（1）基本运费

在班轮运输航线上为基本港之间的运输而制定的运价称为基本运费或基本费率。

基本港是指班轮运输的船舶在某一航线上定期或经常挂靠的主要港口。

（2）附加费

附加费名目繁多，而且经常变动。以下是常见的附加费。

①超重、超长、超高附加费

在班轮运输中，如货物的重量和尺寸超过某一标准，则相应加收超重、超长附加费。我国规定的具体标准是，单件货物的重量超过 5 吨的为超重货，长度超过 9 米的为超长货。

②直航附加费

直航附加费是指托运人要求承运人将其所托运的货物从装船港装船后，不经过转船而直接运抵航线上某一非基本港时所增收的附加费。

③转船附加费

转船附加费是指货物必须在中途挂靠港口换装另一船舶才能运到目的港时加收的附加费。

④港口附加费

港口附加费是指由于港口拥挤，或者港口作业效率较低，或者港口收费较高等情况加收的附加费。常见的有港口拥挤附加费。

⑤燃油附加费

燃油附加费是指因国际市场上燃油价格上涨，船舶的燃油费用支出超过原核定成本，承运人为补偿燃油费用的增加而收取的附加费。

此外，还有旺季附加费、战争风险附加费、特殊柜型附加费、特殊货物附加费、汇率变动附加费等。

2. 班轮运费的计算方法

（1）杂货班轮运费计算的基本步骤

①确定装货港与目的港属于哪个航线，是不是基本港。

②确定货物是普通货物还是特殊货物。

③从货物分级运价中查出运价等级。

④从航线费率表中查出该级货物的基本运价。

⑤从附加费率表中查出该货物的各项附加费计费办法及费率。

⑥按公式具体计算。

（2）杂货班轮运费的计算公式

基本公式：$F = Fb+\sum S$。

式中：F—总运费；

Fb—基本运费；

S—各附加费。

其中：$Fb = f\times Q$。

式中：f—基本运价；

Q—计费吨。

①如果附加费是按基本运费的一定百分比来计算（从价计收）的，则附加费总额为：

$$\sum S = (S1+S2+S3+\cdots+Sn)\ Fb$$
$$= (S1+S2+S3+\cdots+Sn)\times f\times Q$$

式中：S1、S2、S3…Sn 为各项附加费率。

所以，总运费为：

$$F = Fb+\sum S$$
$$= f\times Q+(S1+S2+S3+\cdots+Sn)\times f\times Q$$
$$= (1+S1+S2+S3+\cdots+Sn)\times f\times Q$$

例如：某批货物 10000 吨，基本港运价为 30 美元/吨，非基本港中转附加费为基本运费的 20%，港口拥挤附加费为基本运费的 10%，危险货物附加费为基本运费的 25%。

则：$F = (1+20\%+10\%+25\%)\times 30\times 10000$

$= 1.55\times 30\times 10000 = 465000$ 美元

②如果附加费率是按每计费吨加收若干元（从量计收）的形式计算时，则附加费总额为：

$\sum S=(S1+S2+S3+\cdots+Sn)\times Q$

此时，运费总额的计算公式为：

$$F=Fb+\sum S$$
$$=f\times Q+(S1+S2+S3+\cdots+Sn)\times Q$$
$$=(f+S1+S2+S3+\cdots+Sn)\times Q$$

例如：某批货物10000吨，基本港运价为30美元/吨，非基本港中转附加费为6美元/吨，港口拥挤附加费为3美元/吨，危险货物附加费为7美元/吨。

则：$F=(30+6+3+7)\times 10000=460000$ 美元

第四节 跨境电商运输包装

在跨境电商进出口业务中，包装对于商品的运输和营销具有重要作用。

一、包装概述

商品的包装是商品生产过程的继续，是商品进入流通领域的首道工序。包装绝不是可有可无的，它是商品进入流通领域的必备条件之一。如对一个生产饮料的工厂而言，仅仅生产出饮料是不够的，消费者不可能都到工厂去买饮料喝，所以需要用各种容器将饮料包装好，装入瓶中送到消费市场上去，以满足社会的需求。除了极少数的原材料外，绝大部分商品要有适当的包装才便于进行装卸、储存、运输、入库堆码和保管等业务。

随着商品生产和商品流通的发展，商品包装已逐渐发展成一门综合性的学科——商品包装学。它不仅包括包装机械、包装材料、包装工艺，还包括包装标准、包装美术等许多内容。

国际货物包装的目的是保护货物本身质量和数量上的完整无损，便于装卸、搬运、堆放、运输和理货，危险品货物的包装还有防止其产生危害的作用。

在国际贸易中，多数商品在运输、装卸、分配、使用的过程中都离不开包装。这是由于在进出口业务中商品一般需要经过长距离的转运，因此经过适当包装的商品须便于运输、装卸、搬运、储存、保管、清点、陈列和携带，且不易丢失或被盗，为各方面提供便利。在国际贸易中，对商品进行良好包装是吸引顾客、进行价格竞争的重要手段之一，也是实现商品价值和使用价值的重要手段。包装是货物说明的重要组成部分，是主要交易条件之一，合同中应签订包装条款。一些国家（地区）的法律规定，如卖方交付的货物未按约定的条件包装，或者货物的包装与行业习惯不符，买方有权拒收货物。如果货物虽按约定的方式包装，却与其他货物混杂在一起，买方可以拒收违反规定包装的那部分货物，甚至可以拒收整批货物。因此，做好包装工作和按约定的条件包装对国际商品与货物包装具有重要的意义。

二、包装种类

为了对国际货物的包装进行经济、合理的管理，有必要对国际货物包装进行分类。一般来说，按功能对包装进行分类，可分为运输包装和商业包装；按形态对包装进行分类，则分为逐个包装、内部包装和外部包装。

（一）按功能分类

1. 运输包装

运输包装是以运输、保管为主要目的的包装，也就是从物流需要出发的包装，亦称工业包装。我国国家标准对运输包装的定义是“以运输储存为主要目的的包装。它具有保障产品的安全，方便储运装卸，加速交接、点验等作用”。从我国国家标准中可以看出，运输包装涉及多部门协同作业。包装的好坏在一定意义上反映了一个国家（地区）生产力的发展水平。在国际包装标准中，运输包装前须冠以“完整的、满装的”定语，即必须是毫无损坏的、内装被保护的产品经过包装所形成的总体。

对运输包装有着重要影响的是产品脆值、固有频率和允许损耗率 3 个要素。产品脆值，即产品在损坏前可承受的最大冲击加速度值。产品包装受到损坏的重要原因之一是共振，预先得知产品的固有频率则可采取措施，避免共振产生。任何包装坚固到 100%不发生损坏是很难的，企业应制定商品的允许损耗率，有利于采用合理包装。

运输包装按包装大小的不同又分为单件运输包装和集合运输包装。

单件运输包装是指在国际物流过程中作为一个计件单位的包装。常见的有箱，如纸箱、木箱、条板箱、金属箱；桶，如木桶、铁桶、塑料桶、纸桶；袋，如纸袋、草袋、麻袋、布袋、纤维编织袋；包，如帆布包、植物纤维或合成树脂纤维编织包。此外，还有筐、罐、捆、玻璃瓶、陶缸、瓷缸、瓷坛等。

集合运输包装又称成组化运输包装，是指将一定数量的单件运输包装的商品进行大的包装或装入一个大的包装容器内。集合运输包装可以提高港口装卸速度，便利货运，减轻装卸搬运的劳动强度，降低运输成本和节省运杂费用，更好地保护商品的质量，并促进包装的标准化。集合运输包装通常采用的是集装箱、集装包、集装袋和托盘。

2. 商业包装

商业包装又称零售包装或消费者包装，是在商品制造出来以后用适当的材料或容器进行的包装，直接接触商品，直接与消费者见面。

不过，在有些情况下，运输包装同时也是商业包装。例如，装橘子的箱子属于运输包装，橘子连同箱子出售时，箱子也可视为商业包装。此外，还可以采用商业包装的办法来做运输包装，以使运输包装更加合理并促进销售，如家电用品用的是兼有商业包装性质的运输包装。商业包装的主要功能是定量功能（形成基本单件或与此目的相适应的单件）、标识功能（容易识别）、商品功能（创造商品形象）、便利功能（处理方便）和促销功能（具有广告效力，唤起消费者购买欲望），主要目的则在于促销、便于商品在柜台上销售或提高作业效率。为了使商业包装适应国际市场的需要，在设计和制作商业包装时应满足下列要求：便于陈列展售、便于识别商品、便于携带及使用、要有艺术吸引力。

出口商品的包装应符合科学、经济、牢固、美观、适销等方面的要求。超级市场和一些连锁商店里没有售货员，只有少数理货员和收银员，各种商品分别摆在货架上，吸引顾客全靠产品的“自我介绍”，如“自我介绍”不突出，就不能引起顾客的兴趣并促使顾客产生购买的欲望。因此，无论是做广告还是制作包装都要考虑 AIDMA 因素。AIDMA 是 Attention（注意）、Interest（兴趣）、Desire（欲望）、Memory（记忆）、Action（行动）5 个单词的缩写，其意思就是要使商品的包装能引起消费者的注意，从而使其感兴趣，产生购买的欲望，即使顾客一时不买也会牢记不忘，终归会有一天采取购买行动。

（二）按形态分类

1. 逐个包装

所谓逐个包装是指交到使用者手里的最小包装，把物品全部或一部分分装进袋子或其他容器里并予以密封的状态或技术。

2. 内部包装

内部包装是指将逐个包装的物品归并为一个或两个以上的较大单位并放进中间容器的状态或技术，包括为保护里边的物品而在容器里放入其他材料的状态和技术。

3. 外部包装

外部包装是指从运输作业的角度考虑，为了对物品加以保护并为方便搬运，将物品放入箱子、袋子等容器里的状态和技术，包括缓冲、固定、防湿、防水等措施。

（三）其他包装分类方法

1. 包装按商品销售地点分为内销包装和外销包装。外销包装的特点是要适应进口国（地区）的气候、风俗、习惯等要求。此外，外销商品的搬动和装卸次数多，因此在构造、包装技法、图案等方面应做适当考虑。

2. 包装按使用次数分为一次性使用包装和重复使用包装。重复使用包装又可以分为两种情况，一是收回复制再用，二是回收后直接复用。

3. 包装按包装材料分为纸质包装、塑料包装、金属包装、木质包装、玻璃和陶瓷包装等。

三、包装容器

（一）包装袋

为物品采用包装袋包装是柔性包装中的重要技术。包装袋材料是柔性材料，有较高的韧性、抗拉强度和耐磨性。一般的包装袋结构是筒状结构，一般预先封死一端，在包装结束后再封装另一端，包装操作一般采用填充操作。包装袋广泛用于运输包装、商业包装、内装、外装。包装袋一般分成集装袋、一般运输包装袋和小型包装袋。

1. 集装袋

这是一种大容积的运输包装袋，盛装重量在 1 吨以上。集装袋的顶部一般装有金属吊架或吊环等，便于铲车或起重机进行吊装、搬运。装卸时可打开袋底的卸货孔，即行卸货，非常方便。适合装运颗粒状、粉状的货物。集装袋一般采用聚丙烯、聚乙烯等聚酯纤维纺织而成。由于集装袋装卸货物、进行搬运都很方便，装卸效率明显提高，近年来应用很广。集装袋如图 4-4 所示。

图 4-4　集装袋

2. 一般运输包装袋

这类包装袋的盛装重量是0.5~100千克，大部分是由植物纤维或合成树脂纤维纺织而成的织物袋，或者是由几层柔性材料构成的多层材料包装袋，例如麻袋、草袋、水泥袋等。主要包装粉状、粒状和个体小的货物。

3. 小型包装袋

这类包装袋的盛装重量较轻，通常用单层材料或双层材料制成。某些具有特殊要求的包装袋也有用多层不同材料复合而成的。这种包装的适用范围较广，液状、粉状、块状和异形物等可采用这种包装。

上述几种包装袋中，集装袋适合运输包装，一般运输包装袋适合外包装及运输包装，小型包装袋适合内装、个装及商业包装。

（二）包装盒

包装盒是介于刚性包装和柔性包装之间的包装技术。包装材料有一定的柔性，不易变形，有较高的抗压强度，刚性高于袋装材料。包装结构是规则几何形状的立方体，也可裁制成其他形状，如圆盒状、尖角状，一般容量较小，有开闭装置。包装操作一般采用堆码或装填，然后将开闭装置闭合。包装盒的整体强度不大，包装量也不大，不适合做运输包装，适合做商业包装、内包装，并适合包装块状及各种异形物品。

（三）包装箱

包装箱是刚性包装技术中的重要一类。包装材料为刚性或半刚性材料，有较高强度且不易变形。包装结构和包装盒相同，只是容积、外形都大于包装盒，两者通常以10升为分界。包装操作主要为码放，然后将开闭装置闭合或将一端固定封死。包装箱的整体强度较高，抗变形能力强，包装量也较大，适合做运输包装、外包装，适用范围较广，主要用于固体杂货包装。包装箱主要有以下几种。

1. 瓦楞纸箱

瓦楞纸箱是用瓦楞纸板制成的箱形容器。按外形结构分类，有折叠式瓦楞纸箱、固定式瓦楞纸箱和异形瓦楞纸箱；按构成瓦楞纸箱体的材料分类，有瓦楞纸箱和钙塑瓦楞箱。在国际上，瓦楞纸箱的箱型标准有两大类：一类是经国际瓦楞纸箱协会（ICCA）批准，由欧洲瓦楞纸箱制造工业联合会（FEFCO）和瑞士纸板协会（ASSCO）联合制定的国际纸箱箱型标准；另一类是日本、美国等国的国家标准。在国际纸箱箱型标准中，箱型的文字名称用简单的4~8位数字代号表示，各种箱型在标准中有图例可查。我国的瓦楞纸箱标准代号与国外不同，在做出口单证的时候，需要特别注意。

2. 木箱

木箱是常用的一种包装容器，其用量仅次于瓦楞箱。木箱主要有木板箱、框板箱、框架箱三种。

3. 塑料箱

塑料箱一般用作小型运输包装容器，其优点是自重轻、耐蚀性好、可装载多种商品、整体性强、强度和耐用性能满足反复使用的要求、可制成多种色彩以对装载物分类、手握搬运方便、没有木刺、不易伤手。

4. 集装箱

集装箱是由钢材或铝材制成的大容积物流装运设备。从包装角度看，也属于一种大型包装箱，可归于运输包装的类别中，也是大型的、反复使用的周转型包装。

（四）包装瓶

包装瓶是瓶颈尺寸有较大差别的小型容器，是刚性包装中的一种。其所用的包装材料有较高的抗变形能力，刚性、柔性要求一般也较高。个别包装瓶介于刚性材料与柔性材料之间。包装瓶的形状在受外力时虽可发生一定程度的变形，外力一旦撤除，仍可恢复原来的形状。包装瓶的结构是瓶颈口径远小于瓶身，且在瓶颈顶部开口。包装操作是填灌操作，然后用瓶盖将瓶口封闭。包装瓶的包装量一般不大，适合美化装潢，主要作为商业包装、内包装使用，主要包装液体、粉状货物。包装瓶按外形可分为圆瓶、方瓶、高瓶、矮瓶、异形瓶等若干种。瓶口与瓶盖的封盖方式有螺纹式、凸耳式、齿冠式、包封式等。各种包装瓶如图 4-5 所示。

图 4-5　包装瓶

（五）包装罐（筒）

包装罐是罐身各处的横截面形状大致相同，罐颈短，罐颈内径比罐身内径稍小或无罐颈的一种包装容器，是刚性包装的一种。包装罐的强度较高，罐体抗变形能力强。包装操作是装填操作，然后将罐口封闭。可作为运输包装、外包装使用，也可作为商业包装、内包装使用。包装罐主要有小型包装罐、中型包装罐和集装罐，其中集装罐是典型的运输包装，适合包装液状、粉状及颗粒状货物。

四、包装技术

产品的种类繁多、性能各异，产品包装必须针对产品的类别、性能及其形态等采用正确的包装方法和相应的包装技术，以最低的物资消耗保障产品完美地运送到消费者手中。

（一）包装设计要素

包装的设计与包装功能、包装分类有着不可分割的联系。根据各种目的、用途设计的包装有着不同的性能并且属于不同的类别。影响工业包装设计的因素很多，主要有以下几个。

1. 了解被包装物在物流过程中，尤其在运输和储存环节可能经受的外界影响、危害等实际情况，以便采取相应的包装措施。

2. 清楚了解被包装物的物理性能、化学性能和其他一些特殊性能，这也是包装设计的最基本的条件。

3. 熟悉各种包装材料的性质与被包装货物的适应性，以便采取理想的包装技法。

4. 考虑包装方法的实施和包装作业的方便性，尤其要考虑使用包装机械作业的可能性及生产效率。

5. 在保证包装要求、质量的前提下，在包装设计时应进行周密的核算，力求做到包装材料消耗合理、经济耐用、效益理想。

6. 还要注意符合和遵守有关的标准（包括国际的、国家的、地方的、企业的）和有关的法规（如商标法、海关法、食品卫生法、医药管理条例等），力求做到包装标准化，而且要符合运输部门和其他有关部门对包装的规定和要求。

（二）包装机械与包装技术

包装机械是指完成全部和部分包装过程的机器设备。包装机械有很多，通常按包装工序使用包装机械。包装工序有裹包、灌装、填充等，完成这些包装工序的包装机械被称为包装主机。另外，还有完成洗涤、烘干、检测、输送等工作的辅助包装机械等。货物在物流过程中发生破损的原因很多，必须采取不同的包装技术加以防范。

1. 防潮包装。防潮包装是为了延缓或者阻止因潮气侵入包装件影响内装货物质量而使用一定防护措施的包装。实施防潮包装是用低透湿度或透湿度为零的材料，比如清漆、蜡、聚乙烯醇缩丁醛等物质，将内装物与外界潮湿的大气相阻隔。

2. 防水包装。防水包装是为了防止水分浸入包装物，影响内装物质量而采取一定防护措施的包装，属于外包装。在运输、装卸、搬运的过程中，为防止外界的雨、淡水、海水等渗入包装，影响内装物的质量，采用某些防水材料做阻隔层，并用防水黏结剂或衬垫、密封等措施阻止水侵入包装内部。需要注意的是，防雨水包装不一定能兼防潮包装的作用。因为防雨水包装只是单纯为了防止外界的雨、雪、霜、露等渗入包装并侵蚀内装物，除非采用气密性容器包装，否则是防止不了外界潮湿空气的侵蚀的，也不能起阻止作用。

3. 缓冲包装技术（防震包装技术）。货物在物流过程中发生破损的主要原因是受运输的震动、冲击以及在装卸作业过程中跌落等外力作用。不同物品承受外力作用的程度虽然有所不同，但若超过一定程度便会发生毁损。因此，必须采取某些缓冲的办法使外力对物品的作用限制在毁坏限度之内。这种方法即为缓冲包装法。

4. 防锈包装。防锈包装是为了防止潮湿空气或雨水等侵入包装而使金属腐蚀的包装技术。在金属表面涂防锈材料以破坏化学腐蚀的条件是防锈包装最常使用的手段，功能就是确保金属制品在储运期间保持其应有的表面状态、精度和相关的性能、功能。防锈包装是必不可少的一种防护措施。

5. 防霉包装。防霉包装是为了防止因霉菌侵袭内装物而生霉、影响产品质量所采取的一定防护措施的包装方法。

五、包装与物流成本

（一）包装对物流成本的影响

包装会影响每一项物流活动的成本。例如，库存盘点要求人工或自动化识别系统具有较高的准确性，而识别与商品包装密切相关；分拣的速度、准确性和效率也受包装的形状和操作的简便程度等的影响；包装尺寸和密度直接影响运输的成本，也会影响仓储成本，还会影响装卸和搬运的效率和成本。

（二）减少包装对物流成本的影响的方法

要减少包装对物流成本的影响，可采用以下方法：

1. 在实现所需的必要保护的前提下，改变包装形状、尺寸及结构；
2. 尽量减轻包装物的重量。

另外，还要关注包装材料及其附属物的成本问题。比如，汽车防撞梁的通用包装方式是将其放在特制纸箱中，这是保护性较优的方案。但是汽车防撞梁为弯曲形状，包装纸箱的空间利用率低，而且在运输过程中会占用大量的仓库空间和运输体积，是不经济的包装方式。从零件的防护性和经济性两方面分析，采用按零件形状包裹的气泡袋包装方式更加合理。

六、国际物流包装的特性

国际物流包装不同于境内物流包装，既强调商品的卖相，同时更要注重商品在运输过程中的安全保护。国际物流包装的特性具体如下。

（一）须符合各国（地区）的包装规定

企业出口时需要认真了解进口国（地区）的市场情况与相关规定，选择最好且适合的包装，以适应各国（地区）的不同规定与喜好。例如，美国、澳大利亚、日本、埃及和欧洲部分国家等规定凡用木箱进口的货品，均需提供熏蒸证明；美国、澳大利亚、新西兰、菲律宾等禁止使用稻草作为包装材料；埃及规定包装箱应里、外均防水，且用双层铁皮捆扎牢固；沙特规定所有货物应先用栈板集装后再装入集装箱，不准有散装，方便机械装卸，且每件集装箱栈板的重量不得超过 2 吨。

（二）符合国际趋势——绿色包装（环保包装）

随着科技进步和节能环保的理念不断普及，国际上，特别是较发达国家对于环保包装的要求越来越高，不断通过立法手段对于进口商品的包装提出需符合环保的要求。例如，含氯氟烃的聚苯乙烯泡沫塑料等发泡塑料在生产过程中会破坏大气臭氧层，而且使用后不容易降解，德国已全面禁止使用该类材料制作为包装衬垫或容器。

（三）重视包装对作业安全性的影响

为了在物流操作中保护操作人员人身安全、避免作业伤害，同时考虑到方便作业，各国（地区）有具体的规定。例如，为便于搬运工人操作、确保作业过程中的安全，加拿大规定一个外包装的毛重不可超过 35 千克，超过就要罚款，万一搬运工人因搬运超重对象而受伤害，有权提出申诉，要求赔偿。沙特也有类似的规定，要求每袋袋装货物的重量不得超过 50 千克，否则不提供仓储服务，除非这些袋装货物用栈板集装。阿联酋基于货物转运的需要，也规定商品包装应牢固，能承受高温和高湿度，以及承受粗暴的装卸和可能发生的偷窃等。

七、包装与现代物流的关系

现代物流活动由包装、运输、储存、装卸搬运、流通加工、物流信息管理、物流网络管理、库存管理、物流组织管理、物流成本管理和控制等基本环节组成。包装的主要功能是保护商品、方便储运、促进销售，它始于生产的终点，结束于消费的始点，包装的合理化、现代化、低成本是现代物流合理化、有序化、现代化、低成本的物质基础和保证，包装标准化是实现现代物流的根本途径和有效保障。

包装与现代物流的密切关系主要体现在以下几个方面。

（一）货物安全性

在货物的整个流通过程中，包装的牢固度、标准化、美观性等决定着产品能否以完好的使用价值和理想的价值交到消费者手中。若有散包、破损、淋雨、受浸、变质、异味、破损等现象发生，表明包装不合理。若包装规格尺寸不符合标准化要求，则不便于托盘、叉车作业，也不能进行集装化运输和储存。若包装材料选用不当，在运输或装卸搬运过程中包装有可能出现破损问题。如果包装材料使用过多，包装过剩，则浪费资源，给回收造成困难。

（二）物流信息化

物流信息管理是现代物流标准化的关键和核心，产品的各种信息都会在包装上得以反映和体现。因此，在不同层次的包装上应该设置哪些标签、标记、代码和其他相关信息，对物流信息管理、整个物流供应链管理乃至整个物流系统的管理都是至关重要的。

（三）物流有序性

物流组织管理不是单纯的人事、信息、财务管理等，支撑这些管理内容的关键是技术管理。对于物流供应链的技术管理，最主要的是完成供应链中各类与包装有关的技术管理。只有货物有序、可控地流动，才能实现物流组织管理的有序性。

（四）物流低成本

物流系统中的所有环节都与包装有关，所以包装对物流成本的控制至关重要。例如，采用现代化机车搬运代替人工搬运，可以省去单元小包装所带来的人工费用、产品破损费用。合理的包装尺寸规格、货物堆码层数有利于提高运输工具容积率、仓库利用率，合理的包装防护技术可以减少或避免货物破损，这些都有利于控制和降低物流成本。

（五）物流综合效率

通过包装将物流链、物流系统中的各个环节有机、高效地组合成一个大综合系统，重视物流各个环节与包装的密切关系，可以提高综合效率。

第五节 本章配套案例

一、班轮运费计算案例

某企业出口柴油机一批，共 15 箱，总毛重为 5.65 吨，总体积为 10.676 立方米。在中国青岛被装于某运输公司轮船，经中国香港转船至苏丹港，试计算某企业应付船公司运费多少？

解：

先按柴油机的英文名称 Diesel Engine 查阅货物分级表，柴油机属于 10 级，计算标准为 W/M。

然后在内地—香港航线费率表中查出 10 级货从青岛运至香港的费率为每运费吨 22 美元，香港中转费为 13 美元。

再从中国香港—红海航线费率表中查出 10 级货的费率为 95 美元。

最后查附加费率表，到苏丹港要收取港口拥挤附加费，费率为基本运费的 10%。由于该批货物的尺码吨（10.676 运费吨）较重量吨（5.65 运费吨）高，而其计费标准为 W/M，应按尺码吨计，因此该批货物每一运费吨的运费应为 $22+13+95+95\times10\%=139.5$ 美元，总运费 $=10.676\times139.5=1489.30$ 美元。

二、美国海运集装箱预处理及成本预估案例

（一）案例背景

A 公司的主要产品是钢制办公用品、钢制文件柜和钢制桌架，在亚马逊北美站销售，采用的物流模式是海运集装箱运输至美国的亚马逊 FBA 仓库，并通过 UPS、USPS 等物流进行本地配送。本案例主要讲述 A 公司在海运集装箱运输前准备及成本预估。

（二）海运集装箱运输前准备

1. 收集信息

在海运之前，A 公司运营人员首先要收集如下信息：

（1）海运集装箱对产品包装要求。比如如果产品易碎，或者含有液体、电池、木质部分等，要提前报备并做出对应处理。

（2）平台对产品预处理要求。A 公司通过亚马逊北美站进行销售，那么产品必须符合美国零售的安全标准、包装标准等，违规可能会失去该产品的销售权。

（3）海外仓对产品的各项要求，包括安全标准、包装标准、入仓标准等。A 公司使用 FBA 仓储，因此必须详细了解美国 FBA 入仓标准，以免货物运输到美国海外仓时发生拒收问题，或者产生额外的高额处理费、运输费等。

（4）目的国（地区）快递服务标注和要求。A 公司在美国使用 UPS 进行本地配送，那么产品必须符合卡车或者快递服务要求，比如边长不能超一定的范围或者重量在多少千克以内，在某些国家或者地区，如果产品超重或不符合运输标准，会被退回或拒收。

2. 海运装箱预处理

A 公司海运装箱预处理步骤如下。

（1）对商品进行预处理

确定包装标准，以 A 公司的钢制文件柜为例，产品必须固定在包装中，不能晃动，并且产品配件不能掉出。产品外箱要按照平台和海外仓要求加贴产品标签和运输标签。表 4-1 是 A 公司预处理商品级检查表，图 4-6 是 A 公司贴标标准图。

表 4-1　A 公司预处理商品级检查表

工作流程	按照亚马逊物流包装和预处理要求对商品进行预处理	是否检查
1	商品上的任何条形码都是独有的，且必须对应唯一商品	
2	每个商品变体（如尺码或颜色）都会有不同的条形码	
3	如果是有有效期的产品，必须在包装上标注，有效期格式为 MM-DD-YYYY 或 MM-YYYY，字体大小为 36+	
4	易碎品/玻璃制品，加贴特殊标志	
5	单件超过 22 千克的产品，加贴超重标志	

表4-1 续

工作流程	按照亚马逊物流包装和预处理要求对商品进行预处理	是否检查
6	对于标准尺寸商品，单件商品尺寸不得超过 18 英寸×14 英寸×8 英寸（45 厘米×35 厘米×20 厘米），商品重量不得超过 20 磅（9 千克）	
7	对于标准尺寸商品，如果单件产品有外箱，配送到海外仓运营中心的箱子每一侧的长度都必须小于 25 英寸（64 厘米）	
8	每件商品都必须采用单独包装且包装需牢固	
9	在包装任何一侧施加中等压力时均不会坍塌	
10	如果箱装商品具有穿孔侧或开口，则商品必须通过 3 英尺跌落测试，包括每侧一次跌落和中心处一次跌落。如果商品未通过跌落测试，则必须将其放入聚乙烯塑料袋中并标注窒息警告	

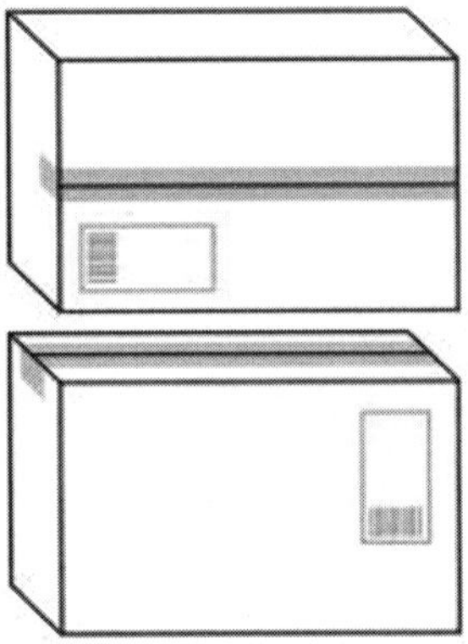

图 4-6　A 公司贴标标准图

3. 集装箱选择

使用内部高度至少为 90 英寸（2. 31 米）的集装箱。20GP、40GP、40HQ 和 45HQ 的标准集装箱都符合亚马逊的接收要求。图 4-7 是标准集装箱图例。

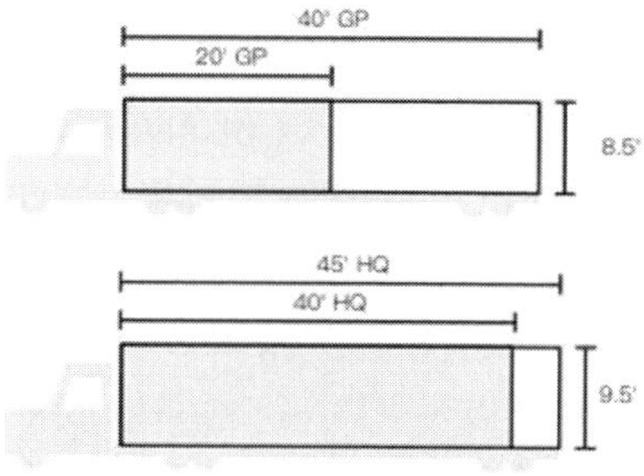

图 4-7 标准集装箱图例

集装箱底板必须保养良好、安全，且没有孔洞等任何障碍和残损。运输工具底板必须能够承受一辆满载托拍搬运车的重量。必须遵守美国运输部有关集装箱轴重和总重量的限制规定。20GP 的最大重量为 37500 磅（17025 千克），40GP/HQ 和 45HQ 的最大重量为 44000 磅（19958 千克）。

4. 集装箱装载预处理

图 4-8 是集装箱装载类型，不同装载类型的预处理要求不同。

图 4-8 集装箱装载类型

（1）散装货物装载预处理

将箱子堆叠成列。不得使用任何类型的绑带、束带、胶带等将箱子捆在一起。装载集装箱时，使用充气垫、瓦楞纸或填充物确保平稳。不要把箱子塞进比其体积更小的空间内，以免增加卸货难度。最后一排箱子与集装箱门之间至少留出 8 英寸（21 厘米）的空间，用于放置装卸跳板。使用固定杆或绑带妥善固定所有货件。

（2）抱夹车装载预处理

让每一列的每一层都保持相同，并与该列底座上的其他各层对齐，确保抱夹车可以安全地“夹住”货堆的四个面。确保每一列的宽度至少为 24 英寸

(61 厘米)、长度最大为 72 英寸(183 厘米),以便符合抱夹车的上下限要求。每列的高度可以有所不同。如果货物不需要提升,每列的最大抱夹重量是 3000 磅(1360 千克);如果货物需要提升(例如双层堆放的货物),每列的最大抱夹重量是 1300 磅(590 千克)。货堆顶部与集装箱顶部之间至少保留 3 英寸(8 厘米)的空间。

运输途中,要在货堆和墙壁之间至少保留 3 英寸(8 厘米)的空间,可以使用充气袋来确保平稳,也可以使用非金属绑带或安全网来防止货物偏移或掉落。最后一排箱子与集装箱门之间至少留出 8 英寸(21 厘米)的空间,用于放置装卸跳板。使用固定杆或绑带妥善固定所有货件。

(3)托拍装载预处理

每个箱子上都必须贴有物流货件标签,以便确保同一托运人的货物放置在一起并尽快发往亚马逊海外仓运营中心。

使用 40 英寸×48 英寸(1.02 米×1.22 米)的四向进叉木托拍。如果无法将单件大型商品装入 40 英寸×48 英寸托拍并保持边缘不外露,可以使用适合商品尺寸的托拍类型。

用托拍装载货车荷载货件时,托拍应交错放置。托拍分为两个方向,48 英寸一侧沿拖车宽度方向放置,40 英寸一侧沿拖车长度方向放置,从而实现空间利用率和货物稳定性的最佳平衡。

如果数量允许,每个托拍上只堆叠一种产品。对于只包含一种产品的托拍,要在上面加贴“单个产品托拍”的标签。

必须使用达到 GMA B 级或更高级别的托拍,并且只使用木制托拍(木材、胶合板、复合材料等)。

使用透明塑料拉伸膜包裹托拍,不要使用黑色或不透明的拉伸膜。在托拍四面的拉伸膜外侧加贴货件标签。

托拍装货后最高为 72 英寸(1.82 米),总重量必须低于 1500 磅(680 千克)。可以使用边角挡板,用于在运输过程中保护箱子并保持箱子平稳。只有在能够安全进行装卸并且不会在运输过程中造成商品残损的情况下,才可以使用双层堆叠托拍。双层堆叠托拍最高为 100 英寸(2.54 米)。

确保每个箱子的最大总重量不超过 50 磅(23 千克),除非单件商品重量超过 50 磅。如果单件重型商品的重量在 50~100 磅(45 千克),则要在所有箱子上加贴明确指出“需要多人搬运”的标签。如果单件重型商品的重量超过 100 磅,则要加贴明确指出“需要机器提升”的标签。

图 4-9 所示是托拍装卸示例。

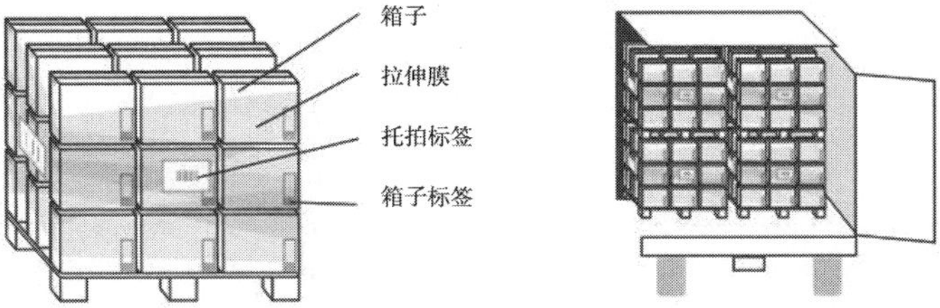

图 4–9 托拍贴标示例

在装箱时，托拍顶部与集装箱顶部之间至少保留 6 英寸（15 厘米）的空间。运输途中，要在货堆和墙壁之间至少保留 3 英寸（8 厘米）的空间，可以使用充气袋来确保平稳，也可以使用非金属绑带或安全网来防止货物偏移或掉落。箱子应均匀堆叠并且对齐，不得让箱子虚悬在托拍上。最后一排箱子与集装箱门之间至少留出 8 英寸（21 厘米）的空间，用于放置装卸跳板。

图 4–10 是托拍进集装箱示意图。

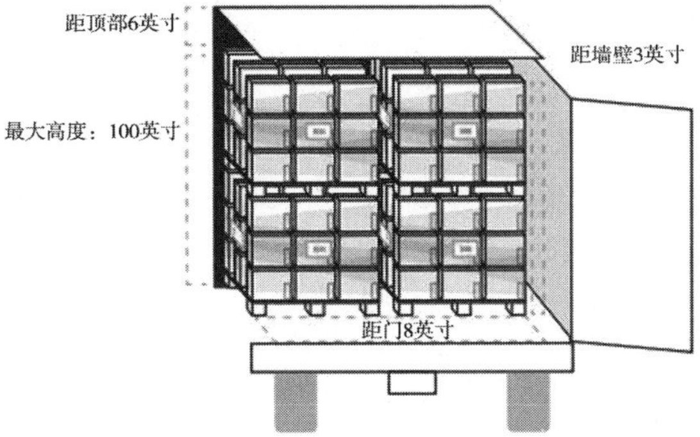

图 4–10 托拍进集装箱示意图

（三）A 公司海运集装箱方案

以 A 公司产品电动升降桌为例，外箱尺寸为 1250 毫米×265 毫米×270 毫米，产品重量 35 千克。根据亚马逊各项要求，A 公司针对这款电动升降桌做的集装箱装载方案如图 4–11 至图 4–13 所示。

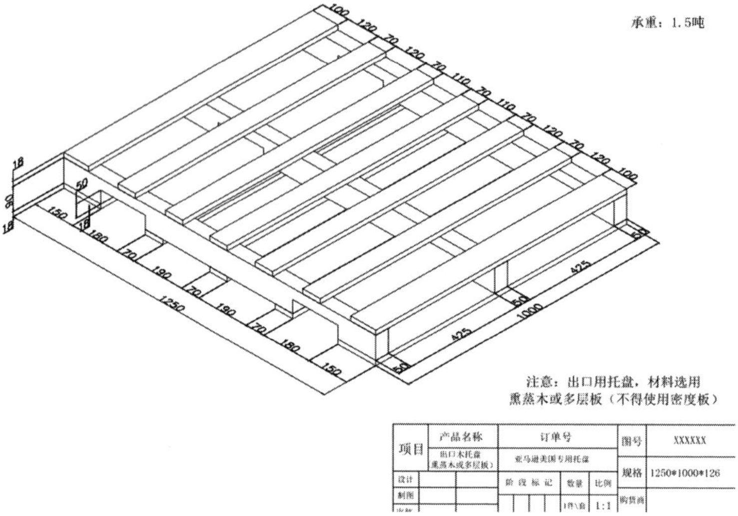

图 4-11　A 公司使用托拍尺寸图

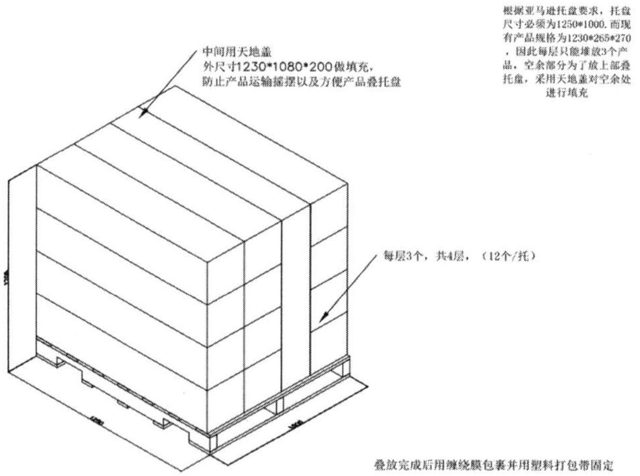

图 4-12　A 公司电动升降桌产品单个托拍叠放示意图

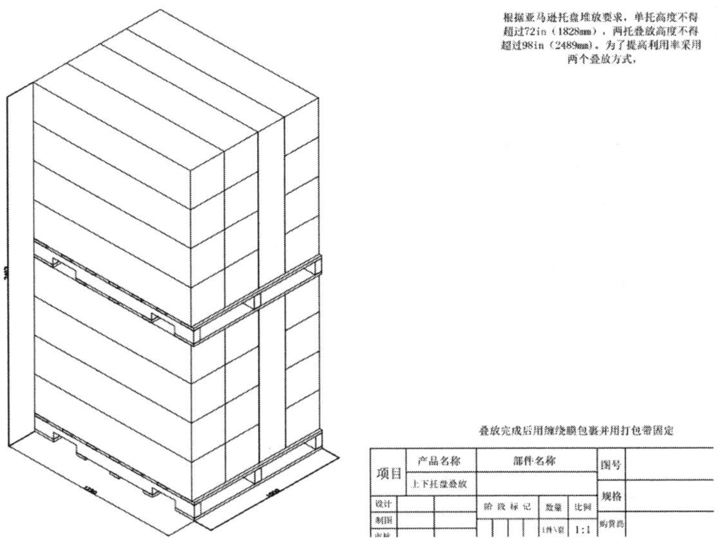

图 4-13　A 公司电动升降桌产品双层托拍叠放示意图

如果采用亚马逊 AGL，根据亚马逊装柜要求和每个托盘装柜要求设计后，40HQ 可装载 12 托共计 432 套产品，如图 4-14 所示。

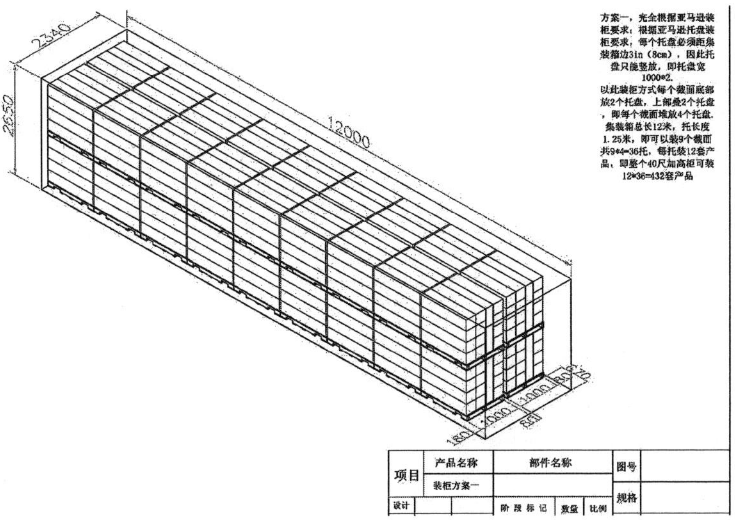

图 4-14　亚马逊 AGL 头程物流装柜方案

如果不采用亚马逊 AGL，使用其他第三方海运物流装箱标准，根据托盘尺寸和装柜要求，可放置 480 套产品，如图 4-15 所示。

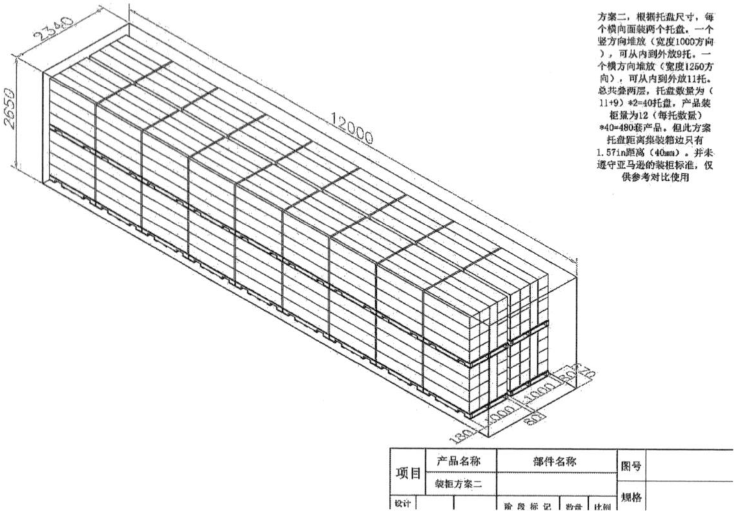

图 4-15　第三方头程物流装柜方案

（四）A 公司头程物流集装箱成本核算

出发港上海，目的港洛杉矶，仓库编号 ONT8。具体核算数据见表 4-2 至表 4-5。

表 4-2　按照慢船报价计算头程运费表（整柜）

40HQ	整柜价格（元）	整柜件数（件）	单件商品海运成本（元）
亚马逊 AGL 头程物流	37642	432	87.13
第三方头程物流	21000	480	43.75

表 4-3　按照慢船报价计算头程运费表（拼柜）

40HQ	拼柜价格	单件产品体积（立方米）	单件产品重量（千克）	单件商品海运成本（元）
亚马逊 AGL 头程物流	727 元/立方米	0.13	35.00	94.51
第三方头程物流	5 元/千克	0.13	35.00	175.00

表 4-4　按照快船报价计算头程运费表（整柜）

40HQ	整柜价格（元）	整柜件数（件）	单件商品海运成本（元）
亚马逊 AGL 头程物流	46246	432	107.05
第三方头程物流	25000	480	52.08

表 4-5　按照快船报价计算头程运费表（拼柜）

40HQ	拼柜价格	单件产品体积（立方米）	单件产品重量（千克）	单件商品海运成本（元）
亚马逊 AGL 头程物流	1044 元/立方米	0.13	35.00	135.72
第三方头程物流	6 元/千克	0.13	35.00	210.00

如果 A 公司租慢船整柜出口，整柜海运价格为 37642 元，可以装 432 个产品，核算下来单件产品海运成本为 87.13 元。如果使用第三方海运物流，单件产品海运成本为 78.42 元。如果 A 公司租慢船拼柜出口，第三方海运价一般是按照千克报价。按照体积计算，案例产品单件占空间 0.13 立方米，每立方米 727 元，海运成本为 94.51 元；按照重量计算，案例产品单件重量为 35 千克，每千克 5 元，海运成本为 175 元。

第六节 本章练习

一、名词解释

1. 班轮运输
2. 揽货
3. 订舱

二、判断题

1. 海洋运输具有成本低、能耗省、过程长、运量大等特点，与其他几种运输方式相比较有明显优势。（　　）

2. 在国际贸易中，以 CIF 价格条件成交的，由进口商负责订舱。(　　)

3. 集装箱出口装船，无论是整箱、拼箱或空箱，一般都必须先移到码头堆场等待装船（集港待装）。(　　)

4. 轮船公司或其代理人在接受交付托运的货物前签发提单，提单是班轮运输合同的形式和证据。(　　)

5. 订舱是托运人或其代理人向承运人，即班轮公司或它的代理机构申请货物运输，托运人对这种申请给予承诺的行为。(　　)

三、填空题

1. 班轮运输，又称__________，是指托运人将一定数量的货物交由作为承运人的轮船公司，轮船公司按固定航线，沿线停靠固定的港口，按固定船期、固定运费所进行的国际海上货物运输。

2. 托运人向船公司在装货港的代理人（也可直接向船公司或其营业所）提出货物装运申请，递交__________，填写__________。

3. 指出下列单证英文简称所对应的单证名称：S/O __________；B/L __________；D/R __________；D/O __________；M/F __________。

4. 写出下列专用名词的英文简称：

集装箱堆场__________；集装箱货运站__________；整箱货__________；拼箱货__________。

5. 班轮运价一般是以__________的形式对外公布的。

6. 班轮运输应收取的运费分为__________和__________两部分。

7. 按功能对包装进行分类，可分为__________和__________。

8. 按形态对包装进行分类，可分为__________，__________和__________。

四、简答题

1. 什么是班轮运输？简述班轮运输的主要特点。

2. 简述订舱单的主要内容。

3. 简述拼箱货出口业务的一般流程。

4. 包装与跨境物流的关系体现在哪些方面？

5. 如何降低包装对物流成本的影响？

五、不定项选择题

1. 在实际工作中，俗称为“舱单”的单证，指的是（　　）。

A. 收货单　　B. 订舱单　　C. 载货清单　　D. 装货清单

2. 货运代理实践中，俗称的“关单”指的是（　　）。

A. 装货单　　B. 收货单　　C. 装货清单　　D. 载货清单

3. 提货单是集装箱运输业务中的一份重要的单证，它的英文简称是(　　)。

A. D/O　　B. S/O　　C. D/R　　D. B/L

4. 危险货物托运单上要提供危险货物的货名、性质等详细信息，其中，“UN NO.”表示的是（　　）。

A. 危险货物的级别　　B. 国际海运危规的页码

C. 危险货物包装的类别　　D. 危险货物的联合国编号

5. 航线运价是指（　　）。

A. 由船、货双方共同商定、共同遵守的运价

B. 由班轮运输公司自行制订并负责调整或修改的运价

C. 不分运输距离的长短，只按航线、货物名称或等级制订的运价

D. 分别对各种不同的货物在不同的航线上逐一制订的运价

6. 航线费率表由（　　）组成。

A. 港口条款　　B. 费率　　C. 货物等级　　D. 基本港

7. 班轮运费的计费标准可以有（　　）。

A. 按货物的毛重　　B. 按货物的体积

C. 按货物的 FOB 价格　　D. 按货物实体的个数或件数

六、知识应用题

1. 按照集装箱出口货运流转程序，排列以下业务环节：________；________；________；________；________；________；________；________；________；________；________；________。

（1）订舱；（2）提空箱；（3）出提柜纸；（4）报关；（5）订舱确认；（6）装箱；（7）交还重箱；（8）放行条送交船公司；（9）制作五联单；（10）签发场站收据（重柜入闸纸）；（11）领取提单；（12）装船

七、计算

B 货主从北京托运 5.8 吨、3.6 立方米的高锰酸钾至新德里，启运港天津，卸货港孟买，B/L 显示交接方式为门到站，已知高锰酸钾为 5.1 类危险品，海运费加收 50%，北京—天津运费 15 美元/吨，天津—孟买基本运费 80 美元/吨，孟买—新德里运费 25 美元/吨，孟买加收港口拥挤费 3 美元/吨，集装箱货运站装/拆箱费 6 美元/吨，请计算该票货物的全部运费。

第五章　跨境电商库存管理

【学习目标】

本章旨在让学习者了解跨境电商库存基本概念、管理方式、基于成本的库存决策方法。通过本章的学习，能够：

1. 掌握跨境电商库存、库存管理及库存决策的基本概念；
2. 掌握库存管理基本方式；
3. 掌握基本库存决策方法。

【本章重点】

本章主要针对跨境电商的库存管理与库存决策进行阐述，先简要介绍跨境电商库存，再对跨境电商库存管理进行叙述，最后分析跨境电商库存决策方法。

【基本概念】

库存，库存管理，库存决策

【建议学习时间】

2~3 课时

库存管理对跨境电商的运营至关重要，有效的库存管理不仅能够帮助跨境电商企业降低成本，而且能够提升跨境电商企业的服务能力。

第一节 跨境电商库存

一、跨境电商库存的基本概念

库存（Inventory）有时被译为“存贮”或“储备”，是指为了满足未来需要而暂时闲置的资源，人、财、物、信息各方面的资源都有库存问题。

跨境电商库存是指跨境电商企业在运营过程中的各个仓库点堆积的原材料、产成品和其他物资。跨境电商库存分布在运营中的各个环节，如图 5-1 所示。

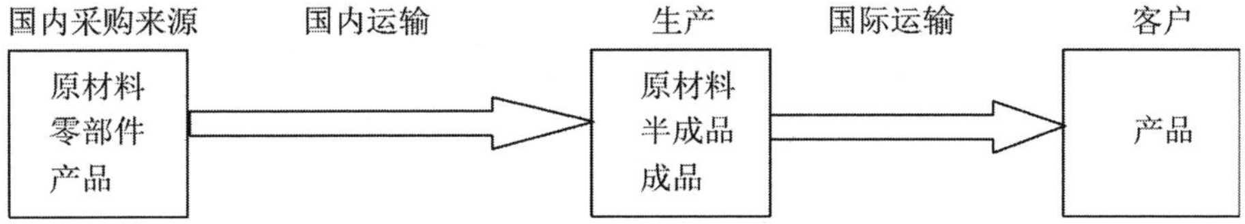

图 5-1　跨境电商库存示意图

跨境电商企业根据其主要业务的不同分为生产制造型和商业流通型。对于生产制造型企业，为了保证生产的连续，库存包括原材料、半成品、产成品、备件、低值易耗品等；对于商业流通型企业，库存包括用于销售的商品和用于管理的低值易耗品，库房需要辐射一定面积区域中的用户，这部分用户的购买需求也就是库房应该提供的库存量，如果库存的供货能力不足，将会影响销售。

任何库存都需要维持和保管的费用，同时还存在由于商品积压或损坏而带来的库存风险。因此，跨境电商企业在库存管理中既要保持合适的库存数量以防止缺货损失、保证企业信誉，又要防止库存过高，引起库存成本大幅上升。对于许多跨境电商企业来说，及时清空库存、提高库存周转率对于盈利是非常重要的。

二、跨境电商库存的分类

跨境电商库存分类和传统库存分类基本相同，按照不同标准可以将库存分成不同类别，主要有以下几种分类方式。

（一）按存货的作用分类

1. 周转库存

为满足日常生产经营需要而保有的库存。周转库存的多少与采购量直接有关。跨境电商企业为了降低物流成本或生产成本，需要批量采购、批量运输和批量生产，这样便形成了周期性的周转库存。这种库存随着每天的消耗而减少，当降低到一定水平时需要补充库存。

2. 安全库存

为了防止不确定因素的发生（如供货时间延迟、库存消耗速度突然加快等）而设置的库存。安全库存的多少与库存安全系数或者说与库存服务水平有关。从经济性的角度看，安全系数应确定在一个合适的水平上。例如跨境电商企业为了预防运输、关税政策等不确定因素的发生而进行的商品储备等，就是一种安全库存。

3. 季节库存

用于应对可预测的季节性需求波动而建立的库存，需要在持有额外库存的成本与柔性生产之间的成本之间做出权衡。

（二）按生产过程分类

1. 原材料库存

生产制造型企业已经购买的用于生产产品的材料，但尚未投入生产。

2. 在制品库存

在生产线上加工的半成品和加工件。

3. 产成品库存

已经完工入库等待装运发货的产品。

（三）按库存所处状态分类

1. 在库库存

指存储在仓库（包括国内仓库和海外仓）中的货物，是存货的主要形式。

2. 在途库存

处于生产地和存储地之间的货物，这些货物有的处于运输过程中，有的处于临时存储地。跨境电商物流由于运输距离长、运输速度慢，在途库存数量有时可能超过在库库存。

第二节 跨境电商库存管理方法

一、跨境电商库存管理的基本概念

跨境电商库存管理是指在跨境经营过程中对商品数量的管理，根据外界对跨境电商企业库存的要求、企业生产订购的特点，预测、计划和执行一种补充库存的行为，并对这种行为进行控制，重点在于确定如何订货、订购多少、何时订货。

这里要注意库存管理和仓库管理的区别：仓库管理主要针对仓库或库房的布置、物料运输和搬运以及存储自动化等的管理；库存管理的对象是库存项目，即企业中的所有物料，包括原材料、零部件、在制品、半成品、产品及其辅助物料。库存管理的主要功能是在供需之间建立缓冲区，达到缓和用户需求与企业生产能力之间、最终装配需求与零配件之间、零件加工工序之间、生产厂家与原材料供应商之间的矛盾。

二、跨境电商库存管理方法

库存管理的实质是对库存数量进行管理。过多的库存将会占用资金，使得跨境电商企业的流动资金较为紧张，投资回报率降低；过少的库存则会威胁到生产连续性。因此对跨境电商企业来说，应当衡量资金占用成本以及生产保障的关系，维持合理的库存数量水平。

（一）跨境电商库存管理模式

作为跨境电商物流管理中的核心环节，库存管理的最佳状态应当是能够保障生产所需，同时占用最少的资金。当前跨境电商库存管理的模式主要有4种。

1. 传统的库存管理模式

传统的库存管理模式即跨境电商各个单位在物流过程中只针对自己的库存制定管理策略，是一种基于交易层次、由订单驱动的静态的库存管理模式，如ABC分类法。

2. 供应商库存管理模式（VMI）

这是一种基于战略合作贸易伙伴关系而形成的跨境电商库存管理模式。供应商对跨境电商所需要的物资进行管理，这需要一定的协议来保障，而且库存的成本不高，近年来许多跨境电商企业都采用这种模式。

3. 客户库存管理模式（CMI）

相对于供应商库存管理，客户库存管理是另外一种库存管理模式，这里的客户是指零售商。很多人认为，从与消费市场的接近程度来看，在配送系统中零售商最接近消费者，在消费者的消费习惯方面最有发言权，因此由零售商管理库存也是一种模式。

4. 联合库存管理模式（JMI）

联合库存管理是介于供应商库存管理和客户库存管理之间的一种库存管理模式。顾名思义，联合库存管理就是由上下游企业共同管理库存，进行库存决策。

（二）ABC 分类法

1. 简介

ABC 分类法又称帕累托分析法、主次因素分析法等，它是根据事物在技术或经济方面的主要特征，进行分类排队，分清重点和一般，从而有区别地确定管理方式的一种分析方法。由于它把被分析的对象分成 A、B、C 三类，所以称为 ABC 分类法。

ABC 分类法是由意大利经济学家维尔弗雷多・帕累托首创的。1879 年，帕累托在研究个人收入的分布状态时，发现少数人的收入占所有人收入的大部分，而多数人的收入却只占一小部分，他将这一关系用图表示出来，这就是著名的帕累托图。该分析方法的核心思想是在决定一个事物的众多因素中分清主次，识别出少数的、但对事物起决定作用的关键因素和多数的、但对事物影响较少的次要因素。后来，帕累托法被不断应用于管理的各个方面。1951 年，管理学家戴克将这种方法应用于库存管理，命名为 ABC 法。1951—1956 年，约瑟夫・朱兰将 ABC 法引入质量管理，用于质量问题的分析，被称为排列图。1963 年，彼得・德鲁克将 ABC 法推广到全部社会现象，使其成为企业为提高效益而普遍应用的管理方法。

面对纷繁杂乱的处理对象，如果分不清主次，眉毛胡子一把抓，可想而知，其效率和效益是不可能高起来的。而分清主次，抓住主要的对象，一定可以事半功倍。在库存管理中，ABC 分类法的运用就可以使工作效率和效益大大提高。

在跨境运营企业中，库存的种类通常会很多，动辄十几万种甚至几十万种。如果对每个品种都要进行盘点，不仅收效甚微，而且可能出现混乱，进而造成重大损失。

第一，盘点清查非常困难，而且难以确保准确性。对于非重要材料，比如低值易耗品，计数错误可能影响还不大；但对于重要材料，比如产品关键部件，计数错误可能导致缺料，生产自然也就不可避免地受到影响，进而不能满足市场需求，丧失市场机会，失去客户。

第二，存量控制困难。重要材料的存量应该重点监控，确保不断料又不积压；非重要材料由于其重要性不高且资金占用量小，可以按一定的估计量备货。如果实行一把抓式的管理，就可能将目光集中在大量非重要材料上，而疏忽了对重要材料的控制。

2. ABC 分类法的基本步骤

第一步，计算每一种商品的金额。

第二步，按照金额由大到小排序并列成表格。

第三步，计算每一种商品的金额占库存总金额的比率。

第四步，计算累计比率。

第五步，分类。累计比率在 0~60%的，为最重要的 A 类商品；累计比率在 60%~85%的，为次重要的 B 类商品；累计比率在 85%~100%的，为不重要的 C 类商品。

3. ABC 分类法应用

将商品分为 A、B、C 三类后，根据其特征实施不同的管理策略。三类商品的差别如表 5-1 所示。

表 5-1　基于 ABC 分类法的商品分类

级别 特征	A 类商品	B 类商品	C 类商品
物理特性	重量体积大、保质期短	适中	重量体积小、性质稳定
价值	高	中	低
采购难易程度	难	中	易
需求稳定性	个性化定制、订单批量小、需求不稳定	中等	订单批量大、市场需求稳定、容易预测

对于重量体积较大、资金占用多、采购难度大、需求最小且具有个性化特征的 A 类商品，如高价值奢侈品、专项产品、进口食品，应采取最经济的办法，实行重点管理，定时定量供应，严格控制库存。对于重量体积较小、资金占用少、采购难度小、需求稳定且需求量大的 C 类商品，如平价美妆产品，应采取简便方法管理，固定订货量。B 类商品是指处于上述二者之间的

商品，应采用一般控制、定期订货、批量供应的管理方法。

不同类别的商品要进行分类管理，这也是在进货之前就需要规划好的，商品到货之后不仅需要做好清点工作，还需要做好相关的登记，这样对于后期的查账和盈利核算都是有一定的帮助的。企业可以准备一些货架，将商品分门别类进行管理，并且给不同类别的商品标好货号，这样不仅收货方便，发货也快捷。

等到商品达到一定数量时，需要定期对其进行盘点，最好是每个月或者每个季度进行一次盘点。具体根据企业的实际情况确定，商品少的企业，时间间隔就可以更加长一些。

每到销售旺季，企业难免会有忙不过来的时候，如果库存管理制度不够完善，就会出现一些常见的问题，如发货速度慢、资金周转缓慢等。所以企业需要完善好库存管理制度，尽量避免出现因库存管理制度不够完善而导致的一些常见问题。

（三）跨境电商库存管理的特征

当前跨境电商库存一般采用第三方外包仓储，也就是海外供应商库存管理模式。以联邦转运为例，其在世界范围内各个货源地都建设有货仓，形成了覆盖全球的库存网络，因此能够进行库存标准化管理，形成科学的库存管理办法。在这种模式下，跨境电商与库存之间相隔万里，需要通过互联网等现代通信技术来对库存进行遥控，跨境电商物流企业一般都配套智能操作系统，非物流专业的使用者也能方便地进行库存管理，实现信息流、物流的无缝对接。

三、跨境电商库存管理策略

在税务成本逐渐上升、价格竞争日趋激烈的趋势下，跨境电商企业需要更进一步优化库存管理策略，从而降低总体成本，维持盈利空间。

（一）盘查方式

库存策略与订货策略直接相关。不同的订货策略下，对库存水平的盘查方式不同。对库存的盘查可以是实时盘查，一旦库存水平下降到预先设定的某个值，即触发订货决策；也可以是定时盘查，当盘查所得库存水平低于预先设定的某个值时，即触发订货决策。可以借助 ERP 系统设置库存低位提醒，例如在全球交易助手的库存管理模块中，可以根据库存策略和订货策略设置库存缺货预警。当库存水平下降到一定值，系统自动发出提醒，并自动生成系统采购单，可将系统采购单作为参考并导出表格，根据订货策略修改采购数量。

根据不同的盘查方式，库存策略可分为实时盘查型库存策略和定时盘查型库存策略。在每种库存策略下，都需要决策最优库存水平和最优订货策略。最优库存水平和最优订货策略能够权衡库存成本、缺货成本和订购成本，使得总体成本最低。缺货成本是指因产品缺货导致的利润减少。

如果商品的单位利润高于库存成本，那么总体上可以保持较高的库存水平，以减少因为缺货而造成的利润损失。特别是当需求波动较为剧烈时，库存应该调整至更高的水平，因为较高的需求可能导致产品供不应求。而当需求波动并不是很强时，库存可以适当下调，以减少库存积压。

如果商品的单位利润低于库存成本，那么总体上应该保持较低的库存水平，以减少因为库存积压而造成的总体成本提高。特别是当需求波动较为剧烈时，库存应该调整至更低的水平，因为较低的需求会导致库存积压。而当需求波动并不是很强时，库存可以适当上调，以减少缺货成本。此时并不需要担心需求波动造成的货物积压。

从以上分析可以发现，实时盘查型库存策略适用于较为稳定的需求模式，这种情况下库存变化也更稳定。稳定的库存变化能保证决策者准确地把握库存水平和订购点。在稳定需求模式下，由于实时盘查型库存策略的精准控制，并不太会出现缺货的情况。实时盘查型库存策略关注的是仓储成本与固定订货成本和固定物流成本之间的平衡。而在定时盘查型库存策略下，需要考虑需求波动对库存策略的影响。需求波动会导致货物发生缺货，对库存的把控会更难。定时盘查型库存策略关注的是缺货成本与库存成本之间的平衡。另外，实时盘查要求更多的人力投入，对库存系统的构建要求也较高，在库存管理成本上也要高于定时盘查。

（二）产品细分管理

跨境电商商品的品类繁多，即使是专注于某个特定品类，其细分商品也可达到上千种。因此，库存策略的选择不应该脱离商品属性，应该对不同属性的商品进行区别管理。在选择库存策略之前，企业应事先对商品属性做好详细分析，包括需求均值、波动性、利润、订货量和固定成本等。

商品分析也是利润分析。将商品分为主打商品和次要商品两大类，主打商品不但单品利润高，在产品结构中也占有较大比重，对利润的贡献比较大；次要商品本身利润较低，或在产品结构中占比较小，对总体利润的贡献较小。对于主打商品，可以采用可控性更好的实时盘查型库存策略，保持较高的库存水平，避免缺货的发生，在订货策略上应保持稳定的商品供应。对于次要商品，可以采用定时盘查型库存策略，以降低总体成本，次要商品少量缺货并不会给企业带来显著的利润损失，所以对这类商品的库存管理应更多地关注如何高效地利用仓库、降低仓储成本。

对主打商品采用实时盘查型库存策略时，具体的库存决策应考虑商品的平均需求、需求的波动性以及每次订货产生的固定费用。对于需求波动性较高的商品，采用安全库存的方式进行备货；对于需求波动性较低的商品，可以采用EOQ（经济订货批量）模型进行库存管理。从平均需求和固定成本的角度来看，对于高需求均值、高固定成本的商品，应保持较高的库存水平，订货策略应为大批量、少批次订货；对于低需求均值、低固定成本的商品，应保持较低的库存水平，订货策略应为小批量、多批次订货；对于高需求均值、低固定成本的商品或低需求均值、高固定成本的商品，应保持中等水平的库存。

对次要商品采用定时盘查型库存策略时，具体的库存决策应考虑商品的平均需求、需求的波动性及利润率。如果次要商品的利润高于仓储成本，那么高波动性的商品应保持在较高的库存水平，低波动性的商品应保持在较低的库存水平；如果次要商品的利润低于仓储成本，那么高波动性的商品应保持在较低的库存水平，低波动性的商品应保持在较高的库存水平。从平均需求和利润的角度来看，对于高需求、高利润的商品，应保持较高的库存水平；对于低需求、低利润的商品，应保持较低的库存水平；对于高需求、低利润的商品或者低需求、高利润的商品，应保持中等水平的库存。

（三）库存管理解决方案

1. 产品促销与库存清理

产品促销是指一个产品在特定时间以较低价格出售，其实质是通过增加销量来增加利润。库存清理是一种旨在减少库存的特殊销售，一般都是以成本价或低于成本的价格出售。

例如，随着天气回暖，前一年的大衣款式已经不值得消费者高价购买了，如果把它们堆积到仓库，下一个冬天可能变得一文不值。

解决方案：低价清仓。先设定目标，如两周内清理库存。然后设定一个价格，以三天作为测试。如果两周内没有实现目标，还需要继续降价，按照三天为周期执行测试。

2. 库存并不是存放越久越好

只有极少的零售产品存放越久越好，如葡萄酒。

不要让季节性产品堆满库房，这些换季产品最好以成本价或更低的价格清理掉，收回部分资金总好过将它们废弃。

3. 有针对性地发送清仓信息

低价清理库存并不是将清仓信息批量发给客户，而应该有针对性地发送给特定的客户。

建议将清仓信息优先发给前十名的老客户，告知他们什么时间将会对某些产品进行优惠清仓，并在产品开卖之前提前将优惠代码发送给他们。通过这种方式，既可以清理库存，也可以留住老客户，让他们感受到企业对他们的关注。

4. 参与电商平台促销或秒杀活动

通过参与电商平台促销或秒杀活动，可以轻松快速清理库存，如亚马逊平台的 Today's Deals。

5. 在折扣网站或拍卖网站发布换季产品

如果是知名品牌的卖家，尽可能不在自己网站发布低价清仓信息，因为品牌的建立花费了很多时间、资金与精力，低价清仓或多或少会对品牌的声誉造成一定的冲击。在这种情况下，可以在其他折扣网站或拍卖网站（如 eBay）发布需要清理的库存产品，也可以挂靠其他品牌名字出售，甚至转让给其他卖家出售。

第三节 跨境电商库存决策

一、跨境电商仓储模式

跨境电商仓储分为自营模式、公共模式和兼营模式。自营模式是跨境电商企业自己设立和运营仓库，只为自己的物流提供服务。公共模式是跨境电商企业租用第三方仓库或直接由第三方仓库运营物流管理。公共模式下的仓储不需要前期投入，适合中小型跨境电商企业。兼营模式是跨境电商企业的自营仓库在满足自身需求的情况下，也为其他电商企业提供仓储服务。兼营模式的典型例子是亚马逊。亚马逊拥有较为完善的仓储服务，在满足自身运营需求的情况下，也为其加盟卖家提供“物流+”服务，解决卖家的物流烦恼。自营模式和兼营模式都需要较大的固定成本投入，所以只有资金雄厚的大型跨境电商企业才能采用这两种模式。

二、跨境电商库存决策的主要内容

库存决策是指企业科学、合理地确定商品库存量（即储备量）的活动。其目的是在保证生产和销售任务完成的前提下，努力降低企业在库存商品上的资金占用和耗费。

库存决策主要包括两个部分的内容：订货方式选择和订货批量决策。订货方式选择是对定期与定量两种订货方式的选择，即在事先确定订货时间、然后确定订货数量和事先确定订货点、待库存降到订货点再订货之间进行选择。订货批量决策是对经济订货量、订货批数及订货点进行选择。

三、跨境电商库存决策模型

最常用的跨境电商库存决策模型是 EOQ 模型。

（一）EOQ 模型简介

EOQ 模型适用于整批间隔进货、不允许缺货的存储问题，假设某种物资单位时间的需求量为 D，存储量以单位时间消耗数量 D 的速度逐渐下降，经过时间 T 后，存储量下降到 0，此时开始订货并随即到货，库存量由零上升为最高库存量 Q，然后开始下一个存储周期，形成多周期存储模型。

基础 EOQ 模型的假设包括 6 个方面：一是企业能够及时地补充存货，即需要订货时便可以立即取得存货；二是能集中到货，而不是陆续入库；三是不允许缺货，即无缺货成本；四是需求量稳定，并且能预测；五是存货单价不变；六是存货现金充足，不会因为现金短缺而影响进货。

（二）EOQ 模型

假设跨境电商企业每年需求量为 D，每次订货数量为 Q，每年需要订货 D/Q 次。在此情况下，固定订货成本（单位成本为 k_1）和固定物流成本（单位成本 k_2）之和，即为订货成本：

$$C_1=\frac{D}{Q}(k_1+k_2)$$

在每一个订货周期中，库存均匀消耗，期初库存为 Q，期末库存为 0，平均库存为 $Q/2$，单位库存成本为 h，仓储成本为：$C_2=\frac{Q}{2}h$。

每年需求量为 D，货物单价为 c，货物成本为：$C_3=Dc$。

所以每年的库存成本为：

$$TC=C_1+C_2+C_3=\frac{D}{Q}(k_1+k_2)+\frac{Q}{2}h+Dc$$

对总成本求导数得：

$$TC'=-\frac{D}{Q^2}(k_1+k_2)+\frac{h}{2}$$

令其等于 0，则可得：

$$Q=\sqrt{\frac{2D(K_1+K_2)}{h}}。$$

此时的 Q 为每次的最优订货量，即经济订货批量。EOQ 模型下的库存变化水平如图 5-2 所示。

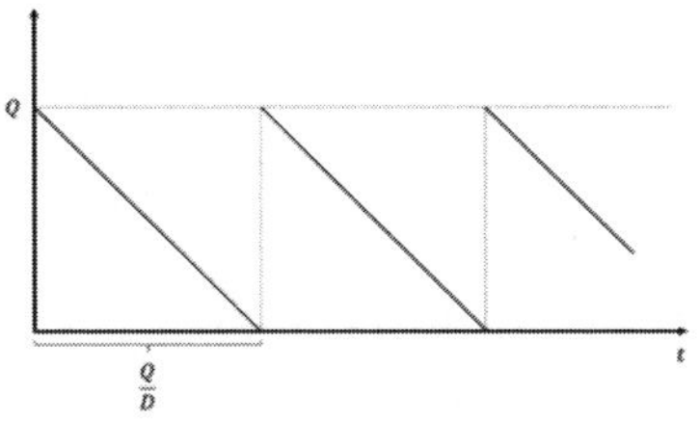

图 5-2　EOQ 模型下的库存变化水平

下面来看各项成本具体的计算方式。

1. 订货成本 C_1

$$c_1=C_{11}+C_{12}=C_{11}+C_{121}+C_{122}+C_{123}+C_{124} \tag{1}$$

式中 c_1表示一次订货成本，由两部分组成，C_{11}为订货成本，C_{12}为订货的物流成本。其中，C_{12}又包含了境内转运仓库储存费用 C_{121}，入库操作费 C_{122}，采购收货到境内转运仓库的运输费用 C_{123}，境内转运仓库到海外仓库的运费（海运）C_{124}。这几项成本费用的计算如下。

C_{121}，按照单件货物体积所在的体积区间获取不同的费率，结合货物在仓库的储存时间计算转运仓库储存费用：

$$\begin{cases} C_{121}=0; & t^1\leqslant t_0^1;\ t_0^1\geqslant 0 \\ C_{121}=Q\times k_i^1\times(t^1-t_0^1); & t>t_0^1;\ V_{i-1}\leqslant V_0\leqslant V_i \end{cases} \tag{2}$$

式中 t^1表示境内转运仓商品储存时间（天），t_0^1 表示境内转运仓免仓租期（天），Q 表示订货批量，k_i^1 表示单件货物体积在 $V_{i-1}\leqslant V_0\leqslant V_i$区间内的境内转运仓仓租费费率，$V_i$表示境内转运仓单件货物体积计费区间上限，$V_{i-1}$表示境内转运仓单件货物体积计费区间下限。

C_{122}，入库操作费是指货物进入境内转运仓时收的作业费用：

$$C_{122}=a_0+b_0\times Q\times g_0 \tag{3}$$

式中 a_0表示境内转运仓入库作业费用常数，b_0表示境内转运仓每千克货物入库作业费用，g_0为单件货物重量。

C_{123}，从采购收货到境内转运仓的运输一般采用快递方式，采用首重加续重的标准计费：

$$C_{123} = c_0 + d_0 \times Q \times g_0 \tag{4}$$

式中 c_0表示从采购地到境内转运仓的首重费用，d_0表示从采购地到境内转运仓的每千克货物的续重费用，g_0为单件货物重量。

C_{124}，按照一批货物的总体积所在的体积区间获取不同的计费费率，计算境内转运仓到海外仓的海运运费：

$$C_{124} = Q \times V_0 \times M_i；\ V_{i-1}^1 \leqslant Q \times V_0 \leqslant V_i^1 \tag{5}$$

式中 V_0表示单位产品体积，Q 表示订货批量，V_i^1 表示单件货物海运运费计费区间的上限体积，V_{i-1}^1 表示单件货物海运运费计费区间的下限体积，M_i表示一批货物体积数量在 $V_{i-1}^1 \leqslant Q \times V_0 \leqslant V_i^1$ 区间内的每立方米货物的海运运费。

一次订货成本为 c_1，一年订货 D/Q 次，因此得到一年内总的订货成本为：

$$C_1 = c_1 \times \frac{D}{Q} \tag{6}$$

2. 仓储成本 C_2

按照跨境电商物流行业的计费模式，当货物在海外仓储存的时间小于等于免仓租期时，其存储费为 0；否则，按照存储货物体积所属范围采用不同的计费费率计算存储费用。

$$\begin{cases} c_2 = 0; & t^2 \leqslant t_0^2; \quad t_0^2 \geqslant 0 \\ c_2 = K_i^2 \times (t^2 - t_0^2); & t^2 > t_0^2; \quad V_{i-1}^2 \leqslant V_0 \leqslant V_i^2 \end{cases} \tag{7}$$

式中 c_2 表示单件货物在海外仓储存一年的费用，K_i^2 表示海外仓仓租费率，t_0^2 表示海外仓免仓租期（天），V_i^2 表示单件货物海外仓存储费计费区间的上限体积，V_{i-1}^2 表示单件货物海外仓存储费计费区间的下限体积。

一年内平均库存为 $\frac{Q}{2} + B$，B 为安全缓冲库存，一年内总的仓储成本为：

$$C_2 = (\frac{Q}{2} + B) \times c_2 \tag{8}$$

3. 缺货成本 C_3

缺货成本指当储存供不应求时所引起的损失，如失去的销售机会、给品牌带来的损失等。由于跨境电商业务属于零售业务，对于一般卖家来说，从某一销售市场来看，业务订单具有稀有性和局部密集性、偶然性的特点，且各个订单是相互独立的，基本上符合泊松分布。因此，在跨境电商基于海外仓的订货业务中，可以采用泊松分布来预测在时间 t 内发生的订货量。

时间 t 内的需求量 r 是随机的，其概率 $F_{t(r)}$ 已知，单位时间内的平均需求 ω 也已知，则时间 t 内的平均需求为 ωt。备货时间 x 随机，其概率 $P(x)$ 已知，平均备货时间为 μ。则订货点为：

$$L = D_L + B = \mu \times \omega + B \tag{9}$$

式中 D_L 表示备货时间内的需求量，当存储量降至 L 时订货，由于备货时间延长，或因需求增加而引起缺货的概率记作：

$$F_x(r) = \frac{e^{-x}(x)^r}{r!} \tag{10}$$

$F_x(r)$ 表示订货点为 L，而在 x 天内需求 $r>L$ 的概率。

每次缺货的期望值为：

$$Q_L = \sum_{r=L+1}^{\infty} \sum_{x=\mu-\varepsilon}^{\mu+\varepsilon} P(x) \times F_x(r) \times r \tag{11}$$

则一年内的缺货成本为：

$$C_3 = \frac{D}{Q} \times f \times \sum_{r=L+1}^{\infty} \sum_{x=\mu-\varepsilon}^{\mu+\varepsilon} P(x) \times F_x(r) \times r \tag{12}$$

式中 f 表示单件货物缺货成本，实际计算时，订货点可从 $\mu \times \omega$ 往上多取几个值试验，同时可根据实际收敛情况取 $r=L+1$ 至有限值计算。此外，由于备货时间为正态分布，ω 一般取 2 即可。

4. 总成本 C

一年内总成本由订货成本 C_1、仓储成本 C_2、缺货成本 C_3 构成。

$$C = C_1 + C_2 + C_3 \tag{13}$$

从式（13）可以看出，总成本是订货批量 Q 的函数，通过对 Q 求导即可得出成本最小的 Q，即为经济订货批量，求出经济订货批量后，再求订货点和安全库存。具体算例见本章第四节。

第四节 本章配套案例

一、跨境电商库存成本计算

假定A公司2019年度的物流成本为340万元，其成本构成如表5-2所示。

表5-2 2019年A公司按功能计算的物流成本表

（单位：人民币元）

费用项目		物流费	功能					
			包装费	配送费	保管费	搬运费	信息流通费	物流管理费
车辆租赁费		200160						
包装材料费		60368	60368					
工资津贴		357336			78971	241202		37163
水、电、煤气费		10800			5400	5400		
保险费		13328			7330	5998		
修缮费		29632			16297	13335		
纳税及公用费用		41954						41954
削价损失费		26230			14426	11804		
通信费		17948					17948	
消耗物品		17253			5715	5174		6364
软件租赁费		8548					8548	
支付利息		26045			26045			
杂费		37874			11362	11362		15150
合计	金额	847476	60368	200160	165546	294275	26496	100631
	构成比例	100%	7.1%	23.6%	19.5%	34.7%	3.1%	11.9%

预计2020年A公司的物流量与2019年持平，人员数量和劳动生产率也不变，经过目标成本分解，包装费要下降2%，仓库保管费要下降5%，搬运

费要下降 10%，管理要下降 7%，但信息流通费要增加 2%。

根据以上资料，请测算 A 公司 2020 年物流成本降低情况。

解答如下：

包装费用下降：7. 1%×2%＝0. 14%。

仓库保管费用下降：19. 5%×5%＝0. 98%。

搬运费用下降：34. 7%×10%＝3. 47%。

管理费用下降：11. 9%×7%＝0. 83%。

信息流通费用下降：3. 1%×（−2%）＝−0. 06%。

总的物流成本会下降：0. 14%+0. 98%+3. 47%+0. 83%−0. 06%＝5. 36%。

减少的物流成本总额为：5. 36%×340＝18. 22（万元）。

二、跨境电商 EOQ 模型实例计算

某跨境电商卖家经营某种商品，考虑澳大利亚市场，采用海外仓模式。卖家从深圳采购商品放到第三方跨境电商物流服务商的境内仓库，等待船期，船到后，装船到第三方跨境电商物流服务商在澳大利亚的海外仓，作为客户下单后的发货点。一般来说，商品放在境内仓库 20 天即可出库装船，根据估算，该卖家在澳大利亚每年能销售 360 件某种商品，单件产品的体积为 0. 001 立方米，单件产品的重量为 0. 5 千克（含包装），每次订货成本为 200 元，每件缺货成本为 250 元，客户在 t 时间内需求的概率服从泊松分布，日平均需求为 1 件，$\bar{w}=1$，年平均需求为 $D=360$ 件，问每年应该分多少批次订货？订购量 Q、安全库存量 B、订货点 L 各为多少才能使总的费用最少？

1. 订货成本 C_1

一次订货成本包括订购成本 $C_{11}=200$ 及订货的物流成本 C_{12}，C_{12}包括境内转运仓储存费 C_{121}、入库操作费 C_{122}、采购收货到境内转运仓的运输费 C_{123} 和境内转运仓到海外仓的运费 C_{124}。境内转运仓储存费用 C_{121}，查表 5-3 得每日单价为 0. 03 元（前 15 天免费），存储 20 天，因此 $C_{121}=0.03\times(20-15)\times Q=0.15\times Q$；入库操作费 C_{122}，查表得单价为 10 元/票+1. 5 元/千克，因此 $C_{122}=10+1.5\times0.5\times Q=10+0.75\times Q$；采购收货到境内转运仓的运输费用 C_{123}，查表得国内运费为 10 元/票+3 元/千克，因此 $C_{123}=10+3\times0.5\times Q=10+1.5\times Q$；境内转运仓到海外仓的运费 $C_{124}=2000\times0.001\times Q=2\times Q$。

表 5-3　境内仓仓租费、入库费及海运费用计费表

深圳/香港仓租费	单位产品体积	仓储费（元/日）	计算单位
	15 天以内	免费	
	15 天后，0.001 立方米（含 0.001 立方米）	0.03	每件
	15 天后，0.001~0.02 立方米（含 0.02 立方米）	0.05	每件
	15 天后，0.02 立方米以上	3	每立方米
入库费	仓库	价格（元）	
	深圳	10 元/票+1.5 元/千克	
	香港	10 元/票+2 元/千克	
海运费用	立方区间	澳大利亚仓（每立方米）	
	0~5 立方米	2000	
	5.01~10 立方米	1500	
	10.01 立方米以上	1200	

假设一年的需求为 D，则每年需要采购 D/Q 次，全年的采购费用为：

$$C_1 = (200 + 0.15Q + 10 + 0.75Q + 10 + 1.5Q + 2Q) \times \frac{D}{Q} = 220 \times \frac{D}{Q} + 4.4 \times D \tag{14}$$

2. 仓储成本 C_2

为了简化计算，按照一年 360 天、免仓租期 30 天计算，将其折算成每件货物每年的储存费用 $c_2 = 0.05 \times 330 = 16.5$（元/件/年），一年内平均库存为 $\frac{Q}{2}+B$，则一年内库存费用为：

$$C_2 = 16.5 \times \left(\frac{Q}{2} + B\right) = 8.25 \times Q + 16.5 \times B \tag{15}$$

3. 缺货成本 C_3

$$C_3 = n_0 \times c_3 \times Q_L = \frac{D}{Q} \times 250 \times Q_L \tag{16}$$

x 时间内需求为 r 的概率为：

$$F_x(r)=\frac{e^{-x}\ (x)^r}{r!} \tag{17}$$

备货时间 x 天的概率服从正态分布，平均备货时间为 20 天，方差为 1，则

$$P(x)=\frac{1}{\sqrt{2\pi\sigma}}e^{\frac{-(x-20)^2}{2}} \tag{18}$$

得到每次缺货的期望值 $Q_L=\sum_{r=L+1}^{L+15}\sum_{x=18}^{22}P(x)\times F_x(r)\times r$。

则该卖家一年所花费的物流成本为：

$$C=C_1+C_2+C_3$$

$$=(220+250\times Q_L)\times\frac{D}{Q}+8.25\times Q+4.4\times D+16.5\times B \tag{19}$$

对应不同的 L、B 以及 Q_L对式（19）求导，得出总费用最小时的订货批量，并计算出费用，如表 5-4 所示。由表 5-4 可以看出，当 $L=36$、$B=16$ 时，其费用为 3463.84 元，费用最低。即取订货批量为 99 件、订货点为 36 件、安全库存为 16 件时，物流成本最优。

表 5-4 订货点、安全缓冲库存、最佳订货批量及费用计算表

L	20	26	27	28	29	30	31	36	37	38	39
B	0	6	7	8	9	10	11	16	17	18	19
Q_L	10.368	2.328	1.643	1.127	0.752	0.489	0.309	0.021	0.011	0.006	0.003
Q	349.36	187.07	165.90	147.97	133.43	122.21	113.89	99.14	98.59	98.31	98.15
费用（元）	7343.86	4749.71	4416.89	4137.47	3914.10	3745.42	3624.68	3463.84	3471.20	3483.11	3496.97

第五节 本章练习

一、单选题

1. 定量订货法主要用于哪一类物质的库存控制？（　　）

A. A 类物资　　B. C 类物资

C. B 类物资　　D. A、B、C 都适用

2. 在 ABC 分类法中，如果按照存货价值占库存总价值的不同进行分类，则 A 类库存是指（　　）。

A. 品种种类占 70%左右，价值在库存总价值中所占比例只在 10%左右

B. 品种种类占 10%左右，价值在库存总价值中所占比例只在 70%左右

C. 品种种类占 20%左右，价值在库存总价值中所占比例只在 20%左右

D. 品种种类占 50%左右，价值在库存总价值中所占比例只在 50%左右

3. 在 ABC 分类法中，如果按照库存价值占库存总价值的不同进行分类，则 B 类库存是指（　　）。

A. 品种种类占 70%左右，价值在库存总价值中所占比例只在 10%左右

B. 品种种类占 10%左右，价值在库存总价值中所占比例只在 70%左右

C. 品种种类占 20%左右，价值在库存总价值中所占比例只在 20%左右

D. 品种种类占 50%左右，价值在库存总价值中所占比例只在 50%左右

二、多选题

1. 库存管理包括（　　）等过程。

A. 确定需求　　B. 存货识别与编码

C. 服务水平与安全库存的确定　　D. 采购提前期管理

E. 订货批量与订购时间的确定

2. 影响库存控制决定决策的主要有（　　）。

A. 需求特性因素　　B. 订货点

C. 服务水平　　D. 订货提前期

E. 供应商水平

3. 库存需求有哪几个方面的因素必须要考虑？（　　）

A. 数量　　B. 时间　　C. 频率　　D. 范围　　E. 可预测性

三、简答题

1. 简述跨境电商库存管理的特点。

2. 简述跨境电商库存管理模式。

四、计算题

某跨境电商企业库存某种商品，年需求量为 40000 件，企业的采购成本为 400 元/次，库存持有成本为 8 元/件/年，单位商品的批发价格为 30 元/件，求商品的经济订货批量和每年的订货次数。

第六章　跨境电商海外仓管理

【学习目标】

本章旨在让学习者了解跨境电商中海外仓的基本概念和知识，并对海外仓模式及技术有所了解。通过本章的学习，能够：

1. 掌握海外仓基础知识；
2. 掌握常见的海外仓模式；
3. 掌握海外仓的运作管理方式。

【本章重点】

本章着重讨论海外仓的相关问题。首先介绍海外仓的基础知识，然后介绍常见的几种海外仓模式，最后就海外仓的运作管理方式进行阐述。

【基本概念】

海外仓，海外仓模式，海外仓运作管理

【建议学习时间】

2~3 课时

第一节 海外仓的基础知识

一、海外仓的兴起原因

（一）消费者需求驱动

退换货在我国网购中较为普遍，其实国外买家的心态与国内买家是一样的，也希望购买的东西快点送到手中，不满意还能轻松退换货，怎么解决这个问题呢？回答是走出国门，提供与国外电商一样的本土化服务，充分利用中国制造的优势参与国际竞争，这将是跨境贸易电商实现可持续发展的关键。而实现本土化服务的要点之一就是要把仓库建到海外去。

海外仓能将传统的国际派送转化为本地派送，确保商品更快速、更安全、更准确地到达消费者手中，改善消费者跨境购物体验。此外，海外仓的退货处理流程高效便捷，能够解决传统的跨境购物退换货的问题，让买家在购物时更加放心。

（二）跨境电商企业自身需求驱动

第一，跨境电商与境内电商最大的区别就是把货物卖到境外，不稳定的物流体系是一大挑战。无论是企业还是个体电商，要想把生意做大，不仅要维护好自己的平台或店铺，还需要一个能够降低成本、加快配送时效、规避风险的海外仓储。前期，卖家只要把货物大批量运到海外仓库，就有专门的海外仓工作人员代替卖家处理后续各项琐事，如在线处理发货订单，一旦有买家下单就立即完成抓货、打包、贴单、发货等一系列物流程序，这可以给卖家腾出时间和精力进行新产品开发，从而获取更大的利润。

第二，在海外市场，在当地发货更容易取得买家的信任，大多数传统买家更相信快捷的本土服务，在价格相差不大的情况下，他们更愿意选择设置海外仓的商品。特别是在黑色星期五、圣诞节等购物旺季，订单暴增，跨境配送的效率受到影响，丢包的风险加大，加上海关的抽查政策更加严格，这将延迟配送的时间。而速度是与买家的满意度直接挂钩的，买家满意度的降低会威胁到卖家的信誉。因此，越来越多的跨境电商卖家意识到应该选择海外仓。海外仓不仅可以将跨境电商贸易中的物流风险“前置”，还会提高客户满意度，增加成交量，待卖家的信誉和评价提高了，营业额也必然增长。

根据美国已有的经验，许多海外仓已采取数据化、可视化的运营方式。

从长远来看，数据化物流体系的日趋完善将进一步带动跨境电商产业链的升级。通过数据化体系管理物流，分析流程中的时间点数据，有利于卖家在配送过程、成品发货流程等方面找出问题，在供应链管理、库存管控、分销管理等方面提高效率。

二、海外仓的优缺点

（一）优点

1. 降低物流成本

从海外仓发货，特别是在当地发货，物流成本远远低于从中国境内发货，例如从中国发 DHL 到美国，一千克货物要 124 元，而在美国本土发货，同样的货物只需 5.05 美元。

2. 加快物流时效

从海外仓发货，可以节省报关清关所用的时间，一般情况下，买家下单后 1~3 天就可以收到货。

3. 提升客户满意度

并不是所有到货的产品都能让买家满意，这中间可能会出现产品破损、短装、发错等情况，这时客户可能会要求退货、换货、重发等，这些问题海外仓可以及时处理，提升客户满意度。

4. 有利于开拓国际市场

因为海外仓更能得到境外买家的认可，如果卖家注意口碑营销，不仅能够让自己的商品在当地获得买家的认可，还能积累更多的资源去拓展市场，扩大产品销售领域与销售范围。

（二）缺点

1. 必须支付海外仓储费

海外仓的仓储费用，视所在国家（地区）而不同，卖家在选择海外仓的时候一定要计算好成本费用，与自己目前发货方式所需要的成本对比后进行选择。

2. 海外仓储要求卖家有一定的库存量

海外仓储要求卖家要有一定的库存量，所以一些买家特别定制的、销量比较小的产品就不适合选择海外仓储销售。一般建议那些已经标准化了的、热销的或者体积大、重量大的产品选择海外仓，虽然销售速度比较慢，但是已经形成一定销售规模的产品也可以选择海外仓。

虽然现在很多海外仓公司在仓租费上都会为卖家提供很大的优惠，如免仓库租金等，但是也建议卖家在决定使用海外仓后，第一次尽量不要发太多货，后续根据销量补货，避免产品滞销的情况出现。

三、海外仓的选品思路

（一）适合海外仓的产品

1. 体积大、重量大的产品

这类产品使用邮政小包、专线物流会受到限制，使用国际商业快递费用又很昂贵，而使用海外仓的话，可以突破产品的规格限制并降低物流费用。

2. 单价和毛利润高的产品

高质量的海外仓服务商可将破损率、丢件率控制在很低的水平，可以为销售高价值商品的卖家降低风险。

3. 周转率高的产品

这类产品也就是我们所说的畅销品。对于畅销品来说，买家可以通过海外仓更快速地处理订单、回笼资金；对于滞销品来说，占用资金的同时还会产生相应的仓储费用。因此，相比之下，周转率高的产品会比较适合使用海外仓。

但海外仓也是有特定的风险的，因此我们建议卖家应该根据其产品的特点、销售的情况、自身的实际情况来决定是否使用海外仓。

（二）海外仓的选品思路

1. 了解当地的市场需求

可以从当地电商平台了解和调查当地买家对商品的需求，从而决定如何选品。

2. 在国内寻找类似商品

开发指标可以是商品的单个销量、单个到仓费用、单个毛利及毛利率、月毛利、成本收益率。参考以上这些指标，根据境内市场销售情况来确定哪些是热销品，是否适合目标市场。

3. 运用数据工具选品

主要可以参考的工具有：数据纵横中选品专家的热销词、热搜词；搜索词分析中的飙升词。具体的数据可以从选品专家下载，关注成交指数大、购买率低、竞争指数小的产品词。另外，还可以选择一些其他的第三方工具来寻找打造爆款的方向。

第二节 常见的海外仓模式

常见的海外仓建设与运营模式主要可分为三大类，分别是亚马逊 FBA 模式、出口企业自建仓模式、第三方海外仓服务模式。另外，随着边境贸易的快速发展，边境贸易和边境仓的重要作用也日益凸显。本节主要对以上几种模式进行介绍。

一、亚马逊 FBA

亚马逊是较早开始经营电子商务的公司之一，成立于 1995 年，最开始从事书籍销售业务，后来扩展了业务范围，销售的产品包括电子产品、衣服、家具等。

亚马逊于 2007 年推出 FBA 服务，即亚马逊将自身平台开放给第三方卖家，将其库存纳入亚马逊全球物流网络，为其提供拣货、包装以及终端配送服务，亚马逊则收取服务费用。

（一）FBA 模式的特点

1. 建仓成本低，见效快

对跨境电商出口企业而言，FBA 模式最大的优点就是可以直接利用亚马逊在全球已经建立的非常成熟的仓储和配送体系来解决建仓成本问题。出口商品存入亚马逊的仓库，不仅不需要出口企业在海外进行任何固定资产投资，不需要在海外驻扎人员，可以节约大量的海外建仓与管理成本，而且几乎没有业务建设周期，有利于业务迅速展开。

2. 一条龙服务，方便快捷

亚马逊的海外仓系统能够给跨境电商出口企业提供包括海外市场仓储、捡货、包装、配送、收款、售后客服、退换货处理、礼品包装赠送等在内的一条龙海外物流服务。亚马逊海外仓物流平台全年无休，“7×24 小时”不间断处理订单发货，为企业提供方便快捷的服务。

3. 受制于平台，商品类别和服务拓展受限

对跨境电商出口企业而言，选择 FBA 模式会受到平台约束。企业采用 FBA 模式的一个前提就是商品必须依托亚马逊的跨境电商平台销售。亚马逊对在其电商平台销售及在其仓库存储的货物设置了诸多规定，只要未达到相关规定和要求，企业就不能采用 FBA 模式。例如，对于一些易燃易爆货物，亚马逊仓库是不接收的。此外，为降低管理成本、简化业务操作程序，亚马

逊对客户线下履单服务实施标准化运作，如果企业想针对终端客户开展某些个性化物流配送服务，满足客户的多样化需求，提升其消费体验，依托 FBA 模式是无法实现的。

4. 低出货率导致高仓储成本

FBA 模式的仓储成本与时间之间有很强的正向关联性。亚马逊的仓储服务收费主要由仓储费用、产品佣金两部分组成，仓储费用根据货物入库后在亚马逊仓库存储的时间按月收取，每月每平方米大约 120 美元；产品佣金以商品在亚马逊电商平台成交时售价的 15%～26%收取，若单件商品售价低于 300 美元，还会加收订单处理费、打包费等其他服务费用。这种情况下，一旦商品滞销，出货率较低，在亚马逊仓储时间过长，就会导致仓储成本急剧攀升，甚至超过低价商品自身的价格。

（二）FBA 模式适合的企业

FBA 模式比较适合 3 类跨境电商出口企业使用。

第一类是刚刚开展跨境电商出口贸易的企业。这类企业开展跨境电商业务的时间短，未来业务发展走势不易把控，尚未在目标市场建立稳定的跨境电商客户群，采用 FBA 模式，能够充分利用亚马逊跨境电商平台的品牌影响力，基于平台固有客户群开发新客户，可以大大节省跨境电商出口市场开拓成本，并快速建立客户群。

第二类是缺乏品牌效应和跨境仓储物流人才与管理经验的中小型消费品生产企业。尽管这类企业已经拥有了一定的顾客积累，但由于自有品牌影响力不足，加之独立开展跨境仓储物流业务的经营风险较大，采用 FBA 模式的最大好处就是能够利用亚马逊的跨境仓储物流网络实现商品配送，有效降低成本与贸易风险。

第三类是品牌成熟但在目标市场销量不大的耐用消费品跨境电商出口企业。这类企业的商品消费周期长，短期内消费数量可控，不存在紧急大量调货的情况，可采用定期稳量运输方式向目标市场供货，采用 FBA 模式既能降低仓储运营成本，又可以改善消费者体验。

二、出口企业自建仓

出口企业自建仓模式指跨境电商出口企业自行在主要目标市场投资建设仓储公司，完成海外仓储、通关、报税、物流配送等一系列业务环节。通常情况下，只有那些具有相当业务规模的出口企业才有能力采用自建仓模式。出口企业自建仓模式最大的优点就是业务自由度高，最大的不足之处就是建仓与运营难度大。

（一）出口企业自建仓模式的特点

1. 仓储容量大，适用货物类型广

跨境电商出口企业在进口国（地区）自建仓库，可根据海外市场需求数量和特点，选择仓库地点、仓储容量等。仓储货物类型和周期均不受其他业务关联方约束，企业可以完全自由地处理相关事务，可以及时满足进口国（地区）批发商的进货需求。例如，辽宁葫芦岛的泳装企业已经在海外成功自建了10多个海外仓，可根据欧美泳装消费的淡旺季调整库存。

2. 树立品牌形象，方便发挥品牌效应

在目标市场自建仓储系统，有利于向进口国（地区）经销商和消费者直观展示跨境电商出口企业资产实力，树立企业优质品牌形象，有助于企业市场的扩大。企业可充分利用仓储空间的外观进行展示，例如将企业自身或产品的标识刷涂到仓库外表，形成宣传效应。

3. 建设立足点，业务拓展灵活便利

海外仓作为跨境电商出口企业在海外的立足点，方便企业根据业务量对经营战略进行调整，及时调整业务运作模式，实施多样化经营管理，加快推动企业的成长和发展。

4. 建设成本高，运营风险大

跨境电商出口企业在海外自建仓面临的最大困难就是建设成本高，运营风险大。建设海外仓相当于在进口国（地区）新建一家企业，建仓初期所需资本投入比较大，如果商品的海外销售数量不足，无法形成规模优势，反而会因自建仓投入过大而增加单件商品的国际物流与仓储成本，直接影响其在国际市场的竞争力。

（二）出口企业自建仓模式适合的企业

出口企业自建仓模式的特点决定了其只适合两类跨境电商出口企业采用。

第一类是具有良好品牌效应的、主营易耗性消费品的大型出口贸易商。这类企业出口的商品短期内消费数量大、品种多，消费者对物流配送速度要求高，采用自建仓模式能够较好地适应目标市场需求，并且能够巩固自身品牌形象，发挥品牌的市场影响力。

第二类是已经开展跨国经营的大型消费品生产企业。这类企业已经拥有开展跨国经营所需的人力资源，并积累了相关管理经验，甚至早就在目标市场设立了分公司或子公司，采用自建仓模式能够充分满足企业全球化战略与布局需要，同时企业也具备在海外自建仓的能力、资源和条件。

三、第三方海外仓

第三方海外仓模式介于出口企业自建仓模式与 FBA 模式之间。具体做法是，跨境电商出口企业与进口国（地区）的当地专业仓储或物流公司合作，由其定向、长期、专业化地提供海外仓储物流配送服务。第三方海外仓服务模式兼顾了前面两种模式的优点，业务适用范围较广、问题较少。

（一）第三方海外仓模式的特点

1. 建仓成本低，物流管理风险小

第三方海外仓模式通常采用两种建仓方式。

一种方式是跨境电商出口企业直接租用进口国（地区）第三方物流公司现有的海外仓库，借助其自有信息系统、人力资源、业务网络对出口货物进行仓储、配送等管理，跨境电商出口企业需要向第三方物流公司支付仓储费用及进口国（地区）的物流费用。

另一种方式是跨境电商出口企业与进口国（地区）第三方物流公司合作建设海外仓，成立一个新的仓储物流企业，由跨境电商出口企业投入资本、设备等，进口国第三方物流公司提供仓库、人力资源、服务网络等，双方共同管理和运营。这种方式下，跨境电商出口企业仅需支付货物的国际物流费用，无须负担进口国（地区）的物流费用。

无论哪一种方式，第三方海外仓都能帮助跨境电商出口企业解决进口国（地区）本地化经营的难题。直接利用进口国（地区）现成的物流服务网络，可以大大降低经营风险和成本。

2. 排他性合作，方便进行品牌营销

在第三方海外仓模式下，跨境电商出口企业往往可以在合作协议中要求第三方物流公司在运输、配送方面提供排他性服务，包括要求物流配送所使用的运输工具、服务人员的衣着服饰等体现跨境电商出口企业的标识等信息，有助于提高跨境电商出口企业品牌的曝光率。此外，出资合作建设第三方海外仓对跨境电商出口企业和进口国（地区）第三方物流公司而言，都具有一定的战略投资意味，可为双方进一步的经营模式创新提供良好的基础。

3. 服务质量和选址受制于第三方

跨境电商出口企业选择第三方海外仓模式，必须依靠进口国（地区）第三方物流公司服务网络与经营管理经验，第三方物流公司的物流覆盖网络、物流节点选址及其物流服务与管理水平将直接影响跨境电商出口企业的经济效益。一旦第三方物流公司选择失误，极易导致跨境电商出口企业售后服务质量不能满足客户需求，从而对跨境电商出口企业品牌造成严重的负面影响。

如果能够找到一家优质的第三方物流公司进行合作，跨境电商出口企业不仅能够解决商品的物流问题，而且能够在资金流、信息流、技术流层面获得一定帮助。

（二）第三方海外仓模式适合的企业

通常情况下，第三方海外仓模式更适合那些已经开始进行品牌建设且日出货量较大的中型消费品生产企业，特别是相同产地的同类企业形成产业联盟时，更倾向于采用第三方海外仓模式将联盟企业旗下产品以整体打包的形式运至第三方仓库，通过物流仓储合作实现跨境电商联盟企业与第三方物流企业的双赢。

四、边境贸易及边境仓

边境贸易指两国（地区）接壤地区的居民之间的集市贸易。有两种形式，一种是边境小额贸易，又称“边民互市”，指相邻国家（地区）为照顾双方边境居民的需要，在接壤地区（一般为边境两边各 15 千米）准许居民在指定的边境口岸和集市上，在规定的金额、品种的范围内，进行生活必需品和生产资料的小额贸易。另一种是边境地方贸易，是指相邻国家（地区）为照顾双方边境毗连地区的建设事业和人民生活需要所采取的一种贸易方式，通过国有贸易机构或指定的企业，在规定的交换货物范围内和指定的口岸，进行商品交流。

边境仓与海外仓类似，区别在于仓库的空间位置，海外仓位于输入国（地区），边境仓则位于输入国（地区）的邻国（地区）。具体是在输入国（地区）的邻国（地区）边境建设或租赁仓库，将商品预先送达该仓库，通过跨境电商实现销售，再从该仓库发货。如我国对俄罗斯的跨境电商交易，在哈尔滨或中俄边境的中方城市设立仓库。边境仓具有海外仓无法实现的优势，可以规避输入国（地区）的政治、税收、货币、法律等风险，并能有效利用区域政策。

边境仓的服务包括产品的收货、分拣、质检、打码、仓储、发运等，同时还提供多种增值服务，比如产品称重、产品拍照、包裹拍照、定制化包装等。

一般来说，存放在边境仓的商品都是市场供需比较强且稳定的商品，如果遇到滞销、卖不出去的，也可以通过平台的一些活动进行处理，避免不必要的物流成本支出。

第三节 海外仓的运作管理

一、海外仓选址

（一）海外仓选址应遵循的原则

1. 系统性原则

海外仓选址时要具备长远眼光，确保全面统筹物流运输以及仓储能力，使配送区域的基础设施能够在一定时期内为跨境电商企业发展做好服务，并构建系统化物流网络。

2. 适应性原则

海外仓选址时应该充分调研当地经济发展趋势和潜力，同时充分了解该地区的物流资源以及政策法规，确保海外仓具有极强的适应性，使双方都能够通过海外仓实现最佳收益。

3. 协调性原则

海外仓选址时要平衡好物流网络的各个环节，力争海外仓建成之后运营和管理能够相互协调支撑。此外，还要考虑不同影响因素，通过定性及定量的分析方法或量化模型选出最适宜的选址方案。

4. 经济性原则

通常来讲，海外仓多选择在地价相对较低的地段，同时与客户或供应商距离较近，能够形成一定的辐射区域。海外仓的布局规划要遵循经济性原则，确保经济与效率的统一。

5. 战略性原则

海外仓选址时应该本着战略的眼光，最大限度统筹兼顾当下与未来的发展需求。

（二）海外仓选址流程

1. 前期调研

海外仓选址意义重大，因此首先要做好相关的信息收集工作。例如，了解和掌握当地消费人群的特征及市场动态与潜力。另外，还要集思广益，不仅要得到股东的支持，而且要广泛征集基层员工的想法，最终结合专家的指导，为海外仓建设调研提供信息保障。

2. 运用 SWOT 模型进行分析

可以运用 SWOT 模型分析跨境电商海外建仓的可行性，该模型能够针对企业海外建仓的优劣势，分析得出企业海外建仓的机会与威胁。当得出建仓带来的机会超过威胁以及建仓优势高于劣势的分析结论后，就说明海外建仓具有可行性。

3. 宏观选址

海外仓选址应该优先考虑各种宏观影响因素，例如当地政策、经济发展情况、人文因素、法律因素、地质和气候因素等。而宏观选址就是将上述影响因素进行评分加总，即采用加权平均法为决策者提供细化的数据依据，以确保候选方案的质量。

4. 微观选址

微观选址的目的是确保物流成本性价比最高。在此环节中，需要明确海外仓服务的具体费用成本，进而利用层次分析法对候选方案进行对比，以选出优质方案。

（三）海外仓选址模型

仓库选址将决定运输费用、库存成本等要素，海外仓牵涉到跨境交易，选址更是要慎重。在现实中，一般的选址会考虑距离、需求量、建仓固定费用、海运航运之间的运费差等因素。

对海外仓选址的目标决策问题描述如下：将每个国家或者主要城市看成一个供应或需求质点，综合考虑建仓成本、需求量、运输方式、运输距离、时间成本等因素后，在 n 个备选点中选出 m 个，在保证满足需求量的前提下，实现总成本最小、效率最高、利润最大。

在模型中，m 表示备选海外仓的数量；n 表示需求节点的数量；f_i表示建设海外仓需要的固定成本；Z_i $\{0, 1\}$ 为决策变量，0 指海外仓不建设，1 指建设；C_{hi}表示国际单位距离（千米）单位货物（万吨）的运输成本；X_{hi}表示从供应节点到海外仓的运输量；d_{hi}表示从供应节点到海外仓的距离；W_{ij}表示境外单位距离（千米）单位货物（万吨）的运输成本；H_{ij}表示从海外仓到需求点的运输量；l_{ij}表示海外仓到需求点的距离；k 表示未设定海外仓时产生的时间惩罚成本的线性惩罚系数；t_{ij}表示从供应节点到达第 j 个需求点的时间；a_j表示货物到达的指定时间；ε_j表示时间敏感系数；z_j $\{0, 1\}$ 表示 $t_{ij}>a_j$，则 $z_j=1$，若 $t_{ij}<a_j$，则 $z_j=0$；D_j表示客户需求量。

海外仓选址决策模型可描述如下：

$$\min F = \sum_{i=1}^{m} f_i Z_i + \sum_{i=1}^{m} C_{hi} X_{hi} d_{hi} + \sum_{i=1}^{m} \sum_{j=1}^{m} [k(t_{ij} - a_{ij})]^{\varepsilon_j} z_j \quad (1)$$

$$s.t.\begin{cases}\sum_{h=1}^{l}\sum_{i=1}^{m}X_{hi}\geqslant\sum_{i=1}^{m}\sum_{j=1}^{n}H_{ij}\geqslant D_j\\ \sum_{i=1}^{m}Z_i\leqslant n\\ X_{hi},\ d_{hi},\ H_{ij},\ l_{ij}\geqslant 0\\ Z_i\in\{0,\ 1\},\ z_j\in\{0,\ 1\}\\ \varepsilon_j\in\{0,\ 1\}\end{cases}\tag{2}$$

式（1）为目标函数最小总成本，包含建设海外仓的固定费用、国际运输费用和境外物流费用，以及因没有建设海外仓耽误货品以最快的时间到达的时间惩罚成本。总费用为三部分之和，按照要求要在一定时间内使总费用最小，即使得总费用函数（=固定费用+运输费用+时间成本）最小。

式（2）为约束条件，表示供应点到各海外仓的运输量要大于海外仓到各需求点的运输量，满足客户需求量；海外仓的建设数量应少于需求点的数量，运输量和距离都大于等于 0；Z_i {0，1} 为决策变量，0 指海外仓不建设，1 指建设；Z_j {0，1} 为是否需要时间惩罚的 0 到 1 的变量；时间敏感系数是 0 到 1 之间的实数，数值越大，时间敏感性越强。

模型假设条件如下：

1. 所有运送的货品均一次性运达海外仓及需求点；

2. 仅在需求点所在国家（地区）建立海外仓；

3. 一个海外仓可向多个需求点供货，一个需求点可以由多个海外仓供货，海外仓之间不互相协调补充；

4. 各需求点的当地需求量可预知；

5. 第 i 个海外仓到第 j 个需求点的货品的运输量要满足需求量；

6. 供应点、海外仓和需求点之间均看成质点，质点之间的距离为直线距离；

7. 若供应点到需求点之间设定海外仓，则使用海运，否则使用空运；

8. 海外仓到需求点之间全程使用空运。

二、海外仓运作流程

（一）海外仓模式下的物流运作流程

海外仓模式下的物流运作流程为：跨境电商企业自行将商品运至海外仓储中心，或者委托跨境电商物流企业将货物运至跨境电商物流企业海外仓，这部分一般采取海运、空运方式；货物到达海外仓后，跨境电商企业通过跨境电商物流企业的物流信息系统，根据海外消费者的订单需求，远程操作海外仓库内的货物，跨境电商物流企业按照跨境电商企业的指令对货物进行存储、分拣、包装、配送等一系列物流活动。

（二）海外仓时间节点

1. 境内段时间节点

境内段总共有 6 个时间节点，分别是截单、截仓、订舱、出库、报关和离港，如图 6-1 所示。

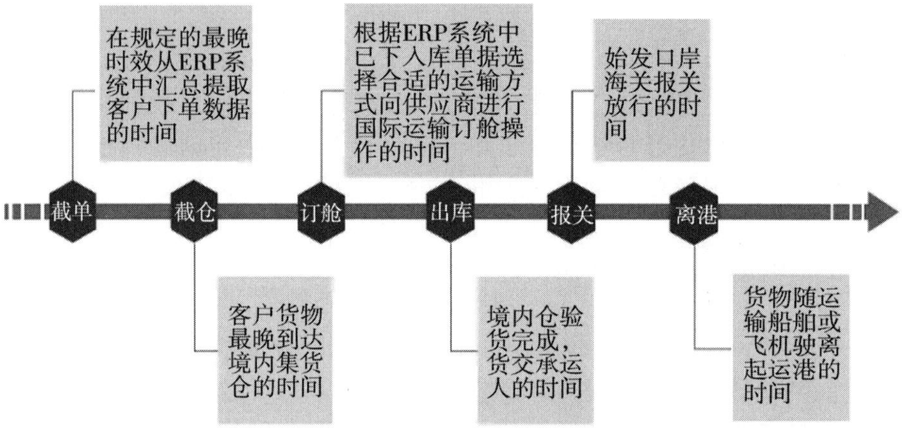

图 6-1　境内段时间节点

2. 境外段时间节点

境外段总共有 4 个时间节点，分别是到港、清关、提货和到仓，如图 6-2 所示。

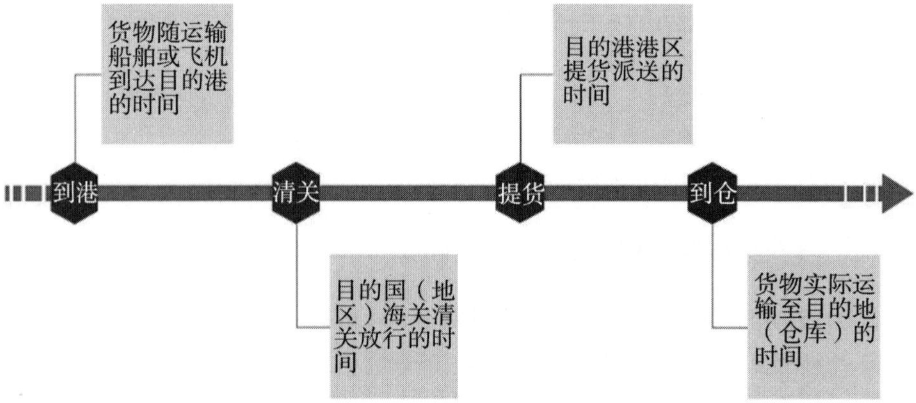

图 6-2　境外段时间节点

三、海外仓费用结构

（一）海外仓储成本结构及影响因素

海外仓储成本一般包括头程运输成本、综合关税成本、仓储服务成本、订单处理成本和本地配送成本。

1. 头程运输成本

头程运输成本是指把货物运送到海外仓库所产生的运费，一般包括内陆运输费和国际空运、海运费用。头程运输成本的影响因素有运输量、运输频率、体积、单位运输费率、运输方式等。其中，运输量及运输频率由跨境电商企业的销售量决定，运输费率由跨境电商企业和跨境电商物流企业协商确定。

2. 综合关税成本

综合关税成本是指货物出口到某国（地区），需按照该国（地区）的贸易政策而征收的费用，这部分成本较高，包括关税和清关费用。综合关税成本与进口国（地区）的关税政策、商品特征等因素有关。

3. 仓储服务成本

仓储服务成本是指商品储存在仓库而产生的费用。淡季和旺季的仓储服务成本有所不同，一般下半年的海外仓储成本较高。仓储服务成本的影响因素有仓储重量、体积、仓储时间、产品特性以及仓储费率。其中，仓储费率由货物的性质、市场状况等客观条件决定，仓储数量和发货时间由跨境电商企业的日常运作决定。

4. 订单处理成本

订单处理成本是指买家向跨境电商企业下单后，由跨境电商物流企业海外仓内的作业人员对商品进行拣货、搬运、打包而产生的费用。订单处理成本的主要影响因素有订单处理时间、订单量和单位时间成本。

5. 本地配送成本

本地配送成本是指买家向跨境电商企业下单后，由第三方海外仓储物流企业或其合作企业配送至买家所产生的费用。这部分成本与配送量、单位配送成本有关，单位配送成本取决于货物的重量、价值、体积、特殊性、配送距离等因素。

一般来说，头程运输成本及综合关税成本在总的海外仓储成本中所占比重较大，其次是本地配送成本，因此跨境电商企业仓储成本管理的重点应放在头程运输成本、综合关税成本和本地配送成本。

（二）跨境电商企业海外仓储成本合理化方案

1. 优化设计，降低头程运输成本

（1）灵活运用多种运输方式。跨境电商常用的运输方式有快递、空运、海运拼箱和整箱、陆运等。其中，空运运费最高，陆运其次，海运费用最低。海运分为整箱和拼箱，在货量达不到整箱的情况下，拼箱是最好的选择，货运量越多平摊的费用越低。

（2）合理选择远洋运输路线。以中国到欧洲的航线为例，运达基本港和非基本港的运价差别较大，一般在 100~200 美元。因此，选择合适的海运企业提供到基本港的海运服务有助于降低海运成本。

（3）精心进行运输包装设计。装运前对货物包装进行科学计算，参照集装箱的容积，根据货运量合理设计包装形式，提高集装箱的使用率。

2. 科学归类、合理规划税费，降低综合关税成本

（1）对报关产品科学归类。不同产品分类适用不同的税率。如我国某计算机设备企业的通讯产品出口到巴西，如归类为电信产品，税率为 17%；如果归为网络类产品，税率为 2%。

（2）合理税费。可以根据不同国家（地区）的税收政策规划税费。比如，有些国家（地区）根据进出口政策实行较低税率或者零税率。再如，利用区域内关税同盟国或有关互惠协定的国家合理规划税费。也可以通过自由港采取转运的方式降低关税，例如中国到巴西直达运输的综合关税率为 65% 左右，假如通过美国迈阿密港转运，再利用其与南美贸易组织的贸易协定，能节约 5% 左右的关税。当然，也要考虑转运所节约的关税以及因此而增加的运费，以便进行科学决策。

3. 提高库存周转率，降低仓储服务成本

采购进货时选择海外畅销品，因为热销商品具有较高的库存周转率，这些商品在海外仓内储存时间短、仓储费用低。跨境电商企业应利用大数据进行市场预测和产品分析，精选品类并准确预测补货周期，从而有效降低海外仓储服务成本。

4. 降低订单处理成本

构建海外仓储管理信息系统，方便跨境电商企业对跨境电商物流企业的服务流程进行监控管理，实时掌握海外订单的履行过程、峰值订单处理量、海外消费者满意度、海外仓库存等信息，提高跨境电商物流企业的订单执行效率、消费者满意度和配送时效。

5. 降低本地派送成本

选择距离海外消费者较近的本地海外仓，有助于提高配送效率，加快配送响应速度，提升配送质量，从而降低本地派送成本。

四、仓库管理绩效评价

仓库管理绩效评价是指在一定的经营期间内，仓储企业利用指标对经营效益、经营业绩以及服务水平进行考核，以加强仓储管理工作。

（一）仓库管理绩效评价的意义和原则

1. 仓库管理绩效评价的意义

（1）有利于仓储现代化管理水平的提高，通过持续不断的绩效评价提升仓库管理水平。

（2）有利于落实仓储管理的经济责任制，在绩效评价过程中，明确各方责任。

（3）有利于推进仓库设施设备的现代化改造，通过绩效评价，发现设施设备的缺陷，及时改进。

（4）有利于提高仓储的经济效益，通过绩效评价，提升管理水平，从而提高经济效益。

2. 仓库管理绩效评价的原则

（1）指标全面：设定的指标体系应该具有代表性，能够准确衡量评价仓库管理的方方面面。

（2）科学实用：设定的指标体系应该科学合理，对仓库管理具有实际意义。

（3）标准规范：评价准则和流程应标准且符合规范。

（4）客观公正：评价方法和指标体系能够客观地反映现实。

（5）可操作性强：评价方法具有可操作性，能够实施。

（二）仓库管理绩效评价指标体系的设定

仓库管理绩效评价指标包含仓库资源利用程度、仓储服务水平、商品储存效率、商品储存能力与质量等。以下介绍每个方面的具体指标及计算公式。

1. 仓库资源利用程度指标

（1）仓库利用率

计算公式：

仓库面积利用率=（仓库实际利用面积/仓库总面积）×100%

仓库容积利用率=（仓库实际使用容积/仓库总容积）×100%

仓库面积利用率和仓库容积利用率越大，说明仓库利用效率越高。

（2）设备利用率

计算公式：

设备能力利用率=（设备实际载荷量/设备额定载荷量）×100%

设备时间利用率=（设备每小时实际产量/设备每小时理论产量）×100%

应用目的：用来评价物流中心设施设备的配置是否合理。

(3) 仓容利用率

计算公式：

仓容利用率=（库存商品实际数量或容积/仓库实际可存商品数量或容积）×100%

单位面积保管量=（平均库存量/可保管面积）×100%

应用目的：用来评价仓容利用率和单位面积保管量。

(4) 有效范围

计算公式：

有效范围=（库存量/平均每天需求量）×100%

应用目的：用来评价库存量是否保持在合理的水平。

(5) 设备完好率

计算公式：

设备完好率=（期内设备完好台数/同期设备总数）×100%

应用目的：用来评价设备管理的水平。

2. 仓储服务水平指标

(1) 缺货率

计算公式：

缺货率=（缺货次数/顾客订货次数）×100%

应用目的：反映存货控制决策是否适宜，是否需要调整订购点与订购量的基准。

缺货发生的原因可能是：存量控制不好，或库存档案资料不正确；采购不及时；供应商交货不及时；库存与实际客户需求或生产需求不一致。

(2) 顾客满足程度

计算公式：

顾客满足程度=（满足顾客要求数量/顾客要求数量）×100%

应用目的：用来评价仓储服务的顾客满意程度。

如果这个指标过高，原因可能是：产品品质不良；服务态度不佳；交货时间无法满足实际需求；交货延迟；与同行业比较有差距；客户本身存在问题。

（3）准时交货率

计算公式：

准时交货率=（准时交货次数/总交货次数）×100%

应用目的：用来评价发货的及时性。

（4）货损货差赔偿费率

计算公式：

货损货差赔偿费率=（货损货差赔偿费总额/同期业务收入总额）×100%

应用目的：反映出货作业的精确度。

3. 商品储存效率指标

（1）商品存储效率

商品储存效率主要通过库存周转率体现。

计算公式：

库存周转率=（使用数量/库存数量）×100%

库存周转率=（使用金额/库存金额）×100%

应用目的：库存周转率对于企业的库存管理具有非常重要的意义。

（2）期间周转次数

期间周转次数可以直接由库存周转率求得。

4. 商品储存能力与质量指标

（1）仓库吞吐能力实现率

计算公式：

仓库吞吐能力实现率=（期内实际吞吐量/仓库设计吞吐量）×100%

应用目的：作为设定产品标准库存的比率依据，供存货管理参考。

（2）仓储吨成本

计算公式：

仓储吨成本=（仓储费用/库存量）×100%

应用目的：衡量每单位存货的库存管理费用。

（3）进、发货准确率

计算公式：

进、发货准确率=（期内吞吐量—出现差错总量）/期内吞吐量×100%

应用目的：衡量仓储作业的品质，从而评估仓储工作人员的细心程度或自动化设备的准确性。

（4）商品缺损率

计算公式：

商品缺损率=（期内商品缺损量/期内商品总数）×100%

应用目的：用来评价储存的安全性指标。

（5）呆废料处理率

计算公式：

呆废料处理率=（处理呆废料数量/全部呆废料数量）×100%

应用目的：用来测定物料耗损影响资金积压的状况。

一般来说，呆废料产生的原因包括：验收疏忽；产品变质；仓储管理不善，保管欠妥当；存量过多、过久；变更设计或企业产品结构的变化（出现新物料，致使旧物料废弃不用）；废弃包装材料，经济价值较低，经常集中一处以废料处理；订单取消或客户退货；市场变化；采购不当。

（三）提高仓库管理绩效的途径

提高仓库管理绩效，首先要建立仓库管理制度体系。仓库管理制度包括以下方面：

1. 仓储业务计划管理制度

仓储业务计划管理制度是仓储管理的一项基本制度。

2. 仓储业务定额管理制度

仓储业务定额管理制度就是用数字指标来表现在一定的管理水平和劳动生产率的条件下，对仓储业务提出的具体要求。

（1）仓库面积定额：是规定合理地使用仓库面积的标准，也是正确地制定其他定额的基础。

（2）仓库储存量定额：是衡量仓库利用的指标，是衡量仓库面积使用合理程度的标准，也是核算仓储收益和成本的基础。

（3）劳动生产量定额：是考核保管员、工人、司机的工作效率和质量的指标。

（4）机械设备完好率定额：即仓库每天可以正常使用的机械设备占机械设备总数的比例，可按机械种类分别确定。

（5）机械设备耗油量定额：即根据机械设备的机种、功率，结合运距远近等条件，分别确定每台机械设备的作业吨或每小时耗油量。

（6）栈板物料定额：根据不同地区、不同仓库的具体情况，确定各种栈板物料的需要量、使用量和每年的耗用量。

（7）差错事故定额量：主要是指差错累计笔数占收货、发货总笔数的百分比。计算公式为：

差错事故率=（差错累计笔数/收发货总笔数）×100%

3. 仓储经济核算制度

仓储经济核算是对仓储经营成果进行检查和监督，促使精打细算、厉行节约，提高劳动生产率，降低仓储成本，改善经营管理，增加经济效益。

4. 仓库安全管理制度

仓库是商品储存的重要场所，必须做好以防火为中心的仓库安全工作，以保证商品和员工的安全。

5. 仓库岗位责任制

仓库岗位责任制就是对每个员工定岗位、定工作、定责任，把仓库的各项工作任务具体落实到每一个工作岗位的每一个人，明确责任，保证各项工作任务按时完成。

第四节 本章配套案例

海外仓储成本计算

（一）头程运输成本

1. 空运费用

某国际物流企业从我国到英国的空运费用报价如表6-1所示。

表6-1　某国际物流企业从我国到英国的空运费用报价

运输方式	价格（元）		
客机行李托运（OBC）	运费		37
	4PX代清关	清关费/票	300
		提货费/千克	2
	客户自有VAT税号清关	清关费/票	1200
		提货费/千克	2

表6-1　续

运输方式	价格（元）		
普货客运（Air Freight）	100 千克以内的运费		31
	100 千克及以上的运费		28
	4PX 代清关	清关费/票	300
		提货费/千克	2
	客户自有 VAT 税号清关	清关费/票	1200
		提货费/千克	2

假设从我国空运发 10 千克货物到英国仓，则头程运输成本为（4PX 代清关）：

（1）采用客机行李托运（OBC）方式

头程运输成本 = 37×10（运费）+300（清关费）+2×10（提货费）

= 690 元（其他费用除外）

（2）采用普货客运（Air Freight）方式

头程运输成本 = 31×10（运费）+300（清关费）+2×10（提货费）

= 630 元（其他费用除外）

2. 海运费用

某国际物流企业从我国到美国的海运费用报价如表 6-2 所示。

表 6-2　某国际物流企业从我国到美国的海运费用报价

运输方式	体积区间（立方米）	每立方米价格（元）
海运（拼箱）	0~5	1500
	5.01~10	1200
	10 以上	1000

假设从我国海运发 500 千克共 5.78 立方米货物到美国仓，则头程运输成本为：

头程运输成本 = 1200×5.78 = 6936 元（其他费用除外）

（二）综合关税成本

主要跨境电商目标市场的税金计算公式如表 6-3 所示。

表 6-3 主要跨境电商目标市场的税金计算公式

国家	税金（种类）	计算公式	备注
美国	关税	税金=关税=货值×关税税率	—
英国	关税、VAT	税金=关税+VAT 关税=货值×关税税率 VAT=（货值+运费+关税）×20%	—
俄罗斯	关税、VAT	税金=关税+VAT 关税=货值×关税税率 VAT=（货值+运费+关税）×20%	食品及儿童用品的 VAT 税率为 10%；高科技产品、棉花、药物免缴 VAT，奢侈品如烟、酒、汽车、石油及首饰等的 VAT 税率为 25%~90%
德国	关税、VAT	税金=关税+VAT 关税=货值×关税税率 VAT=（货值+运费+关税）×19%	特定商品，如食品、书籍、医疗设备和艺术品的供应以及特定活动（及文化活动）的服务适用 7% 的增值税税率
澳大利亚	关税、GST	税金=关税+VAT 关税=货值×关税税率 GST=（货值+运费+关税）×20%	GST 是商品及服务税

假设某跨境电商卖家发一批某品牌货物到德国海外仓，货值 50 万欧元，运费为 5000 欧元，适用关税税率为 8.8%，欧元兑人民币汇率为 1∶7.29，则该批货物的应缴进口税金（以人民币计）为：

关税=货值×关税税率=500000×8.8%×7.29=320760（元）

VAT =（货值+运费+关税）×19%

=（500000+5000+500000×8.8%）×19%×7.29

=760419.9（元）

税金=关税+VAT=320760+760419.9=1081179.9（元）

（三）仓储服务成本

某海外仓运营企业的仓储费报价如表 6-4 所示。

表 6-4　某海外仓运营企业的仓储费报价

单件产品体积（立方米）	每周仓储费（元）	计算单位
0.001（含）以下	0.45	每件
0.001~0.02（含）	0.65	每件
0.02 以上	40	每立方米

假设：

1. 某卖家发至某海外仓的某种产品单件体积为 0.8 立方米，则单件该产品一周的仓储费（仓租）为 0.8×40 元=32 元。

2. 某卖家发至某海外仓的某产品单件体积为 0.0007 立方米，则单件该产品一周的仓储费用（仓租）为 0.45 元。

3. 某卖家发 500 件产品至某海外仓，该产品单件体积为 0.0007 立方米，则该批货物一周的仓储费用（仓租）为 0.45×500=225 元。

（四）订单处理成本

某海外仓运营企业的订单处理费报价如表 6-5 所示。

表 6-5　某海外仓运营企业的订单处理费报价

产品重量（千克）	每件订单处理费（元）
0~1	8
1~5	10
5~10	14
10~30	18
30~31.5	20
31.5~50	40
50~70	70
70~100	90

当产品数量大于 1 件时属于多件发货，可以相同库存编码多件一起发货，可以不同库存编码多件一起发货，也可以多个订单合并发货。

1. 多件发货的运费

多件发货的运费按多件发货的总计费重量所对应的费用收取。

（1）使用需计泡的发货方式

如果货物计费重量之和×0.2>1千克，多件发货总计费重量=货物计费重量之和+1千克

如果货物计费重量之和×0.2<1千克，多件发货总计费重量=货物计费重量之和×1.2

注：单件货物一般取体积重量和实际重量中较大者作为订单处理费计费重量。

（2）使用不需计泡的发货方式

如果货物实际重量之和×0.2>1千克，多件发货总计费重量=货物计费重量之和+1千克

如果货物实际重量之和×0.2<1千克，多件发货总计费重量=货物计费重量之和×1.2

举例：

①2件相同产品一起发货，每件4千克，不计泡：

4×2×0.2=1.6千克>1千克，则总计费重量=4×2+1=9千克，运费按9千克收取。

②2件相同产品一起发货，每件1.5千克，不计泡：

1.5×2×0.2=0.6千克<1千克，则总计费重量=1.5×2×1.2=3.6千克，运费按3.6千克收取。

③2件不同产品一起发货，第一件12千克、体积80厘米×30厘米×50厘米，第二件12千克、体积50厘米×20厘米×10厘米，计泡：

第一件产品的体积重量=80×30×50/5000=24千克>12千克，

第二件产品的体积重量=50×20×10/5000=2千克<12千克，

（24+12）×0.2=7.2千克>1千克，则总计费重量=24+12+1=37千克。

2. 多件发货的处理费

按照单件货物的实际重量对应的处理费叠加。

举例：

①1件1千克货物和1件8千克货物多件发货，则订单处理费为8+14=22元。

②2件5千克的货物多件发货，则订单处理费为10×2=20元。

第五节 本章练习

一、填空题

1. 海外仓是指境内企业将商品通过大宗运输的形式运往__________，在当地建立仓库、储存商品，然后再根据当地的销售订单，第一时间做出响应，及时从当地仓库直接进行分拣、包装和配送。

2. 随着边境贸易的快速发展，边境贸易和__________也凸显出其重要作用。

3. 出口企业自建仓模式指跨境电商出口企业自行在__________投资建设仓储公司，完成海外仓储、通关、报税、物流配送等一系列业务环节。

4. 头程运输成本是指把货物运送到海外仓库所产生的运费，一般包括__________、国际空运和海运费用。

5. __________是介于供应商管理库存和客户管理之间的一种库存管理方式。

二、单选题

1. 以下不适合用海外仓的产品主要有（　　）。

A. 尺寸、重量大的产品　　B. 单价和毛利润高的产品

C. 货物周转率高　　D. 薄利多销的产品

2. 以下哪个不是海外仓的优点。（　　）

A. 提高物流成本　　B. 加快物流时效

C. 提高产品曝光率　　D. 提升客户满意度

3. 以下哪个不是海外仓的运营模式。（　　）

A. 亚马逊 FBA 模式　　B. 出口企业自建仓模式

C. 第三方海外仓服务模式　　D. 海外仓库模式

4. 退货处理费适用于在亚马逊上出售、并且属于亚马逊为其提供免费退货配送的分类的买家退货商品，以下分类哪个不包括在内。（　　）

A. 服装　　B. 小家电

C. 珠宝首饰　　D. 鞋靴、手提包和太阳镜

三、计算题

1. 以本章第四节中所列国际物流企业为例，核算某卖家空运发 5.8 千克

货物到英国仓的头程费用（4PX 代清关）。

2. 我国出口某货物的成交价为 CIF 纽约 1000 美元（折合人民币约为 8000 元），已知运费折合人民币为 1500 元，保险费为人民币 50 元，出口税率为 15%，求应征关税税额。

3. 我国某进出口公司从美国进口硫酸镁 5000 吨，进口申报价格为 FOB 旧金山 325000 美元，运费每吨 10 美元，保险费率 3‰，汇率为 1 美元≈7 元人民币，关税税率为 3%，求进口关税税额。

第七章　跨境电商物流信息系统

【学习目标】

本章旨在让学习者了解跨境电商物流信息系统相关的基本概念和知识，并对软件系统和硬件技术有所了解。通过本章的学习，能够：

1. 掌握跨境电商物流信息系统的需求和构成；
2. 掌握典型的跨境电商物流信息系统；
3. 了解海外仓信息系统。

【本章重点】

本章将介绍跨境电商物流信息系统相关知识。首先介绍跨境电商物流信息系统的需求和构成，然后介绍物流信息管理系统和智能化决策系统等典型跨境电商物流信息系统，最后介绍海外仓信息系统。

【基本概念】

跨境电商物流信息系统，物流信息管理系统，智能化决策系统，海外仓信息系统

【建议学习时间】

2~3 课时

第一节 跨境电商物流信息系统的需求和构成

跨境电商物流信息系统是对跨境电商环境下的物流信息进行采集、处理、分析、应用、存储和传播的集成系统。狭义的物流信息是与物流活动相关的资料、图像、数据、文件的总称。而广义的物流信息不仅与物流活动相关，还包括与物流相关的商品信息、交易信息、用户信息、资金信息等。因此，在跨境电商物流信息系统中，企业需要对与跨境电商物流相关的信息活动的各个要素（人、财、物、技术、工具、设备等）进行管理。

一、跨境电商物流信息系统的需求

对企业来说，物流信息系统是为客户解决问题的。在跨境电商行业，不同企业的客户不同，对跨境电商企业来说，客户是销售的对象，而对物流企业来说，客户是跨境电商企业。因此，跨境电商企业和物流企业（包括海外仓）对于物流信息系统的需求也是不同的。

跨境电商物流信息系统的需求，首先是要引入各类先进的信息化技术手段。不论是本土物流配送还是跨境物流配送，因为距离问题，风险都是很难规避的。想要减少各种风险，就必须利用智能的监管方式对物流服务实施风险控制和风险预警。在商品销售旺季，生产企业、商家、仓储三方应及时协调配合，做好商品的仓储运输和准备等工作，确保商品运送的流畅性，谨防货物丢失和爆仓等问题。

其次，跨境电商物流的信息管理需要和跨境电商交易的信息管理紧密协同。要综合利用数据处理技术与物联网技术，把跨境电商交易和物流配送系统紧密结合在一起，实现跨境电商物流信息系统的功能完善和系统优化。

最后，跨境电商物流信息系统需要高效安排仓储配送、商品检验和物流承运工作。

二、跨境电商物流信息系统的构成

（一）硬件设备

硬件设备主要包括服务器节点，这是物流信息系统的基础设施之一。随着移动网络、物联网和人工智能等技术的不断成熟与发展，各种移动终端、物联网传感器、安全探测仪、非接触探测仪等硬件设备成为跨境电商物流信息系统的核心组成部分。

（二）软件系统

软件系统包括支持跨境电商物流信息系统的系统软件、中间件和信息系统应用软件本身。系统软件包括操作系统、数据库等；中间件是位于系统软件之上、应用软件（信息系统本身）之下的软件系统，比如交易中间件、通信中间件等；信息系统应用软件主要包括与跨境电商物流业务密切相关的各种功能组件。

（三）网络设备

网络设备负责跨境电商物流信息系统中数据信息的共享与传输。跨境电商物流信息系统中的网络设备还包括物流网络中的一些特殊网络终端和网络节点设备与软件。

（四）相关人员

相关人员主要包含以下 3 类：第一类是跨境物流业务的从业和管理人员，他们负责操作和使用物流信息系统，并通过与物流信息系统的交互实现各种复杂的跨境物流业务；第二类是物流信息系统的维护、管理人员，主要负责对系统本身进行维护和管理；第三类是物流信息系统的设计、开发人员，他们负责系统的规划、分析、设计、开发、测试等相关工作，一般而言，在系统的后期运营维护过程中，此类人员也会以提供服务等方式参与进去。

第二节 典型的跨境电商物流信息系统

典型的跨境电商物流信息系统可以分为物流信息管理系统和智能化决策系统，前者用来管理跨境电商物流流程，提高效率；后者通过数据分析与决策助力跨境电商物流降本增效。

一、物流信息管理系统

比较典型的物流信息管理系统包括仓储管理系统和订单管理系统。仓储管理系统是借助数字化手段提升仓库运营效能，支撑物流供应链管理与企业经营决策的物流信息管理系统。订单管理系统可以实现统一管理、订单接收、任务分配、调度优化、路由分拨、库存调拨等相关订单管理需求。物流信息管理系统可以帮助跨境电商企业更好地优化供应链流程，降低成本，提高效率。

一般来说，跨境电商物流信息管理系统可包括以下子系统。

（一）订单管理子系统

能够与主流跨境电商平台、自建站平台连接，支持线下订单导入和创建等功能；在系统智能化方面，能够实现自动分仓、自动审单、标记发货及监控、发货超时提醒；提供多种订单状态，满足客户日常处理订单的所有需求，无缝对接仓配系统，一键智能发货；支持设置买家黑名单、试算订单利润，提前规避卖家损失。

（二）客户服务管理子系统

支持与 eBay、亚马逊、速卖通、Wish 等平台的消息和邮件的提取和发送；能够针对不同场景设置自动发信功能；支持取消订单申请、退换货、纠纷处理等售后服务；支持客户数据维护和营销；支持客户服务任务分派及任务完成统计。

（三）产品管理子系统

具有完善的产品资料库，能够自定义开发流程；支持产品资料导入和导出、自定义产品属性、批量更新产品属性；能够连接刊登系统，支持产品资料推送到刊登系统。

（四）采购管理子系统

支持智能的采购补货逻辑，保证不缺货、不断货；具有适配度高的采购模式，能够支持亚马逊、eBay、速卖通等多种不同场景；支持采购、主管、仓库、财务多个角色参与，确保采购的及时和准确；支持采购异常实时统计，方便考核筛选优质的供应商。

（五）入库管理子系统

具有完善的收货、质检、上架流程，支持先质检、后收货；支持收货后直接上架；能够记录整个收货、质检、上架详情；能够实现通过订单号、物流单号直接退件入库。

（六）仓库管理子系统

支持 SKU 维度和仓库维度查询库存；能够实现服务商库存快照对比，直接同步服务商仓库库存；支持仓库之间的库存调拨。

（七）出库管理子系统

支持多种出货类型，方便高效分拣出货；能够处理出货异常、交接班记录，异常处理跟进到位；支持次品上架；支持产品借用归还；支持批量出库。

（八）头程管理子系统

支持头程管理流程的个性化配置；具有 FBA 备货计划，支持提前备货；支持海外仓头程管理流程，支持 FBA 仓和其他第三方海外仓管理；能够把海外仓产品直接同步到海外仓，不需要重复维护 SKU。

（九）协同子系统

支持移动办公，具有每日推送任务通知的功能，支持随时处理待办事项、随时查看员工任务进度。

（十）数据管理子系统

能够自定义报表，解决原报表冗余、表述不清、汇率耗损、数据不准确的问题，实现多维度分析、图表结合、指标监测；能够精准分析运营成本，提前发现企业经营风险。

（十一）产品列表子系统

能够快速高效实现产品搬家，让 SKU 在最佳时间出现在目标客户面前，增加曝光，实现销售提升；能够将图片存储在境外服务器，自动上传到亚马逊、eBay、速卖通等平台；支持批量调整价格、数量、标题、运输方式等。

二、智能化决策系统

目前较为成熟的智能化决策系统应用包括智能路线规划和存货优化分析。智能路线规划是通过算法支持物流网络（包括干线、支线、市内、配送及仓库间分配）内的路线规划优化，根据交通状况、距离、天气以及配送站等因素计算最优路线，决定装卸的最优顺序、发货频率及发货量。存货优化分析是基于跨境电商物流的数据分析能力，根据历史销售数据或相似产品的销售模式，确定仓库的最佳存货分配。

第三节 海外仓信息系统

一、海外仓管理系统

海外仓储意味着跨境电商出口企业将货物全部发到海外仓运营主体的仓库，由后者进行仓储、配送甚至库存管理。这需要两者就库存的明细、货物的种类、SKU 条码的类别、结算费用的基准等进行密切的沟通和协调。

仓库管理系统是通过入库业务、出库业务、仓库调拨、库存调拨和虚仓管理等功能，对批次管理、物料对应、库存盘点、质检管理、虚仓管理和即时库存管理等功能综合运用的管理系统，有效控制并跟踪仓库业务的物流和成本管理全过程，实现完善的企业仓储信息管理。该系统可以独立执行库存操作，也可与其他系统的单据和凭证等结合使用，提供更为完整全面的物流业务流程和财务管理信息。

（一）海外仓管理系统的实施要求

1. 科学合理的货架位信息

科学合理的货架位信息有利于对库存商品进行科学的养护保管，根据货架位信息可以快速、准确、便捷地完成商品出入库操作。

应确保一个仓库的货架位采用同一种方式规则进行编号，便于查找处理。

2. 条理化、明晰化的商品信息

商品信息的规范有利于对库存商品进行科学管理，合理的 SKU 编码有利于实现精细化的库存管理，同时有利于及时准确地拣货。

商品 SKU 信息不完善，卖家将无法有效监控商品的详细库存，既不利于分析销售数据、及时采购补货，也不方便拣货。

3. 跨境电商 ERP 对接海外仓管理系统

目前，很多跨境电商 ERP 都支持海外仓发货功能。以跨境天下 ERP 为例，可以将订单上传到海外仓管理系统，将订单标记为海外仓已确认订单。再由海外仓管理系统上传跟踪号到出口电商平台，在跨境天下 ERP 中标记对应海外仓管理系统中的订单是否是出库状态，标记为已出库后，海外仓管理系统中库存立即扣减，最后由海外仓进行发货。

在整个海外仓发货流程中，卖家可以通过跨境天下 ERP，实时掌握海外仓库存信息和订单发货信息，还可以在系统中进行国内仓与海外仓之间的商品调拨，同时管理国内仓和海外仓。

（二）海外仓管理系统的基本功能

1. 基础资料管理

基础资料管理包括对物料、包装、货位、库存、仓库、客户、供应商、货主、容器等基本信息的管理。

（1）物料管理：包括库存量单位、商品分类、物料长宽高、包装信息、重量信息以及其他高级信息（如最大库存、安全库存、盘点周期、是否需要双人校验、是否可以混载等）。

（2）容器管理：包括条码、容量、承重、装运限制等信息。

（3）仓库管理：包括仓库编码、名称、类型、是否虚仓、是否多仓、位

置等信息。

（4）库区管理：将仓库分为自动库区、平面库区、车间库区、入库暂存区、出库暂存区、集货区、拣货区、补货区等。

（5）货位管理：包括货位的基本信息、库位编码、货位类型、是否禁用、是否混载等。

2. 入库管理

入库管理包括收货、检验、组盘、标签打印、区域规划等。

常用的上架策略包括：按照不同的库区分配库位；按照包装（托盘、箱、件）分配库位；按照物资的属性（良品、残品）分配库位。

3. 库存管理

库存管理包括：实时、准确、同步的库存查询；账实相符的库存调整；支持库内、仓内、仓间、虚实的库存移动；对冻结的库存进行特殊标记；当库存低于安全库存时，自动预警，触发补货。

4. 补货管理

补货分为自动补货和手动补货。手动补货可以随时按需要进行。自动补货是根据设置的补货水位上下限自动触发。

5. 盘点管理

系统支持自动、周期、随机对库存进行盘点，并记录盘点差异。

6. 出库管理

根据 ERP 系统提供的订单，生成出库单，并进行配货，包括出库下架、拣货、包装、备货、集货以及装载发运。

常用的配货策略包括先进先出（FIFO）、先到期先出（FEFO）、拆零优先、最佳数量、最佳效率等。

集货包括按车集货、按单集货、按时间集货。

7. 任务管理

系统支持对任务进行管理。

8. 查询

系统支持各种统计信息查询，并进行数据分析，如滞库分析、周转率分析、进销存分析、绩效分析等。

9. 条码管理

条码管理包括对货品、货位条码的管理，支持指导、辅助两种模式，支持 RF 收货—上架—移动—盘点—拣货—发货。

10. 系统管理

系统管理包括对用户的管理、角色管理、权限管理等。

二、自动化智能仓储

自动化智能仓储是现代物流技术的最新发展阶段，适合于大型、大量、大流量及高速物流的自动化处理。它能够最大限度提高物件周转速度和流通效率，加速仓库储备资金的周转，有效利用货物资源，并且最大限度降低货物的破损率；而且能够适应各种特殊要求，例如低温、黑暗、防污染等，实现无人化。其应用领域遍及汽车制造、化工、医药、橡胶、邮电、纺织、日用品、家电产品等各行各业。

目前，自动化智能仓储主要分为自动化立体仓库、智能垂直提升货柜、智能立体循环货柜、自动化联体货柜。

（一）自动化立体仓库

自动化立体仓库又称立库、高层货架仓库、自动化仓库。它是一种用高层立体货架存储物资，用自动控制的巷道堆垛起重机及其他机械进行搬运存取作业，用计算机控制管理的仓库，如图 7–1 所示。

图 7–1　自动化立体仓库

1. 自动化立体仓库的主要功能

（1）收货。仓库从供应商或生产车间接受各种材料、半成品或成品，供生产或加工装配使用。

（2）存货。将卸下的货物存放到自动化系统规定的位置。

（3）取货。根据需求情况从库房取得客户所需的货物，通常采取先入先出方式。

（4）发货。将取出的货物按严格要求发给客户。

（5）信息查询。能随时查询仓库的有关信息，包括库存信息、作业信息及其他信息。

2. 自动化立体仓库的优点

（1）节约场地空间，单位面积储存量为平库的 4~7 倍。

（2）节约人力成本60%以上。

（3）提升企业形象。

（4）改善库存管理，不留死角。

（5）智能管理，加快仓储物流运转速度。

（6）防盗防损。

（7）衔接融入企业管理系统。

3. 自动化立体仓库的组成部分

（1）高层货架：用于存储货物的钢结构的单元格，在单元内存放托盘。

（2）巷道堆垛机：用于自动存取货物的设备，按结构分为单立柱、双立柱和四立柱三种形式。其中，单立柱式堆垛机的机架结构有一根立柱，运行灵活方便，节省材料和空间，适用于起重量在1吨以下的物品。而双立柱式堆垛机的机架结构是由两根立柱、上横梁和下横梁组成的一个矩形框架，结构稳定，载荷大，一般起重量为1~4吨，必要时可更大。

（3）输送设备：立体库的主要外围设备，负责将货物运送到堆垛机处或从堆垛机将货物移走。输送机种类繁多，常见的有辊筒输送机、链条输送机、升降台、提升机、皮带机、AGV（自动导向车）。

（4）自动控制系统：自动化立体仓库的计算机中心或中央控制室接收到出入库信息后，由管理人员通过计算机发出出入库指令，巷道机、自动分拣机及输送设备按指令启动，共同完成出入库的作业。

（二）智能垂直提升货柜

智能垂直提升货柜以托盘为存储单元，通过载体的升降运动，将存放物品的托盘取出到工作台面前或者送到库内适合的货格里，如图7-2所示。存放货物时，通过入口处的自动测高装置检测所存物品的高度，自动合理地安排存储位置，有效利用存储空间。

图7-2　智能垂直提升货柜

智能垂直提升货柜主要由骨架、内部结构、外壳和电气设备 4 部分组成。骨架分为左、右支撑架，顶盖，底座等组件；内部结构主要由小车和托盘两部分组成；外壳由前板、拉伸门、后板和侧板组成；电气设备包括 PLC（可编程控制器）、触摸屏、变频器、测高光幕、安全光栅及一些辅助器件。

智能垂直提升货柜的升降小车采用四链条悬挂系统，保证小车不会前后倾斜和左右偏离。

（三）智能立体循环货柜

智能立体循环货柜是以料斗为存储单元的自动化存储设备，通过电机转动带动链条循环转动，实现“货—人”的物料存储方式，如图 7-3 所示。

智能立体循环货柜柜体更加坚固，承载力更强；单货格承载量可达到 1 吨，整机载重可达到 60 吨；高度可达 30 米以上，可以有效利用空间高度；可穿越楼层，根据需要在每个楼层设置取货口使得存取更加方便快捷。

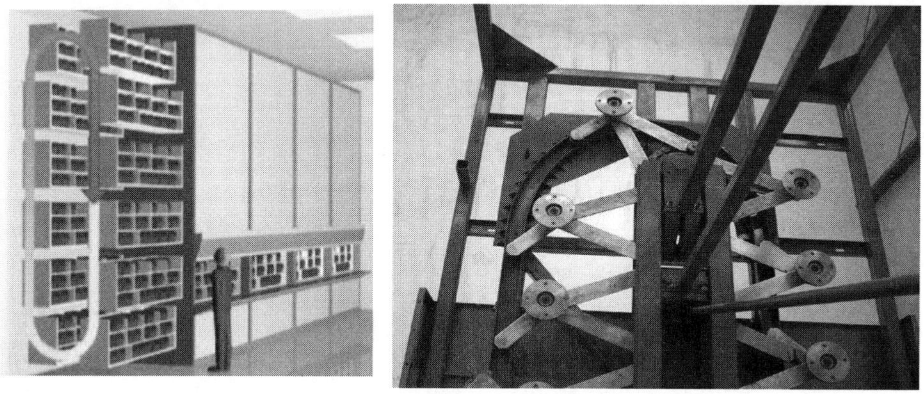

图 7-3　智能立体循环货柜

（四）自动化联体货柜

自动化联体货柜由数组货柜构成，每组货柜以钢制托盘为存储单元，多组货柜共用一台托盘小车，小车在水平和垂直方向移动，实现“货—人”的全自动存取操作，如图 7-4 所示。

图 7-4　自动化联体货柜

自动化联体货柜承载量和存储量都很大，性价比和可靠性也比较高，适合多种类、大批量的货物储存。

第四节 本章配套案例

亚马逊的区域物流信息管理流程

亚马逊仓库中的商品最开始由供应商在其后台创建相应的商品信息，在将该商品转化成为由亚马逊配送的商品时，系统会自动为该商品创建一个商品码 FNSKU，该商品码是商品从发货到送到顾客手中这个过程中唯一的识别码。由于 FNSKU 是独一无二的，因此非常有利于对商品信息进行分类管理和追踪。

商品抵达仓库时，亚马逊的相关工作人员首先会对该批次商品进行入仓作业。入仓的时候，工作人员会对商品的外包装进行检查，由于商品本身是否有质量问题无法判断，因此当外包装残破或者有问题的时候，工作人员会对相关商品作下架处理，放置在另外的地方，不会正常入仓。正常的商品会通过扫描 FNSKU 在系统中录入入仓信息。由于亚马逊仓库已经进行了非常细致的分类分区，因此在生成 FNSKU 的同时，系统就会按照商品品类为该商品分配好仓库的区域及货架。扫描完成之后，仓库的工作人员会直接将商品放入指定的货架上，便于后续处理。

顾客下单后，顾客下单的信息会首先进入亚马逊的系统中进行订单的录入和确认。在这个过程中，订单信息会同时共享给供应商，供应商在其后台可以实时看到顾客下单的情况。一般情况下，订单的录入和确认需要半个小时，因此如果供应商或者顾客对该订单有任何的疑问，都可以在半小时内进行取消的操作。订单的录入和确认之所以需要半个小时，是因为系统会根据顾客下单的地址，选择一个与该地址最近的仓库发送订单信息。当系统对该订单录入和确认完毕以后，订单商品会进入下一个流程，从此时开始，供应商和顾客都无法再对该订单进行任何操作，剩下的流程将会自动走完。后续流程参见图 7-5。

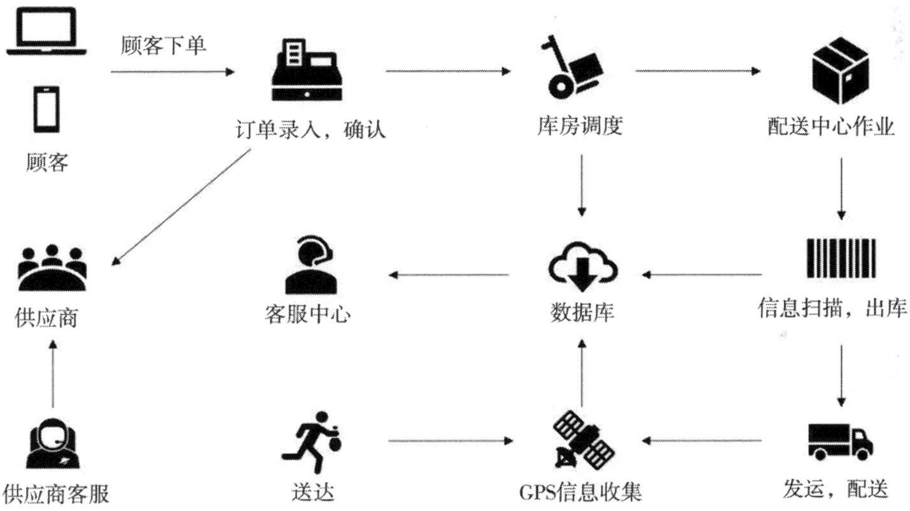

图 7-5　亚马逊的区域物流信息管理流程

第五节 本章练习

一、多选题

1. 跨境电商物流信息系统的构成要素主要包括（　　）。

A. 硬件设备　　　　　　B. 软件系统
C. 网络设备　　　　　　D. 相关人员

2. 海外仓管理系统的基本功能包括（　　）。

A. 基础功能　　　　　　B. 硬件控制功能
C. 智能功能　　　　　　D. 自动化功能

3. 仓储管理系统的功能包括（　　）。

A. 入库管理　　　　　　B. 库存管理
C. 出库管理　　　　　　D. 基础资料管理

二、判断题

1. 典型的跨境电商物流信息系统可以分为信息管理系统和智能决策系统。（　　）

2. 典型的物流信息管理系统包括仓储管理系统和订单管理系统。（　　）

3. 海外仓管理系统需要协调货物发到海外仓运营主体仓库的过程，和海外仓运营主体进行仓储、配送、库存管理的过程。（　　）

第八章　跨境电商物流服务成本控制

【学习目标】

本章旨在让学习者了解跨境电商涉及的物流服务及其产生的费用，以及对应的物流成本管理与控制方式。通过本章的学习，能够：

1. 掌握跨境电商涉及的物流服务及其产生的费用；
2. 掌握跨境电商物流成本管理与控制方式。

【本章重点】

本章主要分析跨境电商物流服务成本及其控制方式。首先列举跨境电商物流服务成本构成，然后介绍跨境电商物流成本的控制方式。

【基本概念】

跨境电商物流服务，跨境电商物流服务成本，物流成本控制

【建议学习时间】

2~3 课时

第一节 跨境电商物流服务成本

跨境电商的运营成本主要包括采购成本、营销成本、税务成本、物流成本等。本节着重分析物流成本。

物流成本包括仓储成本、包装成本、装卸搬运成本、流通加工成本、运输成本、商检和通关成本等。

一、仓储成本

企业为完成货物储存、保管业务而发生的全部费用，包括仓储业务人员费用、仓储设施的折旧费、水电费、维修保养费、燃料与动力消耗费等。

二、包装成本

企业为完成货物包装业务而发生的全部费用，包括包装业务人员费用、包装材料消耗费、包装设施折旧费、维修保养费、包装技术设计费、实施费用以及包装标记的设计、印刷费等辅助费用。

三、装卸搬运成本

企业为完成装卸搬运业务而发生的全部费用，包括装卸搬运业务人员费用、装卸搬运设施折旧费、维修保养费、燃料与动力消耗费等。

四、流通加工成本

企业为完成货物流通加工业务而发生的全部费用，包括流通加工业务人员费用、流通加工材料消耗费、加工设施折旧费、维修保养费、燃料与动力消耗费等。

五、运输成本

企业为完成货物运输业务而发生的全部费用，包括从事货物运输业务的人员费用，以及车辆（包括其他运输工具）的燃料费、折旧费、维修保养费、租赁费、养路费、过路费、年检费、事故损失费、相关税金等。

六、商检和通关成本

（一）商检费用

商检费用包含代理费和商检费。代理费是和货代公司或报检行洽谈确定的。商检费是根据货物发票上的金额以及品名税号确定的，不同商品收费率是不同的，比如一般商品按照货值的 1.5‰收取，动植物产品按照货值的 1.2‰收取，食品按照货值的 4‰收取，有重复项的一起收取。

（二）清关费用

清关费用主要包含报关费用、码头费用和代理费用这 3 种费用。报关费用主要是报关费、增值税税费、关税税费。码头费用主要有港建费、查柜费、续柜费、续页费、换单费、扫描费等。如果使用第三方服务，清关公司会根据不同的服务征收不同的代理费用。

第二节 跨境电商物流成本控制

物流成本控制是根据计划目标，对成本发生和形成的过程以及影响成本的各种因素和条件施加主动的影响，以保证实现物流成本计划管理的一种行为。所谓跨境电商物流成本控制，是采用特定的理论、方法、制度等对跨境电商企业物流各环节发生的费用进行有效的计划和管理。从跨境电商企业的生产经营过程来看，成本控制包括事前控制、事中控制和事后控制。成本事前控制是整个成本控制活动中最重要的环节，它直接影响以后各作业流程成本的高低，主要包括跨境物流配送中心的建设控制，物流设施、设备的配备控制，物流作业过程改进控制等。成本事中控制是对物流作业过程实际劳动耗费的控制，主要包括设备耗费的控制、人工耗费的控制、劳动工具耗费和其他费用支出的控制等。成本事后控制是通过定期对过去某段时间成本控制的总结、反馈来控制成本。通过成本控制，可以及时发现存在的问题，采取纠正措施，保证成本目标的实现。

一、跨境电商物流成本控制步骤

物流成本的降低是一个不断持续的过程，首先明确要做什么，然后分析会产生哪些费用，之后了解现状，再设计最佳的实现模式，最后加强监控，不断地完善优化。

首先了解服务的对象。了解他们有何需求，以及如何能以较高的服务水平让他们满意。这很重要，很多时候企业会因为降低成本而降低对客户的服务水平，结果成本降低了，企业的销售也降低了，反而导致企业整体成本的上升甚至竞争力的消失。因此，务必首先明确客户需求，跨境电商企业面向的客户一般是海外客户，要通过充分的市场调研了解当地市场情况和客户的需求。

其次了解物流成本的组成。跨境电商企业的物流成本一般包括仓储成本、运输成本、信息成本、管理成本。相关费用分析见本章第一节。

再次了解当前的情况。比如货源在哪里，需求量是多少，客户在哪里，仓库在哪里，现在是如何服务的，现在的服务情况如何，现在的成本如何，现在的运输方式如何。

从次按照现在的客户布局，安排最佳的货物流向。分析不同组合的成本与服务情况，确定仓库布局，确定仓库的服务客户，确定商品的流向，确定经济的库存分布，确定最佳的运输方式，确定最佳承运商。

最后将最佳模式细化为企业的业务流程与操作规范，同时制定各类监控、分析报表。不断分析客户的需求，安排最佳的库存分布；不断分析成本的变化；不断考核各类承运商的服务水平、成本；做好各类费用的审核。

二、跨境电商物流成本控制方法

跨境电商物流成本控制方法包括绝对成本控制法和相对成本控制法。

（一）绝对成本控制法

绝对成本控制法是把成本支出控制在一个绝对金额以内的成本控制方法。绝对成本控制从节约各种费用支出、杜绝浪费的角度出发进行成本控制，要求把运营过程发生的一切费用支出都列入成本控制范围。标准成本和预算控制是绝对成本控制的主要方法。

（二）相对成本控制法

相对成本控制法是通过成本与产值、利润、质量和功能等因素的对比分析，寻求在一定制约因素下取得最优经济效益的成本控制方法。相对成本控制扩大了物流成本控制领域，要求在努力降低物流成本的同时，充分注意与成本关系密切的因素，诸如产品结构、项目结构、服务质量水平、质量管理等，目的在于提高控制成本支出的效益，即减少单位产品的成本投入，提高整体经济效益。

两种方法的对比如表 8-1 所示。

表 8-1　绝对成本控制法和相对成本控制法对比

比较项目	绝对成本控制法	相对成本控制法
控制对象	成本支出	成本与其他因素的关系
控制目的	降低成本	提高经济效益
控制方法	成本与成本指标之间的比较	成本与非成本指标之间的比较
控制时间	主要在成本发生时或发生后	主要在成本发生前
控制性质	属实施性成本控制	属决策性成本控制

三、跨境电商物流成本控制措施

（一）建立供应商优化体系

跨境电商企业要想建立一个良好的供应商体系，就要先树立起战略观念，把供应商纳入企业战略合作的范畴，以此实现在供应商进货这一物流环节上对物流成本实行控制。跨境电商企业要学会摒弃传统的成本管理思路，从多个维度去考虑问题，构建多维供应商管理体系。可通过经济批量订货、积极洽谈、采取互利措施督促供应商提升运输质量、改进运输方案，以及长期稳定的战略合作关系等实现物流成本的控制。

（二）应用战略成本管理工具

跨境电商企业应将战略成本管理视为控制物流成本的一种工具，并将战略成本管理工具用于解决企业发展中所面临的问题。战略成本管理是一种更加科学与全面的思想，它对环境、价值链等因素都进行了分析，打破了传统成本管理只局限于会计数据的这一局限性，它能在完善企业成本管理的同时，强化企业的竞争优势，帮助企业突破竞争重围，更加科学有效地控制企业的物流成本，有利于企业的长期发展。

（三）合理规划税费

可以通过充分利用不同国家（地区）的关税政策合理规划税费，从而控制物流成本。但一定要充分考虑转运所节约的关税和因此而增加的运费，要综合这些信息之后再做出平衡决策。另外，对于那些税收制度较复杂和关税较高的国家（地区），可以选择聘请有经验的清关代理公司，来有效地降低企业的物流成本。

（四）与物流平台建立合作关系

跨境电商企业可以和物流平台达成友好战略合作，这样有利于促进物流平台主动完善自身的基础设施，使运输信息更新更加及时、全面，运输过程也更加透明，减少丢货、货损、延误等情况，帮助跨境电商企业降低物流成本。

第三节 本章配套案例

跨境电商成本控制

A 公司在亚马逊北美站以 B2C 模式销售办公家具，我们选取 A 公司不同尺寸的产品作为案例，让大家更直观地了解在真实的跨境电商交易中企业的物流成本是如何计算和控制的。

（一）包装与物流成本控制

物流配送费用因商品的分类、尺寸和重量而异，有时称为取件和包装费用。A 公司的部分产品使用亚马逊 FBA 配送，亚马逊 FBA 计费商品尺寸分段如表 8-2 所示。

表 8-2 亚马逊 FBA 计费商品尺寸分段

商品尺寸分段	单件重量	最长边	次长边	最短边	长度+周长
小号标准尺寸	16 盎司	15 英寸	12 英寸	0.75 英寸	不适用
大号标准尺寸	20 磅	18 英寸	14 英寸	8 英寸	不适用
小号大件	70 磅	60 英寸	30 英寸	不适用	130 英寸
中号大件	150 磅	108 英寸	不适用	不适用	130 英寸
大号大件	150 磅	108 英寸	不适用	不适用	165 英寸
特殊大件	超过 150 磅	超过 108 英寸	不适用	不适用	超过 165 英寸

商品尺寸分段示例如表 8-3 所示。

表 8-3　商品尺寸分段示例

商品	相关信息及尺寸分段
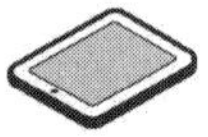	移动设备外壳 尺寸：13.8 英寸×9 英寸×0.7 英寸 商品重量：2.88 盎司 商品尺寸分段：小号标准尺寸
	T 恤 尺寸：8.5 英寸×4.8 英寸×1 英寸 商品重量：6.08 盎司 商品尺寸分段：大号标准尺寸

FBA 不同尺寸分段的发货重量和每件商品的配送费用如表 8-4 所示。

表 8-4　FBA 不同尺寸分段的发货重量和每件商品的配送费用

尺寸分段	发货重量	每件商品的配送费用（美元）
小号标准尺寸	不超过 4 盎司	3.22
	4（不含）~8 盎司	3.40
	8（不含）~12 盎司	3.58
	12（不含）~16 盎司	3.77
大号标准尺寸	不超过 4 盎司	3.86
	4（不含）~8 盎司	4.08
	8（不含）~12 盎司	4.24
	12（不含）~16 盎司	4.75
	1（不含）~1.5 磅	5.40
	1.5（不含）~2 磅	5.69
	2（不含）~2.5 磅	6.10
	2.5（不含）~3 磅	6.39
	3（不含）~20 磅	7.17 + 0.16/磅（超出 3 磅的部分）
小号大件	不超过 70 磅	9.73 + 0.42/磅（超出首重的部分）
中号大件	不超过 150 磅	19.05 + 0.42/磅（超出首重的部分）
大号大件	不超过 150 磅	89.98 + 0.83/磅（超出 90 磅的部分）
特殊大件	超过 150 磅	158.49 + 0.83/磅（超出 90 磅的部分）

商品运费计算实例如表 8-5 所示。

表 8-5　商品运费计算实例

小号标准尺寸（不超过 6 盎司）	
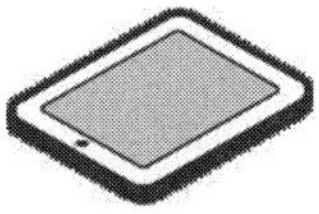	移动设备外壳 尺寸：13.8 英寸×9 英寸×0.7 英寸 商品重量：2.88 盎司 发货重量范围：不超过 6 盎司
配送费用（每件商品）	3.07 美元
大号标准尺寸［服装，12（不含）~16 盎司］	
	**T** 恤 尺寸：14 英寸×10 英寸×0.76 英寸 体积重量：12.24 盎司 商品重量：12.32 盎司 发货重量范围：12（不含）~16 盎司
配送费用（每件商品）	5.32 美元
大号标准尺寸（超过 3 磅）	
	熨斗 尺寸：12.6 英寸×6.6 英寸×5.5 英寸 体积重量：3.3 磅 商品重量：3.35 磅 发货重量范围：3（不含）~4 磅
配送费用（每件商品）	6.75 美元
小号大件	
	婴儿床 尺寸：24 英寸×7.5 英寸×6 英寸 体积重量：7.8 磅 商品重量：7.90 磅 发货重量范围：7（不含）~8 磅
配送费用（每件商品）	12.18 美元

表8-5 续

大号大件	
	显示器 尺寸：54 英寸×35 英寸×3.5 英寸（该商品的长度加围长为 131 英寸，因此归为大号大件分段） 体积重量：47.6 磅 商品重量：41 磅 发货重量范围：47（不含）~48 磅（由于该商品的体积重量为 47.6 磅，并且大于商品重量，因此根据该商品的体积重量计算重量）
非高峰期配送费用（每件商品）	86.71 美元

通过以上实例，可以看出不同包装尺寸的产品快递费用不同。例如某产品重量为 2 磅，但某边长为 18.5 英寸，大于 18 英寸，那么就会归为大号大件，每件产品的基础运费从 7.17 美元上升到 9.73 美元，单件商品的物流成本上升 2.56 美元。如果月售出 1000 件，则成本最少上升 2560 美元。因此，为了控制物流成本，企业应改进包装设计，减少一个边的长度。

包装还对集装箱运输有重要影响。集装箱是有重量和体积限制的，比如 40GP 和 40HQ 以及 45HQ 的最大重量为 44000 磅（19958 千克），40HQ 的体积大约 62 立方米。如果包装设计合理，在不超重量的前提下，包装越小，集装箱里就可以放入更多的产品。

以 40HQ 为例计算，如果单个钢制文件柜的包装尺寸为 490 毫米×590 毫米×675 毫米，包装重量为 21.5 千克，则一个 40HQ 可以放入 300~320 个文件柜，如果把包装为 470 毫米×570 毫米×665 毫米，一个 40HQ 就可以放入 400 个文件柜。

如果租用一个 40HQ 的价格是 15000 元，那么改进前后的单个产品运费分别为 46.8 元和 37.5 元，也就是说改进包装后，单个产品的运费节约了 9.3 元。

（二）仓储与物流成本控制

仓储成本是物流成本的重要组成部分，对于仓储成本的控制主要体现在以下几个方面。

1. 备货量对物流费用的影响

只有销售量与备货量匹配，才能避免产生超额仓储费用。商家应根据需求选择适合海外仓服务商。不同服务商报价不同，仓储成本不同，FBA 仓储费用报价表如表 8-6 所示。

表 8-6　FBA 仓储费用报价表

月份	标准尺寸	大件商品
非危险品商品		
1—9 月	每立方英尺 0.83 美元	每立方英尺 0.53 美元
10—12 月	每立方英尺 2.40 美元	每立方英尺 1.20 美元
危险品商品		
1—9 月	每立方英尺 0.99 美元	每立方英尺 0.78 美元
10—12 月	每立方英尺 3.63 美元	每立方英尺 2.43 美元

假设某商品尺寸分段为标准尺寸，当月为 7 月，每件商品的体积为 0.05 立方英尺，日均储存商品数量为 100，危险品分类为非危险品，带入仓储费用计算公式：每件商品的仓储费用=日均商品数量×每件商品的体积×适用费率，可得月度仓储费总额 4.15 美元。

仓储费用还包括退货处理费、超龄库存附加费、大批量上架费用、移动订单费用等等。也就是说，在仓库发生的任何动作，都需要付费，因此商家必须提前对产品各项数据计算精确，充分考虑产品运输过程中可能出现的任何问题。对产品每月运输到海外仓的量要计算准确，因为如果库存超龄，库存也会收取额外的费用。超龄库存附加费标准如表 8-7 所示。

表 8-7　超龄库存附加费标准

	库龄为 271~365 天的商品	库龄超过 365 天的商品
费用构成	按存放的每件商品计算，费率取决于商品体积	按存放的每件商品计算，费率取决于商品体积或每件商品（以较大者为准）
金额	每立方英尺 1.50 美元	每立方英尺 6.90 美元或每件商品 0.15 美元（以较大者为准）

超龄库存附加费用计算实例如表 8-8 所示。

表 8-8 超龄库存附加费用计算实例

玩具 11 英寸× 8 英寸× 2 英寸	存放时间 （天）	每立方英尺所适用的长期仓储费 （美元）	每件商品所适用的长期仓储费 （美元）	已开出账单的超龄库存附加费 （美元，以前两者中较大值为准）
1 件商品	271	0.15	不适用	0.15
2 件商品	超过 365	1.41	0.30	1.41
10 件商品	超过 365	7.03	1.50	7.03

如果因超龄仓储费用数额巨大，商家只能弃置商品或者让商品参加亚马逊清货计划。

但是，弃置商品在海外仓也是需要付弃置费用的，费率取决于商品发货重量。亚马逊 FBA 仓弃置费用如表 8-9 所示。

表 8-9 亚马逊 FBA 仓弃置费用表

尺寸分段	发货重量	每件商品的弃置费用（美元）
标准尺寸	0~0.5 磅	0.52
	0.5（不含）~1.0 磅	0.75
	1.0（不含）~2.0 磅	1.14
	超过 2 磅	1.51 + 0.63/磅（超出 2 磅的部分）
大件商品和需要进行特殊处理的商品	0~1.0 磅	1.50
	1.0（不含）~2.0 磅	1.96
	2.0（不含）~4.0 磅	2.89
	4.0（不含）~10.0 磅	5.05
	超过 10.0 磅	7.25 + 0.63/磅（超出 10 磅的部分）

注意，属于标准尺寸分段且不足 1 磅的发货重量将向上取整到最接近的 0.1 磅进行计算。对于其余尺寸分段，发货重量将向上取整到最接近的整数磅数进行计算。

示例 1：商家决定请求弃置两件标准尺寸商品，每件商品的发货重量为 0.56 磅。在计算时，商品的发货重量向上取整到 0.6 磅。鉴于商品的发货重量介于 0.5~1 磅，每件商品的弃置费用为 0.75 美元，两件商品的弃置费用共计 1.50 美元。

示例 2：商家决定请求弃置三件大件商品，每件商品的发货重量为 10.1 磅。在计算时，商品的发货重量向上取整到 11 磅。由此产生的每件商品的弃置费用为 7.88 美元（首重 10 磅为 7.25 美元，续重 1 磅为 0.63 美元，三件商品的弃置费用共计 23.64 美元。

由此可见，如果企业弃置几百件商品，不但商品全部损失，还要支付数额巨大的弃置费用。

2. 仓库位置对物流费用的影响

仓库位置对物流费用的影响主要包含两个方面。

第一是仓库位置对头程物流的影响。不同的仓库地址，货代的报价是不同的，因此物流费用也有所不同。

第二是海外仓位置对当地快递物流价格的影响。我们以 A 公司的 A、B 两款产品为例，计算不同快递的派送费用。两款产品的包装参数如表 8-10 所示。

表 8-10　A 公司两款产品包装参数

产品	长（英寸）	宽（英寸）	高（英寸）	实重（磅）	计费重量	围长（英寸）
A	80	80	26	47	47	292
B	64	52	38	47	47	244

表 8-11 和表 8-12 是 A、B 两款产品使用 UPS 陆运从海外仓出发到不同地区成本测算表，其中 Zone 代表不同地区。从表 8-11 可以看出，产品 A 运往 Zone 2 的报价是 23.59 美元/件。从表 8-12 可以看出，产品 B 运到 Zone 2 的报价是 38.83 美元/件。

表 8-11　产品 AUPS 陆运成本测算表

收费项目								AK，HI	AK，HI +
	Zone 2	Zone 3	Zone 4	Zone 5	Zone 6	Zone 7	Zone 8	Zone 44	Zone 46
基础运费	9.43	11.70	13.82	16.45	20.45	24.49	27.27	74.01	78.36
私人地址	2.43	2.43	2.43	2.43	2.43	2.43	2.43	2.43	2.43
私人地址旺季费	4.25	4.25	4.25	4.25	4.25	4.25	4.25	4.25	4.25

表8-11　续

收费项目								AK，HI	AK，HI +
	Zone 2	Zone 3	Zone 4	Zone 5	Zone 6	Zone 7	Zone 8	Zone 44	Zone 46
Pre-Scan	1.10	1.10	1.10	1.10	1.10	1.10	1.10	1.10	1.10
签收费	2.95	2.95	2.95	2.95	2.95	2.95	2.95	2.95	2.95
燃油附加费	3.43	3.84	4.22	4.69	5.41	6.14	6.64	15.06	15.84
总计	23.59	26.27	28.77	31.87	36.59	41.36	44.64	99.80	104.93

表 8-12　产品 BUPS 陆运成本测算表

收费项目								AK，HI	AK，HI +
	Zone 2	Zone 3	Zone 4	Zone 5	Zone 6	Zone 7	Zone 8	Zone 44	Zone 46
基础运费	9.43	11.70	13.82	16.45	20.45	24.49	27.27	74.01	78.36
私人地址	2.43	2.43	2.43	2.43	2.43	2.43	2.43	2.43	2.43
私人地址旺季费	4.25	4.25	4.25	4.25	4.25	4.25	4.25	4.25	4.25
超围长费①	8.75	8.75	8.75	8.75	8.75	8.75	8.75	8.75	8.75
超围长费旺季费②	6.50	6.50	6.50	6.50	6.50	6.50	6.50	6.50	6.50
Pre-Scan	1.10	1.10	1.10	1.10	1.10	1.10	1.10	1.10	1.10
签收费	2.95	2.95	2.95	2.95	2.95	2.95	2.95	2.95	2.95
燃油附加费	3.43	3.84	4.22	4.69	5.41	6.14	6.64	15.06	15.84
总计	38.84	41.52	44.02	47.12	51.84	56.61	59.89	115.05	120.18

由此可见，海外仓位置也是商家应该考虑的问题。

（三）选择物流仓储服务商时应注意的问题

商家在选择物流仓储服务商时，除了要考虑报价之外，还要考虑以下几

① 单个包裹最长边长度大于 121 厘米，或围长大于 270 厘米，都会收取超围长费。

② 在超围长费的基础上，10、11、12 月加收超围长旺季费。

个方面。

1. 服务品质和市场口碑

各个物流仓储公司在合作之前都会给出许多保证、承诺，甚至夸大自己公司的经营能力，跨境电商卖家应具备足够的识别能力，以自己的方式对物流仓储公司进行多方面的考察，包括在线口碑评估、仓内客户评价、行业内口碑风向等。

2. 响应速度

许多跨境电商卖家反映与物流仓储公司合作后碰到问题，经常要几天后才能解决，还到处推脱，甚至无人能帮忙解决。跨境电商卖家应该擦亮眼睛，在合作之前重点考察物流仓储公司的响应速度，甚至可以制定相应的规则，保护自己的权益。

3. 仓库人员的规范程度

这一点需要跨境电商卖家亲自到电商仓库观察，查看仓库内操作人员是否规范，是否有乱丢货物、操作不当等行为。

4. 信息化程度

物流仓储公司的信息化程度，决定了它能否更好地提供专业化服务，支撑日常运营。

5. 服务的灵活性

跨境电商卖家在选择物流仓储服务商的时候，要考虑目标消费者对仓储物流的期望。如果目标消费者对仓储环境、配送时效、配送地点、配送方式等有个性化要求，在选择物流仓储公司时候，跨境电商卖家要关注其能否提供满足个性化服务。

6. 收费的合理性

物流仓储收费是跨境电商卖家普遍关心的一个问题，因为费用高会压缩产品的利润空间，但费用低服务质量可能无法保障，在选择仓储服务时要从多个角度综合考虑，不可因贪图便宜而仓促做出决定。

第四节 本章练习

一、单选题

1. 跨境电商运营成本主要包括（　　）等。

A. 营销成本、税务成本、物流成本
B. 采购成本、仓储成本以及订货成本
C. 营销成本、税务成本、采购成本
D. 税务成本、物流成本、订货成本
2. 相对成本控制的目的是（　　）。
A. 降低成本　　B. 提高经济效益
C. 提高物流效率　　D. 提高客户满意度

二、多选题

1. 仓储成本包括（　　）。
A. 仓储业务人员费用　　B. 仓储设施的折旧费
C. 水电费、维修保养费　　D. 燃料与动力消耗费
2. 清关费用包含（　　）。
A. 报关费用　　B. 码头费用　　C. 代理费用　　D. 运输费用

第九章　跨境电商供应链管理

【学习目标】

本章旨在让学习者理解跨境电商供应链的相关知识。通过本章的学习，能够：

1. 掌握供应链和跨境电商供应链的基本概念；
2. 掌握跨境电商供应链管理的基本策略；
3. 了解跨境电商供应链的新趋势。

【本章重点】

本章将着重介绍供应链、供应链管理、跨境电商供应链的相关概念，并介绍跨境电商供应链数字化、绿色化、价值共创的新趋势。

【基本概念】

供应链，供应链管理，跨境电商供应链

【建议学习时间】

2~3 课时

第一节 供应链和供应链管理

美国福特汽车公司在推出新车 Festiva 时，采用了新车在美国设计、在日本的马自达生产发动机、由韩国的制造厂生产其他的零部件、再运往美国和世界市场上销售的组合打法。福特利用其他企业的资源促使产品快速面世，避免自己投资带来的基建周期长的问题，追求低成本、高质量，提高自己的竞争力。Festiva 从设计、制造、运输到销售，采用的就是横向一体化的全球制造战略。在制造汽车的过程中，一个企业群体形成了：在体制上，组成了一个主题企业的利益共同体；在运行形式上，构成了一条从供应商、制造商、分销商到用户的链。由于链上的节点相互之间都是供应和需求的关系，因此称之为供应链。

供应链管理强调核心企业与世界上的杰出企业建立战略合作关系，委托这些企业完成一部分业务工作，自己则集中精力和各种资源，通过重新设计业务流程，做好能够创造特殊价值的关键性业务工作，这样不仅能大大地提高本企业的竞争能力，而且能使供应链上的其他企业受益。

供应链管理利用现代信息技术，通过改造和集成业务流程，与供应商以及客户建立协同的业务伙伴联盟，能够大大提高企业的竞争力，使企业在复杂的市场环境下立于不败之地。数据统计显示，供应链管理可以使企业总成本下降 10%；可以使供应链上的节点企业按时交货率提高 15%以上；可以使订货—生产的周期时间缩短 25%～35%；可以使供应链上的节点企业生产率增值提高 10%以上，等等。这些数据说明，供应链上的节点企业在不同程度上都取得了发展，其中以“订货—生产的周期时间缩短”效果最为明显。能取得这样的效果，主要得益于供应链上的节点企业相互合作、相互利用对方资源的经营策略。

一、供应链

（一）供应链的概念

供应链由满足客户需求的各方组成，不仅包括制造商和供应商，而且包括运输商、仓储商、零售商，甚至包括客户本身。供应链是动态的，涉及不同环节间的信息、产品、资金的持续流程。供应链虽然被称为“链”，但大多数时候是一个网络，节点企业和节点企业之间是一种需求与供应的关系，前面所述的福特汽车公司的供应链如图 9-1 所示。

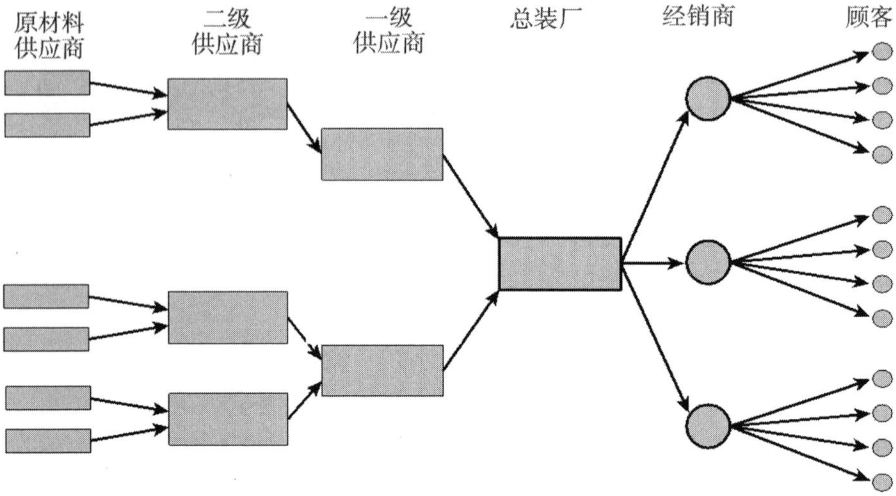

图 9-1　汽车行业的供应链

（二）供应链的特征

1. 复杂性

供应链往往由多个、多类型甚至多国（地区）企业构成，所以供应链的结构模式比单个企业的结构模式更为复杂。

2. 动态性

因企业战略和适应市场需求变化的需要，供应链中的节点企业需要动态的更新，这就使得供应链具有明显的动态性。

3. 面向用户需求

供应链的形成、存在、重构都是基于一定的市场需求发生的，并且在供应链的运作过程中，用户的需求是供应链中信息流、产品/服务流、资金流运作的驱动源。

4. 交叉性

节点企业可以是这个供应链的成员，同时又是另一个供应链的成员，众多的供应链形成交叉结构，增加了协调管理的难度。

（三）供应链的分类

以产品的生命周期、需求稳定程度划分，供应链可以分为效率型供应链和反应型供应链。两种类型供应链的对比如表 9-1 所示。

表 9-1　两种类型供应链对比

比较项目	反应型供应链	效率型供应链
追求目标	对不可预测的需求做出有效反应，使缺货的可能降至最低	最低的成本供应
管理核心	配置多余的缓冲库存	保持高的平均利用率
库存策略	部署缓冲库存，应付不稳定的需求	降低整个供应链的库存
提前期	大量投资于缩短提前期	保持稳定的情况下尽可能缩短提前期
供应商选择	以速度、柔性、质量为核心	以成本和质量为核心

按照驱动方式划分，供应链可以分为推式和拉式两种类型，如图 9-2 和图 9-3 所示。推式供应链是以产品为中心，以生产制造商为驱动原点，力图通过尽量提高生产率、降低单件产品成本获得利润。拉式供应链是以顾客为中心，通过对实际需求较为精确的预测拉动产品生产和服务的供应链。拉式供应链的集成度较高，信息交换迅速，可以根据用户需求实现定制化服务，供应链系统的库存量较低。

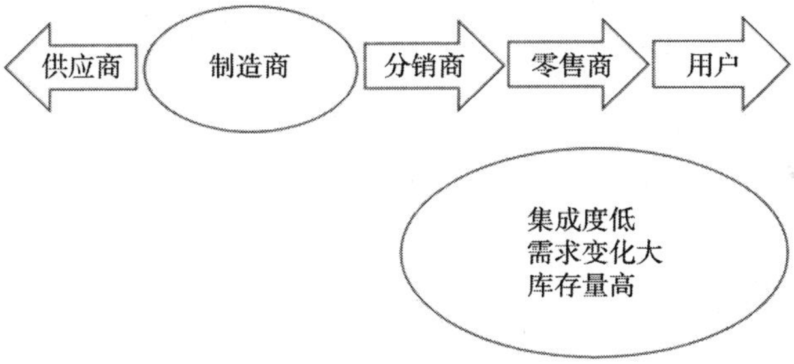

图 9-2　推式供应链

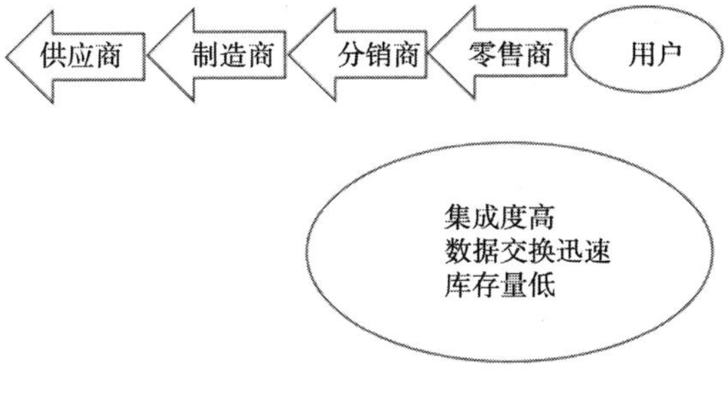

图 9-3　拉式供应链

二、供应链管理

供应链管理是对供应链所涉及组织的协同和对物流、信息流、资金流的集成，以满足客户的需求，提高供应链整体竞争能力。

（一）供应链管理的作用

供应链管理能够提高供应链的整体效率和费用有效性，将总成本降至最低。供应链管理的重点不在于简单地使某个供应链成员的运输成本达到最低或减少库存，而在于通过采用系统方法协调供应链成员以使整个供应链总成本最低，使整个供应链系统处于最流畅的运作中。

（二）供应链管理的内容

供应链管理主要包括计划、合作、控制从供应商到客户的物料（零部件和成品等）和信息。供应链管理的目标在于提高客户服务水平和降低总的交易成本，并且寻求两个目标之间的平衡。

供应链管理可以细分为职能领域管理和辅助领域管理。职能领域主要包括产品工程、产品技术保证、采购、生产控制、库存控制、仓储管理、分销管理，而辅助领域主要包括客户服务、制造、设计工程、会计核算、人力资源、市场营销。

供应链管理关心的并不仅仅是物料实体在供应链中的流动，供应链管理注重总的物流成本（从原材料到最终产成品的费用）与客户服务水平之间的关系，为此要把供应链各个职能部门有机地结合在一起，从而最大限度地发挥整体的力量，达到供应链企业群体获益的目的。

（三）供应链管理的流程

1. 分析市场竞争环境，识别市场机会。
2. 分析顾客价值。
3. 确定竞争战略。
4. 分析本企业的核心竞争力。
5. 评估、选择合作伙伴。

第二节 跨境电商供应链管理

一、跨境电商供应链概念

跨境电商供应链是跨境电商企业利用供应链开展跨境电子交易、跨境物流、跨境供应等活动，把供应商、海关、物流商和最终消费者等连接成一个整体的功能网链。

二、跨境电商供应链管理策略

（一）协同策略

跨境电商的供应链尚处于构建阶段，其商品主要源自境外线上线下零售企业或生产企业。跨境电商企业与这些企业维持了相对独立的状态。跨境电商企业可以采取协同策略，通过收益共享合同，按照一定比例，将收益共享给供应商，以换取较低的采购价格。较低的采购价格将带来更多的市场份额，提高跨境电商企业的收益。同时，销量提升也会带来收益提升，加上收益补贴，供应商也能获得更多的收益。

（二）整合策略

跨境电商的供应链结构冗长、提前期长，涉及多个第三方主体，导致供应链总体效率较低，影响了终端消费者的购物体验，而供应链的整体竞争力也较低。为此，一些有实力的跨境电商企业选择整合策略，将许多环节整合在一起，进行总体上的统筹规划，以实现高效的供应链运作。目前采用整合策略的主要是亚马逊。亚马逊几乎整合了供应链的所有环节。从供应商（各地亚马逊网站）到物流仓储服务，到跨境支付，到最终的零售平台，都由亚马逊构建的体系掌控。亚马逊还搭建了庞大的物流信息系统，实现实时跟踪。因此，亚马逊的供应链效率是极高的，客户体验也是非常好的。

（三）分散化策略

跨境电商企业在供应链优化时还应该考虑风险管理。跨境电商的风险来自方方面面。分散化策略能够帮助跨境电商企业降低风险。当风险发生时，分散化的策略布局能将损失降到最低。供应链的分散化策略主要有以下几点：由单一化的供应商结构向多元化的供应商结构转变；由集中式的仓库网络向分散式的仓库网络转变；由单一化的市场结构向多元化的市场结构转变。

第三节 跨境电商供应链发展新趋势

一、数字技术赋能跨境电商供应链发展新模式

随着数字技术的发展，世界经济出现了从生产到流通的多层次、多维度的交织融合，形成了复杂的供应链网络。随着大数据、云计算、人工智能等新一代数字技术的成熟，全球供应链呈现数字化趋势，以数据驱动为核心、商产融合为主线的新模式不断涌现。具体表现在以下方面：

第一，数字技术渗入产业链、供应链的各个环节，贯穿从生产端到流通端再到最终消费端的全过程，既创新了商业模式、降低了交易成本，也突破了时空因素对全球产业链、供应链分工协作的限制。

从生产端来看，互联网平台、大数据技术把供应链体系中的供应商、服务商以及制造企业的资源接入到共享平台上，推动生产知识的代码化，建立起整个供应链的虚拟数字映像，有效避免了供应链体系中的“孤环”和“断环”，有助于企业形成全景化认知；从流通端来看，基于数字化、智能化的全链路物流规划和管理使得运营过程更透明、链条运转更高效，物联网和分布式仓储技术的运用有助于企业精准调度，提升全球物流配送效率；从消费端来看，数字技术通过平台直接将供给方与需求方进行对接，压缩了众多中间环节，抑制了供应链链条冗长对企业利润的稀释，数字技术通过分析消费者行为，建立实时互动和信息反馈的渠道连接，把消费者需求实时反馈到生产环节，推动“反向定制”，实现生产者驱动向消费者拉动的转变。

第二，数字技术有助于提升贸易便利化水平，降低企业进入全球供应链的门槛，推动更多中小企业融入全球普惠贸易，拓宽全球产业链、供应链分工的广度和深度。

大数据、人工智能、云计算、区块链等技术有助于推进口岸物流电子化、无纸化与“单一窗口”建设，简化报关清关流程，提升贸易便利化水平，削减国际贸易中的制度性成本，为中小企业开展多频次、碎片化、小额化的国际贸易提供了可能。与此同时，电子商务和互联网的普及使得企业无须通过建立实体商店铺设供应链渠道，跨境电商平台直接面向垂直细分领域市场，提供精准满足用户需求的产品和服务，参与全球供应链分工的门槛变低，产业链和供应链的链路缩短，产业链上下游更加高效对接，中小企业甚至个体都能够获得与大企业均等的贸易机会，成为全球供应链的重要参与者。

第三，数字技术有助于实现外贸新旧动能转换，拓展更丰富的应用场景，提升制造业发展能级、拓宽发展空间，催生新的外贸增长点。

大数据、人工智能等新的生产要素具有易复制性、零边际成本、非损耗等特性，能够与传统要素相互作用，改善传统要素的质量，使外贸相关的产业带动性更强、产业增加值和全要素生产率更高。不仅如此，数字化还为远程操作和离岸外包提供了更多机遇，发包方通过国际贸易将产品设计方案进行数字交付，承包方在对数据包解码后，按照设计方案的说明进行产品生产。随着数据信息逐渐成为关键生产要素，数据技术向制造业的渗透改变着各国的要素禀赋和产品的要素密集度，重塑全球产业链、供应链分工体系，发展中国家的劳动力比较优势被数字化削弱，基于劳动力成本套利的国际贸易趋向衰减。

第四，数字技术赋能传统贸易对象，不断催生跨境电商、海外仓、数字贸易、云外包等外贸新业态，促进全球产业链、供应链深刻变革。

数字贸易是以数字技术为手段，通过在电子商务平台上交易传统实体货物，或者借助互联网等数字化手段传输数字产品与服务，或者作为重要生产要素交换数字化知识与信息，推动消费互联网向产业互联网转型的新型贸易活动，具体包括数字化交付内容、社交媒体、搜索引擎和其他数字产品和服务四部分内容。在信息网络与信息通信技术的推动下，信息实现了快速响应，供给方与需求方可以避开代理商、批发商、零售商等中间环节直接进行跨境交易，并辅助采取数据化、可视化的运营方式建立海外仓，帮助电商企业提供本土化服务，激活数据要素潜能，打造数字化供应链。

第五，数字技术有助于应对外部冲击，提高全球供应链的稳定性，完善供应链风险应对机制。

数字化使供应链更加可控。如果没有数字化，供应链仍然是一系列分散的、孤立的产品开发、生产、营销和配送步骤。数字化使企业能够通过更全面地整合这些流程，同时提高其透明度来改进这些流程。例如，仓储将不再需要大量人力投入，数字化将使带有传感器和全自动设备的无人机和机器人成为新的主力，这些无人机和机器人将被用于货车定位和智能仓库管理系统，以协助卸载货物、确定存放地点等活动。交付过程也将得到简化。过去，需要面对面的交互才能获得纸质凭证，数字化将消除面对面互动的需要，加快交付并使其更安全。数字技术的应用将使供应链的抗风险能力得到提升并且使其更具韧性。

二、政策促进跨境电商全链路绿色化发展

我国颁布多项政策鼓励包括跨境电商在内的电子商务绿色发展，为碳达

峰、碳中和贡献力量。电子商务物流的绿色化可以分为绿色仓储、绿色运输、绿色包装、绿色末端。近几年，政策对这几个方面都有涉及，其中对于绿色包装强调得更多。比如《中华人民共和国电子商务法》第五十二条明确规定，快递物流服务提供者应当按照规定使用环保包装材料，实现包装材料的减量化和再利用。表 9–2 列举了 2018 年以来国家和地方层面涉及电子商务绿色化的相关政策。

表 9–2　电子商务绿色化的相关政策

发布年份	政策名称	发布部门	内容
2018	《关于推进电子商务与快递物流协同发展的意见》	国务院办公厅	提出了促进资源集约、推广绿色包装、推动绿色运输与配送三方面举措，进一步强化绿色理念，发展绿色生态链
2019	《电子商务绿色发展倡议书》	商务部电子商务司	号召电子商务企业成为绿色协同的引领者，构建绿色协同发展的上下游产业链，改善线上线下商品交付环境，参与全社会再生资源回收利用体系建设
2020	《关于加快推进快递包装绿色转型的意见》	国家发展改革委、国家邮政局、工业和信息化部、司法部、生态环境部、住房城乡建设部、商务部、市场监管总局	强化快递包装绿色治理，加强电商和快递规范管理，增加绿色产品供给，培育循环包装新型模式，加快建立与绿色理念相适应的法律、标准和政策体系，推进快递包装“绿色革命”
	《上海市关于进一步加强塑料污染治理的实施方案》	上海市发改委、市生态环境局、市经济信息化委、市商务委、市农业农村委、市文化旅游局、市市场监管局、市绿化市容局、市机管局、市邮政管理局	贯彻落实绿色包装认证产品指引，引导电商快递企业开展绿色采购，鼓励电商快递企业按照绿色化、减量化和可循环的要求，使用符合国家相关要求的绿色包装产品
2021	《关于推动电子商务企业绿色发展工作的通知》	商务部办公厅	持续推动电商企业节能增效，协同推进快递包装绿色供应链管理，发挥平台优势培育绿色发展生态。

政策驱动下，各大电商平台都开展了绿色物流相关的行动，行动内容从包装的回收到仓储的绿色化改造、绿色办公，再到结合正向和逆向物流带动再生资源回收利用，如表 9–3 所示。

表 9–3 电商平台的绿色行动

平台	绿色行动	内容
菜鸟	回箱计划	在北京、上海、广州、深圳等 10 个城市全面开展快递纸箱回收行动，这些被回收的纸箱经过消毒、加工后，将被制成包装箱再次用于快递行业
	绿色物流 2020 计划	到 2020 年，菜鸟全部使用环保面单，一年覆盖 400 亿包裹；通过智能路由优化包裹里程，减少 30%配送距离，实现物流降本增效；且将在所有菜鸟驿站小区实现快递回收箱覆盖
苏宁	共享快递盒回收站	在北京、上海、广州、南京、杭州等 13 个城市同步上线共享快递盒回收站
	青城计划	推广绿色快递站，进一步完善城市物流基地、分拨中心的绿色化改造
京东物流	纸箱回收系统	在北京、上海、广州、深圳等城市实施，京东配送小哥上门送货时，用户可将自己闲置的纸箱交给配送员
	青流计划	采取无纸化运营、包装耗材可循环等措施，还展开了纸箱、衣物、玩具等闲置物品回收的活动

随着国内电商平台对绿色发展的持续探索，跨境电商在包装、物流供应链管理等方面也将复制相关经验，打造全链条绿色发展。其中一个值得注意的问题是退货导致的逆向物流，除了商品和人力资源的浪费，逆向物流还会带来更高的碳排放。为了促进绿色发展，有必要想办法解决逆向物流带来的问题。

三、立足全球资源构建跨境电商服务生态体系

跨境电商服务生态体系是指围绕贸易基本流程所构成的主生态体系，和围绕贸易各环节所构成的多个次生态体系共同组成的多层次的生态体系结构。

构建跨境电商服务生态体系，首先要与需求市场进行互动和价值共创。在数字技术的赋能下，企业更有能力对市场需求进行精细化和深入的分析，从而定位细分市场中的商业机会。在线上线下渠道丰富的背景下，客户也可通过多样化的方式参与供给市场的决策，如平台反馈、社交媒体分享等。构建服务生态体系，核心目的就是精准契合和灵活快速响应客户对产品和服务

的多样化需求。

其次，可以创造性地整合国内国外供应链。在信息技术降低组织间交易成本的背景下，企业得以更灵活地利用国内外市场的优势，如人力资源、原料、加工制造和研发设计等，并将具有价值和潜力的要素进行整合，形成资源主体间优势互补的价值共创网络。

最后，充分利用海外市场本土资源。相较于对外投资，跨境电商企业应该充分利用海外市场的本土资源。比如与目标市场的当地企业合作，或者布局海外仓，组建本土化团队，这些都有利于构建跨境电商服务生态体系，更好地为消费者服务。

第四节 本章配套案例

跨境电商企业供应链管理优化

（一）公司简介

Z 公司是 2016 年成立于重庆的一家跨境电商企业，主要业务为自主研发并通过跨境电商渠道销售体育运动产品，目前在售商品涵盖跑步、骑行、登山、滑雪、瑜伽、垂钓等相关领域。自成立以来，Z 公司始终坚守打造自主品牌，构建自己的产品研发团队，将高品质的产品和始终坚持的价值理念传递给每一位热爱运动的爱好者。

Z 公司的主要市场在海外。主要通过亚马逊、自营独立站以及品牌直营等方式在线销售。截至 2020 年年底，还未触及海外线下业务。目前已运营的市场包括北美洲、欧洲、大洋洲及日本等地，下一步将根据企业发展情况，有计划地开拓加拿大、墨西哥等市场。虽然 Z 公司的在线销售渠道逐步增加，但是与之匹配的供应链管理部门和供应链管理体系还有待建设和完善，目前的供应链管理工作由各部门之间分工协作完成。

（二）跨境采购情况

Z 公司跨境采购部门的主要职责包括新供应商开发与管理、采购成本控制、新产品和大货采购进度跟踪等。为满足消费者对运动服装类产品时尚与个性化的需求，服装类产品都需要单独开发，新产品从设计到出库需要 5 个月或更长时间。目前的产品采购工作主要分为两部分，新产品采购和大货批量采购。

新产品采购主要是协助产品研发部门，对准备上市的新款产品进行供应商开发定点和产品采购。通常会由Z公司的市场和产品研发部门分析近期流行趋势和竞品销量，在线发布类似的现货产品进行市场测试，接到客户订单后，从国内通过国际快递发送给消费者。对于测款新品而言，这个阶段，Z公司通常不会大量备货，跨境采购的决策根据顾客的需求进行，是一种拉动采购模式。经过一段时间的测试后，根据客户的反馈情况，对产品重新设计，再向供应商下发小批量采购订单。时间上，供应商在收到设计图纸后，通常需要2~4周做出样品，产品开发部门与供应商经过多轮样品评审及修改后，再将定稿的图纸交给采购部门，采购部门根据市场部门的申请需求，将定稿图纸和采购合同发给定点供应商，并申请支付相应的定金，供应商往往在收到定稿图纸和采购订单后才安排采购新产品生产所需的原材料和辅料，从图纸设计到进入产品批量生产阶段至少需要3个月左右的时间。

大货批量采购主要是配合市场运营部门对在售产品进行批量补货采购。对于在售产品，Z公司市场运营部门会根据需求预测及FBA库存情况，提前2~3个月向采购部门提交申请，由采购部门向供应商下发采购订单。由于跨境电商的采购有数量少、种类多、频率高的特点，在此过程中，采购部门需要及时跟进各个供应商的生产进度和库存情况，通知当地质量专员定期到工厂抽查产品质量。当产品生产完成后，由采购部门通知供应商分多个批次将产品发往国内指定港口或机场，由货运代理公司提货后安排报关和订舱，通过空运或海运的方式发往不同国家的FBA仓库。从原材料到库到产品上线批量生产，一般需要4周左右，加上之前的原材料采购时间，从订单下达到成品出货通常需要2个月或更长的时间。

（三）供应情况

受市场需求和外部环境等因素的影响，产品的真实需求存在诸多不确定性，尤其在跨境电商领域。Z公司一般会根据市场部门的判断，提前组织相关的生产和备货工作，根据市场需求的变化情况，小批量、多批次将产品推向市场。Z公司的跨境供应环节涉及多部门的审批，主要流程包括需求申请流程、采购审批流程、付款审批流程、发货审批流程及报关资料审核流程等，每个流程都需要各部门负责人多次确认和审核，时常会因为某个环节出了问题或未能及时审核而影响产品的供应时效。

在供应商生产加工环节，由于服装产品生产工艺复杂，包括原材料及纱线生产、面料织造与染色、面料裁剪、辅料加工、成衣缝制、整烫包装等工序，工厂的产能受劳动力、设备、经营成本、管理水平等因素影响，为了降低成本和经营难度，供应商大多按照完全拉动的生产模式进行生产，就是先接到 Z 公司的采购订单，然后再组织原材料采购和排产生产，至少要 60 天左右的时间才能出货。供应商完全拉动的生产模式导致 Z 公司不得不根据供货周期提前下单。在市场需求不确定的情况下，提前生产出大量的产品虽然可以满足部分市场需求，但也增加了 Z 公司的产品供应风险。

在产成品和原材料库存管理方面，由于跨境供应周期长、不可控因素较多，为保证产品连续供应，对于正常在售的产品，Z 公司会根据市场销量预判，提前在 FBA 仓库储备 35 天以上的安全库存，以便市场需求来临时能够及时从 FBA 海外仓库发货，满足客户需求。但是，设置过高的成品安全库存，会大量占用 Z 公司的日常流动资金。Z 公司曾试图把部分安全库存转移到供应商那里，由于产品通用程度不高，很少有供应商愿意存储原材料和产成品库存。虽然之前有少量供应商提前存储了部分原材料和产成品库存，但是由于市场不稳定，产品需求突然下降，Z 公司产品滞销，部分原材料和产成品库存呆滞，最后给供应商和 Z 公司造成了不同程度的损失。

（四）电商运营情况

目前，Z 公司负责电商平台运营的团队总共有 14 人，相关工作由市场部和运营部共同负责。运营团队的主要职责是品牌宣传、渠道拓展、营销推广及选品等，主要运营的市场包括北美和欧洲两大区域。运营团队以小组为单位，对不同品牌和区域进行差异化经营。

Z 公司主要运营的是线上渠道，有两种运营模式，一种是借助海外版亚马逊进行跨境销售，这也是目前 Z 公司跨境运营的主要方式。当亚马逊平台上产生订单交易时，由亚马逊 FBA 配送团队负责仓储、分拣、打包、配送以及退换货等相关工作。另一种是自建海外独立站进行自营，通过海外各大社交媒体和网络达人宣传，进行营销推广及引流带货。通过 Z 公司海外独立站收到的订单，由供应商将产品打包，通过国际商业快递包裹的形式，将产品发给消费者。与亚马逊的配送模式相比，国际商业快递送达的时间比较长，通常会在 7~21 天。

（五）跨境物流情况

目前，Z 公司使用的跨境物流方式包含国际商业快递、空运、海运及 FBA 海外仓，通常会根据不同情况组合使用不同的跨境物流资源。

对于发往 FBA 海外仓的产品，物流环节主要有三个，分别是国内中转环节、头程运输环节、尾程派送环节。Z 公司先在亚马逊平台上提交备货申请，根据亚马逊提供的入仓地址，通知供应商发货，并由国内的运输公司将产品送到指定中转仓或港口。货代确认收货后，Z 公司提交相关报关清关资料。

由于不同目的地的关税和增值税征收政策不同，所以Z公司委托深圳一家代理公司负责关税和增值税的办理。国际物流运输和海外派送环节，Z公司委托上海一家国际货代公司完成，其主要职责包括国内报关、海运或空运订舱、国际物流运输、国外代理清关等。尾程派送环节，由国际货代通知境外物流公司在海关提货，根据Z公司提供的地址，送到指定的FBA仓库，通过亚马逊后台查询全部收货后，本次跨境物流派送完成。跨境物流从工厂发货到亚马逊FBA仓库收到，海派通常需要30天左右，空派需要15天左右。

相比FBA海外仓模式，独立站跨境物流方式比较简单。因为Z公司还未设置除FBA以外的海外仓业务，所以当海外消费者下单后，Z公司通常会从国内直接将产品寄给消费者，目前使用比较多的国际商业快递有DHL、EMS和UPS。虽然在物流时效上比海派和空派要快一些，但是费用昂贵，仅国际商业快递费用就占到销售价格的30%以上，这在一定程度上约束了Z公司产品的经营范围。

（六）信息系统情况

目前，Z公司各部门业务板块的信息系统并不兼容，企业数据信息相对比较分散，若要获得集成的数据信息，需要将多个部门数据信息整理汇总，若要获得外部供应商的数据信息，则更加困难。

在成立初期，Z公司并没有系统规划企业内部的信息软件系统。起初，为方便财务核算与统计，Z公司单独购买了一套财务软件系统。随着公司快速发展，供应链上下游数据量逐渐增多，运营部和物流部需要对销售和库存数据进行抓取分析，于是在2017年，Z公司购买了一套基于web端的数据系统，可以对接亚马逊平台的销售数据和库存数据等信息。但是，财务系统与web数据系统及“钉钉”系统之间并不兼容，造成企业内部的数据信息相互独立，缺乏系统的基础数据支撑，信息和数据共享缺乏共识，导致企业内部信息在传递和共享中造成误解和不对称。

此外，Z公司的供应商大多是传统型企业，信息化技术应用水平相对较低。由于供应商大多属于中小型企业，相对核心的业务集中在生产加工环节，日常的工作交流主要通过即时聊天工具、电话、邮件等进行，并未使用可以延伸到企业外部的集成化软件系统。虽然有对外开放的信息系统，但是基于web端开发的网站主要是为了方便Z公司上传报关资料和产品信息，以便货代企业在跨境报关清关的过程中填写数据，Z公司可以看到跨境物流头程的进度，但是产品到达境外港口后，物流信息就会中断，此时就只能根据日常经验判断尾程配送环节的到货进度。

案例讨论题目：分析Z公司的跨境电商供应链管理情况，讨论供应链管理上存在的问题，以及可能的解决方案。

第五节 本章练习

一、单选题

1. 供应链的目标是（　　）。

A. 最小化供应链总成本　　B. 最大化供应链净价值

C. 最小化制造商的成本　　D. 最大化制造商的收益

2. 典型的供应链环节顺序是（　　）。

A. 供应商→ 制造商→ 零售商　　B. 零售商→分销→客户

C. 制造商→ 零售商→ 分销　　D. 供应商→客户→零售商

3. 供应链的推拉观点认为（　　）。

A. 供应链中的流程被划分为在各阶段之间执行的一系列活动

B. 供应链中的所有流程都是响应客户订单而启动的

C. 供应链中的所有响应都是在预期客户订单的情况下执行的

D. 供应链中的流程可分为两类，这取决于它们是响应客户订单还是预期客户订单而启动的

二、简答题

1. 供应链管理流程包括哪些？

2. 跨境电商供应链管理策略有哪些？

3. 选择一个跨境电商平台，作图表示该平台涉及的供应链。

习题参考答案

第一章　跨境电商物流导论

一、判断题

1. 对　　2. 对　　3. 对　　4. 对　　5. 错

二、单选题

1. A　　2. C

三、多选题

1. ABCDE　　2. ABCDE　　3. ABCD

四、简答题

略

第二章　跨境电商进出口物流模式

一、填空题

1. 邮政包裹，国际商业快递
2. 平常小包，挂号小包
3. 实际重量，体积重量
4. 海关，个人邮递物品
5. 正面清单
6. 关税，进口增值税，消费税

二、单选题

1. A　　2. B　　3. C　　4. D　　5. A　　6. A
7. A　　8. C　　9. A　　10. C　　11. D

三、简答题

略

第三章　海关清关

一、不定项选择题

1. A　　2. BCD　　3. C　　4. B　　5. ABCD
6. ABD　　7. AB

二、辨识进出口商品是否属于管制商品

可根据商品编码，在最新版的《中国海关报关实用手册》中查询。

三、请查找下列商品的商品编码

序号	商品名称	商品编码
1	干海马，食用杂碎除外	0305591010
2	冻对虾仁	0306173000
3	路由器	8517629900
4	与其他纤维混纺的精梳羊毛或精梳动物细毛的机织物	5112900000
5	冬虫夏草	2106909090
6	家用电动蔬菜榨汁器（塑料壳）	8509900000
7	食品罐头	1602321000
8	湿度记录仪（其他温度计，比重计，湿度计等仪器）	9025800090
9	丙烯丁烯共聚物	3902309000
10	碳 13 甲烷	2845900090
11	旅游鞋（PU）	6402190090
12	流行性感冒灭活疫苗	3002410090
13	真丝领带	6117801000
14	酒心巧克力	1806310000
15	萨克斯管（铜管乐器）	9205100090
16	电动按摩座椅	9019101000
17	铝制压力锅	7615109010
18	填充玩具（熊）	9503002100
19	纯棉男式牛仔裤	6203429062
20	家用等离子空气净化器	8421391000

四、简答题

略

第四章　跨境电商运输管理

一、名词解释

略

二、判断题

1. 对　2. 错　3. 对　4. 错　5. 错

三、填空题

1. 提单运输
2. 托运单 B/N，装货联单
3. 装货单，提单，收货单，提货单，载货清单
4. CY，CFS，FCL，LCL
5. 运价本
6. 基本费，附加费
7. 运输包装，商业包装
8. 逐个包装，内部包装，外部包装

四、简答题

略

五、不定项选择题

1. C　2. A　3. D　4. D　5. C
6. BCD　7. ABCD

六、知识应用题

（1）（5）（3）（2）（6）（4）（7）（8）（10）（9）（11）（12）

七、计算

高锰酸钾属于危险品，计费方式为 W/M，其重量吨 5. 8 大于尺码吨 3. 6，故选择重量吨。

（15+80×1. 5+3+25+6）×5. 8＝980. 2 美元

第五章　跨境电商库存管理

一、单选题

1. A　2. B　3. C

二、多选题

1. ABCDE　2. ACD　3. ABCDE

三、简答题

略

四、计算题

$$EOQ=\sqrt{\frac{2DS}{H}}=\sqrt{\frac{2\times 40000\times 400}{8}}=2000\text{ 件}$$

N＝40000/2000＝20 次

第六章　跨境电商海外仓管理

一、填空题

1. 目标市场国家
2. 边境仓
3. 主要进口国
4. 内陆运输费
5. 联合库存管理

二、单选题

1. D　2. A　3. D　4. B

三、计算题

1. 通过客机行李托运（OBC）方式：

头程费用＝37×5.8（运费）+300（清关费）+2×5.8（提货费）

＝526.2 元（其他费用除外）

通过普货客运（Air Freight）方式：

头程费用＝31×5.8（运费）+300（清关费）+2×5.8（提货费）

＝491.4 元（其他费用除外）

2. 出口货物完税价格＝（CIF－I－F）/（1+出口税率）＝（8000－50－1500）/（1+15%）＝5608.70 元

关税税额＝出口货物完税价格×关税税率＝5608.70×15%＝841.31 元

3. FOB 价格 = 325000 美元

运费 = 10×5000 = 50000 美元

完税价格 = （FOB 价格 + 运费）/（1 − 保险费率）=（325000 + 50000）/（1 − 3‰）= 376128.39 美元 = 2632898.73 元

关税税额 = 2632898.73×3% = 78986.96 元

第七章　跨境电商物流信息系统

一、多选题

1. ABCD　　2. ABC　　3. ABCD

二、判断题

1. 对　　2. 对　　3. 对

第八章　跨境电商物流服务成本控制

一、单选题

1. A　　2. B

二、多选题

1. ABCD　　2. ABC

第九章　跨境电商供应链管理

一、单选题

1. B　　2. A　　3. D

二、简答题

略

参考文献

［1］徐学超，戴明锋．疫情冲击下我国跨境电商发展研究［J］．国际贸易，2022，482（02）：32-38.

［2］田贵平. 物流经济学［M］. 北京：机械工业出版社，2007.

［3］何惠．“一带一路”倡议下跨境物流联盟体系构建分析．中国跨境电商发展报告（2022）》探索篇

［4］宋海英，许琳．海外仓——电商时代物流业发展的必然趋势［J］．全国商情（经济理论研究），2015（3）．

［5］孙琳．中国跨境电商物流现状及对策的研究［J］．全国流通经济，2018（32）：12-13.

［6］马翠平．新时代下跨境电商的物流困惑及对策分析［J］．山东工业技术，2019（2）．

［7］平文英．跨境电子商务物流模式创新与发展趋势［J］．商情，2018（30）：50.

［8］高原．“一带一路”背景下我国跨境电商物流体系的协调发展研究［J］．商情，2018（1）：42-43.

［9］黄晓梅．跨境电商 ERP 系统设计与实现［D］．大连：大连理工大学，2016.

［10］齐二石，田青，宋宁华．物流系统规划设计方法综述［J］．天津大学学报（社会科学版），2003（3）：225-228.

［11］张冠男，刘丽艳，王丹．跨境进口 B2C 电商的库存管理研究［J］.经济研究导刊，2017（26）：57-58.

［12］资道根，海外仓模式下跨境电商物流成本控制［J］．物流技术，2015（34）：175-180.

［13］邵丽丽．采购决策支持系统的研究与设计［J］．微计算机信息，2012，28（9）：271-273.

［14］朱嘉彤，张毕西，胡丽娜，等．我国跨境电商海外仓选址问题研究［J］．价值工程，2017，36（7）：78-80.

［15］秦新生．跨境电商企业海外仓储成本合理化方案［J］．对外经贸实务，2017（8）：38-40.

[16] 杨继军，艾玮炜，范兆娟．数字经济赋能全球产业链供应链分工的场景、治理与应对［J］．经济学家，2022（09）：49－58. DOI：10.16158/j.cnki.51－1312/f.2022.09.009.

[17] 王健，诸子怡．跨境电商服务生态体系发展及其对中国电商国际合作的启示［J］．国际贸易，2022（03）：58－65. DOI：10.14114/j.cnki.itrade.2022.03.015.

[18] 熊玮．Z跨境电商公司供应链管理优化研究［D］．重庆：重庆工商大学，2021.